U0621354

比较教育学研究

梁延秋 著

图书在版编目(CIP)数据

比较教育学研究 / 梁延秋著. — 北京 ：中国商务出版社，2018.9

ISBN 978－7－5103－2616－5

Ⅰ. ①比… Ⅱ. ①梁… Ⅲ. ①比较教育学－研究 Ⅳ. ①G40－059.3

中国版本图书馆 CIP 数据核字(2018)第 210218 号

比较教育学研究

BIJIAO JIAOYUXUE YANJIU

梁延秋 著

出　　版:中国商务出版社
地　　址:北京市东城区安定门外大街东后巷 28 号　**邮编**：100710
责任部门:财经事业部(010－64515163)
责任编辑:汪　沁
总 发 行:中国商务出版社发行部（010－64266193　64515150）
网　　址：http://www.cctpress.com
邮　　箱：cctp@cctpress.com
排　　版:北京四海书林文化交流中心
印　　刷:廊坊市海涛印刷有限公司
开　　本：710毫米×1000毫米　1/16
印　　张:14　　**字　　数**:275 千字
版　　次:2018 年10月第 1 版　　**印　　次**:2023 年 8 月第 2 次印刷
书　　号：ISBN 978－7－5103－2616－5
定　　价:48.00 元

前　　言

经济全球化、教育国际化和我国教育改革的日益深化，为我国比较教育学的创新发展提供了前所未有的机遇和挑战。历经改革开放三十年的积极探索与建设，我国比较教育学学科迅速成长，初步形成较为完整独立的学科体系。但是，在全球社会与教育急剧变革及学科深化发展要求的冲击与推动下，比较教育学的学科身份危机现象日益突显。系统梳理我国比较教育学的发展历程和现状，研究存在的关键问题与深层成因，无疑对缓解直至解决比较教育学的学科身份危机具有重要的现实意义和理论价值。

比较教育的产生一方面源于强烈的社会需求，另一方面也是教育科学学术逻辑发展的必然结果。比较教育学产生以后，它在帮助民族国家建立近现代教育制度、促进各国教育的改革与发展，进而促进各国政治、经济、科技和文化等方面的发展上发挥了巨大而独特的作用。在当代，比较教育的价值和功能越来越呈现出多元化和多样化的时代特点。尤其是在全球化和教育在经济社会发展中的全局性、先导性和奠基性作用普遍被认同的时代背景下，比较教育研究的重要性和必要性进一步凸现了出来。

全书共分为 11 章，第 1 章绪论；第 2 章学校教育制度比较研究；第 3 章教育行政体制比较研究；第 4 章学前教育研究；第 5 章基础教育研究；第 6 章高等教育研究；第 7 章成人教育研究；第 8 章教师教育研究；第 9 章教育管理研究；第 10 章中国教育的改革与发展；第 11 章全球化比较教育研究。

由于笔者水平有限，书中有不当之处在所难免，请各位读者批评指正。

编者

目　　录

第1章　绪　　论

比较，是人类进行认识的一种基本的思维活动。人类在长期的生产和活动中，通过比较的思维方式总结、概括经验和教训，发现事物发展变化的客观规律，从而不断提高认识和改造世界的能力，推动社会向前发展。把比较研究的方法运用于不同学科领域，就出现了新的研究领域，产生新的分支体系。如比较语言学、比较文学、比较心理学、比较音乐学、比较法学、比较哲学、比较人类学、比较政治学、比较历史学、比较社会学等比较类学科群。在教育科学领域，我们运用比较的方法，发展了一门具有完整理论体系的学科——比较教育。

二次世界大战以后，科学技术突飞猛进，世界经济已走向国际化、整体化。尤其是随着信息化时代的到来，整个世界变成了“地球村”，不同民族、国家之间，呈现出相互联系、相互依存和相互影响的趋势。在这种大形势下，研究他国的教育发展状况，借鉴他国的经验和教训，促进本国教育的改革与发展，就显得尤为重要。比较教育研究正好反映了这一时代要求，因而得到了极大的发展。

1.1　比较教育学的意义

我们从比较教育的概念、研究目的、研究对象、作用、方法等几个方面，来全面认识比较教育。

1.1.1　比较教育学的意义

1. 比较教育学的概念

比较教育学从教育科学中分化出来，成为教育科学的一个独立的分支，已有将近两百年的历史了，但它仍然处于发展的阶段，还有许多尚待开发、探索的领域。而关于“什么是比较教育”这一基本问题，至今也还没有一个公认的定义。

法国教育家朱利安是最早提出比较教育概念的人，但他并没有给比较教育下个明确的科学定义。他只指出比较教育研究的大致范围：“一部对此项研究能提供更直接和更重要的应用效果的著作，其内容应成为欧洲各国现有主要教育机构和制度的比较，首先研究各该国兴办教育和公共教育所采取的各种不同的教育方式，学校教育全学程所包括的各种课程需要达到的教育目标，以及每一目标所包括的公费小学、古典中学、高等技术学校和特殊学校的各衔接年级；然后研究教师给青少年学生进行讲授所采用的各种教学方法，他们对这些方法所逐步提出的各项改进意见以及或多或少地所取得的成就。”①

美国杰出的比较教育学家康德尔认为，“比较教育的研究，继续教育史的研究，把教育史延伸到现在，它比任何其他有关研究，都更加清晰地阐明教育同它所服务的那个社团的文化形式之间必然存在的密切关系”②。

英国著名的比较教育学家汉斯指出，比较教育的主要目的是“从历史的角度分析研究形成教育制度的因素，比较各国解决由这些因素产生的问题的方法”③。

日本著名比较教育学者冲原丰认为，“比较教育学是以教育的整个领域为对象，对两国以上的现行教育进行比较，并把外国教育学包括在内的科学”④。

中国比较教育学者王承绪、朱勃、顾明远在其编写的《比较教育》中认为，“比较教育是用比较分析的方法，研究当代外国教育的理论和实践，找出教育发展的共同规律和发展趋势，以作为改革本国教育的借鉴”⑤。

中国学者吴文侃、杨汉清在其编著的《比较教育学》中提出，“比较教育学是以比较法为主要方法，研究当代世界各国教育的一般规律与特殊规律，揭示教育发展的主要因素及其相互关系，探索未来教育的发展趋势的一门教育科学”⑥。

可见，各国比较教育学的专家们未能就比较教育的定义得出一致的意见。但是，比较教育学是用比较法研究和论述各国教育的发展、现状和趋向的一门教育学科，这一点是大家都承认的。

2. 比较教育学的研究目的

关于比较教育的研究目的两种观点。

第一种是“无目的论”，认为比较教育本身无目的，以德国的马克斯·威巴为代表。持这个观点的人认为，比较教育学是具有实证性质的学科，为了保持其客观性，它只说明是什么，而不教人们应当做什么。他们说，比较教育学像航海学，航海学并不向船长说你应当往哪里去，它只是告诉你风向、潮流情况、暗礁与浅滩等知识，而决定前进方向的是船长。断定某种教育比另一种教育好，不是比较教育学的责任。比

① 朱利安：《比较教育的研究计划与初步意见》，转引自《世界教育文摘》1984年第1期，第20页。

② 艾萨克·康德尔，王承绪等译：《教育的新时代——比较研究》，人民教育出版社2001年版，第41～42页。

③ Hans. Comparattve Education：a Study of Education Factors and Traditions，3rdedition，London：Routledge & Kegan Paul，1958，p. 9.

④ 冲原丰，刘树范、李永连译：《比较教育学》，吉林人民出版社1984年版，第4页。

⑤ 王承绪、朱勃、顾明远主编：《比较教育》，人民教育出版社1985年版，第17页。

⑥ 吴文侃、杨汉清主编：《比较教育学》，人民教育出版社1999年版，第7页。

较教育学不对某国家的教育好与坏及其作用作出评价或价值判断。

第二种是“有目的论”，认为比较教育学本身有目的，要提供有价值的判断，以德国的斯布朗卡为代表。持这种观点的人认为，科学应当阐明它对人生的真正目的及人类生命应有的价值，因而也应当允许比较教育学给教育指出一定的方向，作出价值的判断。但在作出这种价值划断时，必须明确研究者进行判断时所依据的立场。他们说，当一定的教育目的、政策目标确定后，为达到此目的，需要从几种手段中选择最理想的手段时，就必须进行价值判断，比较教育学就应该提供有价值的判断。

实际上，比较教育本身是有目的的。纵观比较教育的发展，可以发现许多学者都提出了研究比较教育的目的。

美国的比较教育学家康德尔就提出“研究外国的教育制度就意味着评价、分析本国的教育理论，因而能更清楚地分析本国教育制度的背景和基础”。他认为比较教育的目的有三：①描述的目的，即向读者提供各国教育情况，并按问题把事实加以分类；②功能的目的，即把各国教育同整个国情、社会、经济、政治和文化背景结合起来，说明其制度的特征；③改善的目的，即考察与研究外国的教育制度，是为了改进本国的教育制度。

德国比较教育学家施奈德认为，比较教育学研究的目的，在于分析制约教育理论与实践的各种因素，从而发现教育的普遍规律。

英国比较教育学家汉斯曾说：“我们的领域具有能动性，它有一个功利主义的目的。”另一位英国比较教育学家霍尔姆斯认为，比较教育学的基本任务有二：一是预见未来，预见后果，预见选择途径的正确性；二是在制定教育政策、采取教育措施上，向政府提出建议。

日本比较教育学家山内太郎说：“比较教育的目的，除了追溯渊源，以探究现状的原因，进而解释现状的独立性之外，还要透过它们以阐明现在的特殊构造问题所具有的意义，进而启开对于将来之展望及决定前进的方向。”①

苏联学者认为比较教育的任务：一是研究影响教育理论和实践的因素，比较分析这些因素的作用；二是清理各类国家教育发展的最迫切和最普遍的问题及趋势；三是研究和综合外国正面的经验；四是批判资产阶级比较教育学家的反动立场和理论。

有的比较教育学家还把比较教育的目的分为现实的目的和理想的目的。现实的目的是：①提供关于教育的制度、理想、问题等方面的可靠情报；②提示对地方的、国家的教育进行解释的基础、假说和结论；③为改善世界各国教育的理想、内容、组织提供有益的情报；④要理解本国教育，从理论上和实践上发挥作用。理想的目的是加强人道主义理想的宣传和实践，扩大文化视野，缓和国际紧张局势，充实作为哲学、科学和文化过程而考虑的教育内容。

---

① 转引自商继宗：《中小学比较教育学》，人民教育出版社1989年版，第9页。

虽然各个国家及其学者研究比较教育的目的各有差异，但大多数都承认比较教育是有目的的。从上文表述中可以看出，比较教育的目的、任务，一者取决于社会发展的客观要求，二者决定于国家的内外政策。

从比较教育学科萌芽时起，比较教育研究的一个重要目的就在于研究外国，思考本国，也就是借鉴他国的教育经验，改进本国的教学实践。近年来，由于知识爆炸和信息传递技术的发达，国际交流频繁，各国在进行教育改革时不得不举目看看别的国家。一个国家的情况如何，要结合其他国家的情况来判断。因此，借鉴外国教育经验，仍然是现阶段比较教育研究的主要目的。

3. 比较教育学的研究对象

由于世界上有很多情况各异的国家，而且教育领域的课题又非常广泛，因此，比较教育的研究对象是多样的，表现在：

从研究内容说，比较教育的研究涉及教育的整个领域，教育学所研究的问题，都可以作为比较教育学的研究对象。比较教育的研究重点是各国的教育制度和基本的教育问题，例如各国学前教育、基础教育、职业教育、高等教育、师范教育、成人教育、教育管理及教育发展趋势等问题，因为研究教育制度和教育问题对改进本国的教育具有重大意义。

从研究时间说，比较教育的研究以当代教育为中心。这一点，各国比较教育学家的看法是一致的。比较教育研究之所以必须以当代教育为中心，是借鉴的目的所决定的。当然，比较教育是重视历史的，事实上，比较教育的研究范围早已扩展到教育史的领域。比较教育在研究当代教育时，为了阐明来龙去脉，也要追溯历史根源，其追溯的目的是为了更好地说明现在。

从研究空间说，比较教育主要是以国家为单位，对世界各国的教育进行研究。例如美国康德尔的《比较教育》著作以英、法、德、意、苏、美为对象国；英国埃德蒙·金的《别国的学校和我们的学校》以丹麦、法、英、美、苏、印、日为对象国，如此等等。近年来，也出现了新的研究角度，有对不同社会制度（如社会主义国家、资本主义国家），或不同地域（如亚洲地区、非洲地区、欧洲地区、北美地区等），或不同文化区域（如英语地区、法语地区、西班牙语地区等），或不同宗教国家（如穆斯林国家、基督教国家、佛教国家等），或不同经济水平（如发展中国家、发达国家）的教育进行比较研究，还有就一个国家内部不同地区、不同民族的教育进行比较研究。但是，现代教育的发展主要体现在以国家为中心的国民教育制度的发展上，因此从这一点来说，以国家为单位进行比较研究，仍然是比较教育的主要研究方式。当然，这并不是说一部比较教育学必须要研究世界上一百多个国家的教育，因为这既是困难的，也是不必要的，我们可以根据借鉴的目的，选择有代表性的国家作为对象国。

1.1.2　比较教育学的作用

比较教育学的作用是多方面的，主要有：

1. 认识本国的教育

古罗马学者塔西陀曾说：“要想认识自己，就要把自己同别人进行比较。”德国诗人歌德也说过：“如果你认为自己已失去价值，就把你同别人进行比较。”同别人比较是认识自己的有效方法。因此，研究外国教育不只是为了扩大眼界，增长见识，它有助于进一步了解本国的教育，通过与国外教育的对比，能充分反映出本国教育的特点。美国著名比较教育学家贝雷迪说，从认识别人而得到的自我认识，是比较教育所能提供的最有价值的教育。

2. 推动教育改革

施奈德说，通过本国教育与外国教育的比较，可以明确本国教育的缺点和落后面，从而认识到改革的必要性。美国的比较教育学家认为，比较教育是革新教育的一面镜子。另外，任何一个改革都要借鉴别人。通过比较教育，可以借鉴和吸收外国先进的教育理论和经验，使本国的教育改革少走弯路。正如朱利安所说，要改革本国的教育，人们必须注意到别国的教育范例。因此，比较教育学不仅为计划教育改革提供信息，而且为教育政策的制定、有关政策的选定提供模式，为检验教育成效提供标准。

3. 发现教育的普遍规律

马克思、恩格斯认为，比较“是理解现象的钥匙”，比较的方法具有重要的作用。朱利安认为，教育科学就是根据事实和观察，通过归纳法进行比较，从而导出普遍的教育原则和教育方法。施奈德也是把探讨对教育思想和教育实际的发展起作用的规律，作为比较教育学的一个课题来考虑的。所以，通过比较研究，可以帮助人们发现、认识教育规律。

4. 自身进行反省、改造

比较教育的目标定位和落脚点是改造教育自身。无论是学习借鉴外国教育经验，审视、改革本国教育，还是探索教育发展的共同规律、推动教育科学发展，归结起来都不外乎改造教育自身，而不是直接指向改造受教育者或社会存在。这种以教育自身发展为目的，对教育自身进行反思、批判、审视和构建的理论旨趣，到目前为止，只有在教育哲学和比较教育学中才能得到尽情的展现。可以说，比较教育是教育生成自我意识和主体人格的一种标志，是教育反观自我的一面镜子。这是比较教育的一项基本功能。

1.1.3 比较教育学的特征

比较教育学的特征，是指区别于其他教育学科的独特之处。因为角度不同，各个学者的提法不一致。

日本学者冲原丰认为，比较教育学的特点有五：①用比较研究法来研究教育，这是比较教育学的最大特点；②研究对象是整个教育领域；③以现在为中心（比较教育主要以现行教育为对象）；④以国家为单位进行比较；⑤把外国教育学包括在比较教育学之内，即把外国教育学作为比较教育学的第一阶段。

学者王承绪等认为，比较教育有三个基本特征：①跨国性或国际性：比较教育主要不是研究单独一个国家的教育，它是跨国的，即研究若干国家的教育。比较教育是跨文化的，即研究不同文化的国家的教育。②跨学科性：对各国教育进行历史的、社会的、政治和经济的分析研究，需要有哲学、历史、政治经济学和社会学等方面的知识，熟悉这些学科的研究方法。③可比性：要进行比较，首先要对两个或两个以上国家或地区的同一个教育问题进行比较，如对英国、法国和德国的师范教育进行比较；其次要在对等的水平上进行比较，如教育机会均等，可以从概念含义方面进行比较，也可以从实现教育机会均等的学校类型方面进行比较；再次在比较研究不同国家学生学业水平的时候，要注意到各国各级学校的不同情况，如比较两个国家小学一年级的教学效果，如果这两个国家小学生入学年龄不同，有的 5 岁，有的 6 或 7 岁，就难于进行比较。

学者商继宗则把比较教育学的特点概括为五个方面：①方法论方面，运用比较研究的方法，探讨和研究外国教育；②研究单位方面，以国家为单位进行比较研究；③研究对象上，以整个教育领域为研究对象；④时间和空间上，对近二三十年来两个以上的国家的教育作横断面的比较；⑤学科性质上，偏重于应用科学方面。学者冯增俊也从研究对象、研究方法、研究目的以及研究的时代和单位等方面分析了比较教育的学科特征。他认为，比较教育研究对象广泛，涉及人类教育的各个领域；方法上以比较为最大特点；目的是借鉴和实践；时间上是以当代为核心；研究单位除了以国家为基本单位外，还包括地区比较、跨省比较和跨民族比较。

尽管各国学者对比较教育特征的探讨还在继续，但研究对象、研究方法以及功能等则是认识比较教育学科特征的重要维度。

通过对已有几种比较教育定义的介绍，和对比较教育的研究目的、对象、作用和特征的探讨，我们可以对比较教育学的含义作一个概括。比较教育学是以比较的方法，研究当代世界各国的教育，揭示不同国家教育的特点，判明决定和影响教育发展的主要因素，探索教育的发展趋势，作为本国改革教育的借鉴的一门教育学科。

1.2　比较教育学的研究方法

比较教育研究的方法论问题是一个非常重要的问题。只有有了正确的方法论作指导，比较教育研究才不会步入歧途。每一门学科都有自己独特的、常用的研究方法。顾名思义，比较教育学根本的研究方法就是比较法，这也是它区别于教育学其他分支学科的特点之一。

1.2.1 比较教育研究的方法论原则

比较教育研究在辩证唯物主义和历史唯物主义的方法论基础上应当遵循下列原则。

1. 客观性原则

比较的时候，要有科学、公正的研究态度，排除偏见，实事求是，既不盲目排斥，也不妄自菲薄。必须防止过去出现过的两种偏向：一种是唯感情论，根据好恶判断是非。与我们友好的国家的教育理论和教育制度尽善尽美，与我们敌对的国家的教育理论与制度一无是处。政治上一边倒，科学上也一边倒。另一种是唯生产力论，根据生产力发展水平判断优劣。发达国家的教育理论和教育制度十分优越，发展中国家的教育理论和教育制度不值一提。

2. 整体性原则

对教育问题的内外部因素要进行具体分析，科学把握研究对象的本质。教育系统是一个有机统一的整体，具有自己的性质和功能，这种性质和功能不是它的各个要素的性质和功能的简单相加。在研究问题时，应当注意分析教育系统内部各要素之间的关系。此外，教育系统是开放的，它与周围环境有着密切联系，因此在研究教育问题时必须注意分析其与国家政治、经济、文化的相互关系等。

3. 动态性原则

事物是在不断发展变化的，要用发展的观点观察和分析问题。要重视来龙去脉，既应以现状的横向比较为主，也应给历史的纵向比较研究一定的地位。追溯历史根源有利于从发展的角度观察现在和展望未来，使人们看清教育制度发展的来龙去脉，认识其发展规律。事物的变化表现为量的变化和质的变化。比较教育研究既应注意定性比较研究，也应注意定量比较研究。此外，要处理好创新和继承的关系。比较教育不仅要分析、评价各国的教育制度和各派的教育理论，而且要有所创新，提出自己的见解或主张。创新就是要适当消化历史文化遗产中的合理内核，并根据新的情况加以改造和发展。

4. 实践性原则

实践是认识的基础，是检验真理的唯一标准，是发展真理的有效途径，这是辩证唯物论的基本原理。根据这一原理，比较教育研究必须贯彻实践性原则。①通过实践，检验真理。各国学者提出的教育理论或教育改革倡议，可靠性不完全一样。有的经过较长时间和较大规模的实验研究，可靠性比较大，适用性比较广；有的只是经过了较短时间和较小规模的实验研究，有的甚至只是一种理论假设，可靠性和实用性都是很有限的。所以，对于各国各个时期提出的教育理论、进行的教育改革，要持特别谨慎的态度。某种教育改革倡议或教育理论，看起来似乎合理，但经过一段时间的实践，就显露出弊多利少了。比如美国20世纪50年代末60年代初的课程改革，当时曾得到人们的高度赞赏，但经过一段时间的实践检验，就显出了矫枉过正的毛病。所以要判断外国教育理论的优劣或教育改革的成败，只有一个方法，就是科学地分析其较长一段时间，使其具有一定规模的教育实践。经过实践证明能取得良好效果的东西，才是符合客观真理的东西。尤其是在借鉴外国教育经验时，必须通过本国的实践来鉴别其适用范围。通过试验，取得经验，再逐步推广。②通过实践，发展理论。比较教育通过比较研究所肯定的教育理论，只具有相对真理性。教育理论还会随着时代的发展而发展。因此，在研究过程中，要密切注视国内外的教育实践，注意科学研究的成果，尽可能深入实际，开展试验研究，推陈出新，促进教育理论的发展。

5. 可比性原则

进行比较研究的前提，就是比较研究对象要有可比性。对没有可比性的事物进行比较研究，显然不可能获得正确的结果和科学的结论，有时甚至会得出背离事实真相的非常荒谬的结论。因此，比较教育研究中必须保证比较的对象具有可比性，即一方面，进行比较研究的教育事物必须具有内在本质的相似性，就是说比较的对象之间具有一定的内在联系，具有某些本质上的而不是表面上的共性。例如，英国的公学和美国的公学，是完全不同的两个概念，前者是指“自给的或私立的财团公共学校”，后者是指“靠地方税收维持的公立中小学校”，而一些研究者在对有关问题进行比较研究时却常常把它们视作同一个东西，并以此为基础来对相关事物进行比较研究。另一方面，选择比较对象时必须有统一的标准，包括取样的统一、量度的统一等。例如，各国计量单位不一、消费水平不一、物价不一，比较各国人均教育经费的绝对值时，除换算成统一货币单位外，还应考虑其他各种复杂的情况。

1.2.2 比较教育研究的基本方法

比较法是比较教育研究最基本的方法。虽然其他教育学科也使用比较法，但比较教育研究中的比较与其他教育学科研究中的比较有很大差异。其他教育学科研究中的比较法主要是一种技术层面的具体方法，通过这种方法获得所需要的资料、数据或结论，这里的比较具有强烈的工具性特征，即比较方法服务于特定学科的研究方法，是服务于其他研究方法的一种手段。而比较教育研究中的比较法主要是一种方法论层面的思维方式，具有研究主体的性质．其他教育研究方法服务于比较法，即其他教育研究方法都是为使比较分析更为准确深刻、为解释比较分析结果服务的。

比较教育研究中的比较法按不同的角度，可以分为以下几类。

从比较的时间上，可以分为纵向比较和横向比较。纵向比较是对一个国家或地区（或几个国家或地区）的教育在不同历史时期的表现的比较。例如，比较一个国家不同时期的教育经费在国民收入和行政开支中的比例，以此来看经济的发展与教育投资的关系；比较一个国家或多个国家普及义务教育年限在不同时期的情况，以此来看政治、经济、文化发展与普及教育的关系。横向比较是对同一时期不同国家或地区教育的比较。例如，比较两个国家当前的教育督导制度，以此来看教育督导对教育事业发展的作用；比较两个或多个国家当前职业技术教育的发展状况，以此来看它与劳动力素质的提高的关系。研究中横向比较和纵向比较经常结合起来使用。

从比较的范围上，可以分为区域比较和问题比较。区域比较是分析研究一个个国家或地区的教育制度和教育实践。这种区域比较，按研究内涵的大小又可分为整体研究和局部研究。整体研究是对一个个国家或地区教育的各个方面进行的比较分析，如研究世界各主要国家的教育制度。局部研究是对某个国家或地区教育的某个方面进行的比较分析，如研究欧洲教育管理体制、美国小学课程设置等。当然，如果这种区域比较仅仅停留在对情况的介绍与描述上，没有作出一定的分析比较，那么它属于外国教育研究的范畴；如果在研究过程中，分析出这个国家教育的整体特点或某个方面的特点，那么，这种研究实际上已经与其他国家作了比较，就属于比较教育的范畴。还有的研究，虽然没有分析特点，但指出了值得借鉴的经验，这实际上已经与本国教育作了比较，也属于比较教育的范畴。问题比较是对两个或两个以上的国家或地区的教育制度和教育实践按问题分类，进行对应的比较分析。这种问题比较，按照比较的内容，也可以分为专题比较和总体比较。专题比较是把各国同一类教育问题并列在一起进行比较分析。如既可以把各国学校制度、学前教育、初等教育、中等教育、高等教育、师范教育、教育行政、普及义务教育、教学改革或考试制度等问题并列起来进行比较研究，也可以选择本国急需解决的问题同外国相应的问题并列起来进行比较研究。总体比较是对全球教育的现状和趋势进行整体比较研究，其目的在于揭示各国教育制度和教育实践的总体特征和发展趋势，判明政治、经济、文化、社会发展对教育的影响，解决一些根本性的问题。我们一般是把区域比较与问题比较结合起来运用。区域比较是问题比较的前提，问题比较是区域比较的深化。

从比较对象相互影响的程度上，可以分为平行比较和影响比较。平行比较是对两个或多个被假设为互无影响的国家或地区的教育进行比较，它主要关注的是教育在不同国家或地区具有的共同特征。影响比较是对两个或多个在教育方面相互影响较大的国家或地区的教育进行比较，它主要关注比较对象之间的相互影响。

从比较对象的异同上，可以分为同类比较和异类比较。同类比较是指比较两种或两种以上同类对象而认识其相异点的方法。例如比较发展中国家教育投入及其资源分配的情况，找出其差异，分析其原因或结果。异类比较是指比较两种或两种以上异类对象而认识其相同点的方法。例如比较发达国家与发展中国家的教育内容和课程设置，找出其相异处，指出其相同点，说明教育内容普遍地受当前科学技术发展的制约。

比较教育研究虽以比较法为主，但它并不是唯一的方法。比较教育学作为教育科学的一门分支学科，教育科学研究中普遍使用的方法，如调查法、文献法、分析法、访谈法、历史法、统计法、实验法等，也都适用于比较教育研究。

1.3 比较教育学的发展历史

比较教育学作为教育科学的一个分支学科，从法国学者朱利安于1817年发表他的《比较教育的研究计划与初步意见》算起，到现在已经有将近两百年的历史了。掌握比较教育这门学科的来龙去脉，通晓比较教育学科产生、发展的历史，是学习比较教育的前提。

关于比较教育学科的发展阶段的划分，由于所依据的标准不同，划分的结果也各不相同。总的来说，根据比较教育学科所处时代的政治、经济和社会发展的背景，比较教育研究已经积累的理论、方法和资料的具体条件以及比较教育学科本身发展的实际水平，可以把比较教育的发展分为四个时期：史前期、倡导期、形成期、发展繁荣期。

1.3.1 比较教育学发展的准备阶段

比较教育有着悠久的历史渊源。早在古代奴隶社会时期，当不同国家的人们因旅行、贸易、战争、传教等活动而相互来往时，就有人开始研究外国教育，外国教育研究为比较教育的发展创造了历史条件。

古希腊时代，历史学家色诺芬著《波斯国王赛勒斯传》，其中叙述了波斯教育见闻。罗马的西塞罗著《共和政体》一书，分别讲述了希腊和罗马的教育概况。日本从7世纪起就开始派遣官员和留学生到中国学习文化教育。公元7世纪中叶，中国僧人玄奘旅行了16年，经中亚细亚来到佛教圣地印度，遍游名寺，从高僧求学，在印度生活了十多年。回到中国后，他根据自己的旅行见闻写了《大唐西域记》一书，详尽介绍了印度、尼泊尔、巴基斯坦、孟加拉国、中亚等地的人文、历史、地理、教育，专门描述了这些国家和地区，特别是印度的教育制度、教师、校舍、课程等。13世纪时期，对东方国家文化、民族特性进行描述的最有代表性的人物是意大利旅行家马可·波罗，他访问了一些东方国家，并在中国元朝供职达17年之久。他在其旅行游记《东方见闻录》中广泛地介绍了东方国家，特别是中国，包括教育在内的各方面情况。例如，他写道："行在（即现在的杭州——引者注）居民性格温和，没有口角与冲突，诚实地经营商业与手工业，街头男女充满善意与亲切感，所有人亲如一家……这种状态是中国典型教育的结果。"①

16世纪，随着探险、贸易、旅行、传教等活动范围的扩大，对国外民族的报道更

① ［日］冲原丰，刘树范、李永连译：《比较教育学》，吉林人民出版社1984年版，第16页。

为丰富。人文主义学者伊拉斯谟旅居英国时，对英国的学术情况及牛津大学、剑桥大学的教学、教育作了评论，并与意大利作了比较。17世纪，国际交流更为频繁，旅行者们通常把考察别国学校并作出报道作为其旅行中的一项有益的活动。18世纪，法国出现了一些对教育进行比较考察的文献，如孟德斯鸠在《论法的精神》中讲到了教育法规因政体不同而有本质的差别，指出了考察影响文化教育的地理因素的重要性。

1817年以前，历史上各国之间的文化交流，以及有关外国教育情况的记载的著作，都是零星的，很不系统的，没有专门的调查研究方法或框架，主要是旅游者个人谈论异国教育的印象。它们还不能算严格意义上的比较教育研究，因此从古代到1817年这一段漫长的时期是比较教育的准备阶段或称史前阶段。比较教育学家形象地将这一时期称为“旅行者见闻”。

1.3.2 比较教育学发展的倡导阶段

从1817年法国学者朱利安发表《比较教育的研究计划和初步意见》起，整个19世纪是比较教育学科的倡导阶段，它的标志是教育借鉴，即比较教育方法上的特征是访问与借鉴，比较教育研究的目的在于借鉴国外教育经验为本国服务。

在这个阶段，人类社会已经由于蒸汽机的发明及其在生产中的应用而进入了第一次科技革命的时代。工业革命在各国蓬勃开展，以机器生产为主要标志的现代生产对生产者提出了新的要求，要求他们具有一定的文化知识，这就促进了各国教育的发展。各国在兴办教育事业中逐步形成了自己的国民教育制度。教育事业的发展，反过来对各国政治、经济、社会的发展起了不同程度的推动作用。教育因此成为国家和公众日益关注的一项事业。教育究竟应该怎样办才能符合本国政治、经济发展的要求？什么样的教育制度最有利于培养人才？外国的教育制度和教育实践有什么优良经验可以借鉴？这些都是先进思想家们所考虑的问题。于是，对外国教育的研究，就出现了一个新的势头。

19世纪的比较教育研究活动，是在企图从外国获得有益经验的动机下开始的。各国政府为了建立适应生产发展需要的教育制度，增加了出国考察的国际交流活动。各国的教育改革者互相访问，交流教改经验，促进了比较教育学科建设的进程。研究比较教育的前驱大多数是一些教育行政长官或学者。他们是19世纪各工业国的教育改革的促进派，代表人物有比较教育之父、法国教育家朱利安，法国教育家库森，美国教育家贺拉斯·曼。

朱利安（Marc-Antoine Julian，1775—1848）在1817年发表了一本小册子，叫做《比较教育的研究计划与初步意见》，首次把比较研究法引进教育科学的领域，第一个提出比较教育概念。在这本书中，朱利安主张：①为了成为一门近乎实证的科学，比较教育要重视研究教育规律。②重视问卷法及其在比较研究中的意义和作用（为此，《比较教育的研究计划与初步意见》一书有一半以上是朱利安设计的问卷）。③建立国际教育机构，来收集、分析、传播各种教育信息。④建立师范教育网，用最新的方法培训优秀师资。⑤创办教育定期刊物，以多种文字发行，使所有从事教育科学研究而见闻广博的人进行定期交流成为可能，并直接有利于教学方法的改进。

法国教育家库森（Victor Cousin，1792—1867）曾于1831年受法国教育部部长之命考察普鲁士教育。之后，他撰写了一本《普鲁士教育报告》，书中介绍了普鲁士的教育行政，家长和社区的教育责任，教师的培养、任命和薪俸，课程的内容等。法国初等教育制度的基本法，即1833年的《基佐法》（*Guizot Law*），就是以库森的报告为根据而制定的，这个报告对法、英、美三国的教育都有重大的影响。库森主要以外国的范例作为发展法国教育制度的借鉴。他认为，教育借鉴在比较教育研究中应占首要地位，而探索教育规律是少数比较教育理论家的任务，应居次要地位。他曾说："我研究的是普鲁士，而我思考的始终是法兰西。"因此，他不是对外国教育实践作综合的描述，而是强调和分析那些法国可以引进的东西。库森的教育借鉴观在当时法国教育界中起主导作用。

美国教育家贺拉斯·曼（Horace Mann，1795—1859）于1842年出国考察教育，参观了欧洲各国的各级各类学校，最后撰写了《第七年报》这本著名的比较教育著作。他主张重视借鉴别国教育，"如果我们理智一些，学习别人的经验，而不是坐等因我们的错误而致的糟糕结果，我们就有可能逃避其他一些社会正在遭受的巨大灾难"，"我毫不犹豫地认为国外有许多东西值得我们在国内效仿"。[①] 他对普鲁士学校的先进教育经验，特别是教师采用非强制性的纪律教育和启发式的教学方法大加赞赏，倡导有选择性地借鉴普鲁士教师的优良教学技能和技巧；认为教学技能和技巧可以是各种不同社会制度共同使用的手段，不同的国家和不同的社会可以应用某种相同的教学手段为本国教育事业服务。

值得注意的是，这一时期的比较教育学家对借鉴问题有一个共同的看法，即主张"以本国教育传统为主体，外国教育经验为补充"。他们力求本国教育的传统与变革不被外国借来的新东西所损害。比如，他们都承认普鲁士教育经验，特别是教学方法和技巧的优越性，但对如何借鉴这类教育经验则采取了谨慎的态度。可见，借鉴外国经验与维护民族传统的关系，是比较教育研究中的一个重要课题。法国比较教育学家库森认为，一个民族的真正伟大之处并不在于它没有向别人借鉴什么东西，而在于它是否借鉴到好的东西，并使其适应本国情况而有所创新。

总的来说，19世纪比较教育研究的主要目的在于介绍外国教育经验作为本国教育制度的借鉴。借鉴外国教育经验对本国教育的发展起到了一定的促进作用，但是，当时的研究缺乏系统的科学方法，对外国的教育经验大多停留在描述的水平上，没有对形成各国教育制度的历史背景和社会背景作深入的分析，也没有揭示出教育规律，因

---

① 转引自王承绪主编：《比较教育学史》，人民教育出版社1999年版，第53页。

此，借鉴有很大的历史局限性。

同时期的中国，在鸦片战争后，闭关锁国的状况被打破，一些先进的知识分子开始睁眼看世界，了解国外。如“师夷长技以制夷”的提出，表明了林则徐、魏源等人对外国教育的重视。其后，郑观应、容闳等人都在手记中记述了西方各国的教育情形。康有为、梁启超、张之洞、严复等人也提出了不少学习外国教育之长处以发展本国教育的主张。典型的观点“中学为体，西学为用”，就是一个比较教育的命题。事实上，清末新政时期学校教育制度的改革、科举考试制度的废除、留学生教育的兴起等，可以说是中国这一时期客观上运用了比较教育的产物，不比较是不可能有这些结果的。但是，这一时期中国没有任何人提出比较教育的概念。

1.3.3 比较教育学发展的形成阶段

20 世纪上半叶是比较教育学科的形成阶段，理论上的特征是因素分析，即抽出形成各国教育制度特点的各种因素，并把它们摆在历史文化传统和国民性中加以理解。

20 世纪初，以电动机的发明和应用为契机，人类社会进入了第二次科技革命的时代。为了适应生产力发展的要求，许多国家都进行了国民教育制度的改革。世界各工业国基本实现了小学义务教育之后，开始讨论发展中等义务教育时，才较明确地认识到“借鉴问题”的各种不利因素。决定一个国家教育发展的因素有哪些？如何剖析教育改革中存在的各种外因和内因？如何根据本国的具体情况来参照国际教育经验，从而作出正确决策，改革教育？这类问题的解决对比较教育学家在研究学科建设时提出了更高的要求。因此，比较教育的研究重点，转向分析决定各国教育制度的主要因素。

1900 年，英国比较教育学家迈克尔·萨德勒（Michael Sadler，1861—1943）发表了一篇著名的比较教育学论文，题为《我们从对别国教育制度的研究中究竟能学到什么有实际价值的东西?》。萨德勒在文章中明确指出，比较教育的目的，就是要“以正确的精神和严谨的治学态度研究国外教育制度的作用”，以便“促使我们更好地研究和理解我们自己的教育制度”。研究别国教育制度时，要关注教育制度之外的，与教育制度有着密切联系的社会文化和民族特性等因素。萨德勒认为，“学校外的事情比学校内的事情更为重要，并且校外的事可以支配校内的事”。学校教育改革是不能脱离社会、政治、经济制度的制约而孤立进行的。任何一国的教育发展，总是受到本国的社会因素、政治因素、文化因素等客观条件的支配。因此，教育改革与社会进步是相互联系的，二者的发展是相辅相成的。根据教育与社会的这种能动关系，他指出，借鉴外国教育经验，就不能把眼睛老盯着学校建筑的灰沙砖石，也不能只看教师学历和学生考分。人们还要花大气力到校外去，做社会调查，弄清楚那些支配学校成功或失败的各种精神力量及各个民族的传统与特性。也就是说，在研究外国教育制度时，不仅要了解“是什么”，如实地报导异国教育见闻，而且更重要的是理解“为什么”，分析其决定因素何在。萨德勒曾经形象地讲过，比较教育研究者在欣赏各国教育制度之林时，不能像小孩逛花园那样，从这株花枝上摘一些鲜蕾，又从另一枝上摘一些绿叶，然后带回家去，把它们插在家园中的土地里，等着它们生根、开花、结果。那肯定是不可能把花种活的。教育的借鉴，道理与此相似。每个国家的教育制度都是有生命的东西，是本国传统与变革的有机组成部分，它摒弃该教育制度中不适应本民族特性的因素，而发扬民族特性中优良的传统因素。因此，他主张“各国的教育制度必须具有各国本身的特性”。当比较教育研究者借鉴外国教育经验时，一定要真正理解决定该国教育经验的各种相关因素。

萨德勒反对孤立地研究教育，提出了民族性概念以及研究校外事物的主张，对20世纪比较教育研究产生了深刻的影响，为以历史法为主要特点的因素分析理论确定了方向，使比较教育学科体系开始形成，从而标志着比较教育学科进入了一个新的阶段，比较教育正式成为教育科学中一个独立的分支。

美国著名的比较教育家艾萨克·康德尔（Issac Kandel，1881—1965）曾师从萨德勒，深受萨德勒思想的影响。在其1933年出版的著作《比较教育》中，一条贯穿始终的基本线索是教育与国家的关系。他不断论及教育与国家所面临的政治、社会问题之间的关系，反复强调基本的历史、政治问题，即民族主义和民族国家以及它们对教育制度的决定性作用。在康德尔看来，比较教育的目的主要表现在三个方面：

（1）报导—描述的目的，即提供事实，按问题把事实分类。康德尔认为，比较教育研究的第一步是“提供关于各国教育制度的情报”。他对各种教育事实进行了分类，如分为国家教育的组织、教育管理、初等教育、初等教育教师的培训、中等教育与中学教师。康德尔的这一目的论在他主持编写的《教育年鉴》中得以体现，从1925—1928年，康德尔收集了许多有关教育制度的描述性报道，他从这些报道材料中为《教育年鉴》选择了他所需的内容，如1925年选择了初等学校课程，1926年选择了中等教育，1927年选择了师范教育，1928年选择了职业教育。总之，康德尔认为，这种对各国教育事实的报道虽然是不够的和有局限性的，却是比较教育研究过程中重要的开端。比较教育学家们一般都同意康德尔的这个基本观点。

（2）历史—功能的目的，即了解教育问题在特定民族背景下的原因。康德尔认为，人们在作出价值判断或进行比较研究时，首先必须掌握事实，但仅仅如此是不够的，因为教育制度是活生生的东西，是各种传统、文化、观念等力量和因素影响下的产物，因此比较教育必须探索产生教育制度的原因，必须重视萨德勒所谓的构成一种教育制度的基础的那种看不见的、精神的和文化的力量。为此，康德尔总是从历史的角度来看待这一领域，认为比较教育是“延续至今的教育史研究”。为了理解、体会和评价一个国家教育制度的真正意义，就要了解该国的历史与传统，和决定该国教育制度发展的政治、经济条件。

（3）借鉴—改善的目的，即借鉴别国的经验，改善本国乃至全世界的教育。康德尔希望通过考察外国和本国的教育制度，研究比较教育学的人们能够养成一种更可取

的哲学态度，其终极目的不仅是改进本国教育制度，而且要培养国际主义精神。康德尔要求，比较教育的研究者们通过了解国内外的教育制度，开拓思路，形成自己的教育观点之后，进而了解本国教育制度的意义和利弊，改进世界各国的教育制度。

以此目的论为指导，康德尔强调，教育的比较研究应该着眼于各国的教育制度并要放眼世界。对各国教育制度的评价不是从主观臆断或无根据的证据出发，而是要分析那些形成和影响教育制度的东西。他认为，因素分析包括三个环节：①分析情况，加以归类；②分析产生问题的背景，探索起决定作用的主要因素；③分析不同教育制度之间的普遍因素和特殊因素。

康德尔创立了一套完整的比较教育理论，提出了系统的比较教育方法论，为比较教育作为一门学科的发展奠定了基础，为比较教育学科体系的形成作出了巨大贡献。他的描述历史事实、分析社会历史背景的历史学方法，在这个阶段的比较教育研究中占有支配地位。

英国著名比较教育学家尼古拉斯·汉斯（Nicholas Hans，1888—1969）在1949年出版了他的代表作《比较教育：教育的因素和传统的依据》。在该书中，汉斯认为比较教育的主要目的，就是“从历史的角度分析研究形成教育制度的因素，比较各国解决由这些因素产生的问题的方法”。为此，汉斯十分强调历史法对比较各国教育制度的重要性。而历史法在其具体实施中就是进行因素分析，也就是说，因素分析是汉斯的历史法的实际体现和具体手段。历史法和因素分析法紧紧结合在一起，形成了汉斯比较教育研究方法的一大特点。他把影响各国教育的因素分为三种：①自然因素，包括种族因素、语言因素、地理因素和经济因素等；②宗教因素，包括天主教传统、圣公会传统和清教徒传统等因素；③世俗因素，包括人文主义、社会主义、民族主义、民主主义等因素。他具体分析了这些因素对教育的影响，并说明这些因素并不是独立地对教育起作用，而是交互一体共同影响的。汉斯的比较教育思想是萨德勒和康德尔有关思想的继续和发展，而这个发展集中表现在他的历史因素分析法上。他的这一思想对比较教育学科的建设起了积极的促进作用。

这一阶段，著名的德国比较教育学家施奈德（Friedrich Schneider，1881—1974）也是用因素分析法研究比较教育的代表人物。施奈德和康德尔的比较教育观点基本一致，都认为教育制度是各种因素相互作用的产物。因此，比较教育研究的目的在于阐明各国教育制度的异同，剖析决定或影响每个国家教育制度的民族特性。他在1947年出版的著作《各国国民教育的动力》一书中，指出了影响教育理论和实际的因素有国民性、地理位置、文化、经济。科学、政治、宗教、历史、外国影响、教育内部的发展动力等。

这个阶段还值得提出的是，比较教育开始成为高等学校的课程。1898年，罗素博士首次在美国的哥伦比亚大学开设这门课程。从此以后，许多国家的大学和师范学院先后设置了这门课程。

在这一阶段，中国的比较教育也有了发展。1901 年，中国最早的教育专业杂志——《教育世界》创刊。它在反映、研究国内教育状况的同时，更大量介绍西方教育，传播西方的教育制度、教育学科、教育思想，这标志着中国比较教育研究进入了一个新的阶段。此后，各种有关外国教育和比较教育方面的论著纷纷问世。从 1911 年 7 月陆费逵编写的中国第一本外国教育专著《世界教育状况》一书发行，到 1949 年，中国共出版外国教育和比较教育专著及译著 40 多部，其中大部分为 20 世纪 30 年代所著。庄泽宣的《各国教育比较论》（商务印书馆 1929 年出版）是中国第一部比较教育学专著。此书以德、法、英、美、日、俄为对象国，采用列国并比方法，对各国的教育行政制度、学校系统、幼儿教育、初等教育、中等教育、高等教育、师范教育、职业教育、成人教育等，平行排列分章比较。这一时期的主要代表作还有钟鲁斋的《比较教育》（商务印书馆 1935 年出版），常导之的《各国教育制度》（1936—1937 年中华书局出版），罗廷光的《最近欧美教育综览》（1939 年）等。这些著作的出版旨在为中国教育制度的改革提供借鉴，或为比较教育课程提供教材和教学参考资料，但由于当时中国教育事业很落后，限制了比较教育学科的发展。

总的来说，在这一阶段，一系列水平较高的专著的发表使比较教育学初步形成了自己的学科框架和基本的研究方法，比较教育学已经开始从教育学中分化出来，成为教育科学中一门独立的分支学科，比较教育研究取得了一定的进展。但是，从世界范围来看，研究的规模还不够广泛，研究方法还比较单一，研究成果还不够丰富。

1.3.4 比较教育学发展的繁荣阶段

20 世纪 50 年代以来是比较教育学科的蓬勃发展阶段，方法上的特征是综合研究。

20 世纪 50 年代以后，整个世界的变化更为迅速。尤其是随着以电子计算机为代表的第三次科技革命的到来，整个社会对教育的需求更为强烈。为了使教育适应新的形势，从 50 年代末起，各国相继开展了规模巨大的教育改革。教育改革向比较教育学家提出了新的挑战，促进了比较教育研究的发展。一方面，多种国际教育组织及有关学术团体纷纷建立。联合国教科文组织对推动全世界比较教育的发展起到了重要作用。从 1951 年起，该组织相继成立了国际教育局、汉堡教育研究所、国际教育成绩评价协会、国际教育规划研究所等国际教育研究中心；从 50 年代中期起出版多卷次的《世界教育调查》、《教育年鉴》及其他统计资料；1954 年创办《国际教育评论》，发表了许多有关比较教育的论文。另一方面，各国的大学和师范学院都很重视比较教育的教学和科学研究工作。美国、英国、德国、法国、日本、加拿大、澳大利亚、荷兰、西班牙等国相继成立了比较教育学会，开展经常性的学术活动。1968 年，比较教育学会国际委员会成立。该学会于 1970 年在渥太华举行第一次大会，更名为世界比较教育学会联合会。这是一个国际性的民间学术组织，总部设在联合国教科文组织教育局。该学会的宗旨在于：发展世界比较教育学和国际教育，并将这些科学成果应用到现代教育中去。

这个时期的著名比较教育学家有美国的贝雷迪、诺亚和埃克斯坦，英国的霍尔姆斯、埃得蒙·金等。

现代美国比较教育学家贝雷迪（George z. F. Bereday，1920—1983）在其1964。年出版的代表作《教育中的比较法》一书中，论述了比较教育的理论和方法，提出了著名的“比较四步法”，即比较教育的研究应分如下四个阶段。

（1）描述。比较教育研究的第一步是对外国教育制度和实践进行客观、全面的描述。具体做法是：①出国考察与掌握第一手资料；②阅读文献与掌握第二手资料；③了解文化背景与掌握辅助性资料。在描述阶段，研究者描述事实的目的在于解决“是什么”这个问题。

（2）解释。这一阶段，研究者解释事实的目的在于剖析形成该教育事实的各种因素，解释该教育现象“为什么是那样”的问题。在解释过程中，研究者要以人文科学和社会科学知识为基础，把所描述的教育现象与普遍存在的教育规律联系起来进行科学的解释，阐明该教育事实的理论意义和实际意义。

（3）并置。这是真正的比较研究的开始。并置阶段的主要工作是统一概念，提出假说。在完成上两个阶段的任务之后，研究者把所描述和解释的各国教育资料加以系统化，从中确定共同的比较标准，然后再对各国资料进行分类整理、并置，分析其共同点和不同之处，形成比较分析的假说。

（4）比较。这是最重要的也是最后一个阶段。前面三个阶段都是为这个阶段作准备的。其主要任务是对所有对象国进行研究，据此对并置阶段形成的假说作出验证。如果验证结果是肯定的，假说就成立。否则，假说被推翻，另立假说，重新验证。

在比较教育学科发展史上，贝雷迪的主要贡献在于其独特的比较四步法。在他之前，还没有一位比较教育学家像他那样如此系统、详细地关注比较教育的方法论问题。他将比较教育研究分为描述、解释、并置、比较四个阶段，使比较教育研究首次有了具体的研究程序，促进了比较教育学科的发展。

美国哥伦比亚大学的诺亚（H. J. Noah）与纽约市立大学的埃克斯坦（M. A. Eckstein）是当代著名的比较教育学专家。1969年，他们合作撰写了《比较教育的科学探索》一书，对科学的比较教育方法进行了探讨。他们极力主张将现代社会科学研究的一般程序引入比较教育的研究，以建立一套科学的比较教育方法论体系。他们提出，比较教育的研究程序是：①确定问题，提出假说。明确所研究的问题，提出相应的假说。②明确概念和指标。在选定假说之后，对假说中包含的各种概念要加以量化，并且要用各种可测量的指标来明确地表示这些概念，使这些概念具有操作性。③选择个案。当假说中的概念已经明确化之后，接着就是要着手选择调查研究的对象国。他们认为，选择个案的数量至少应超过两个以上，才能适合假说验证的需要。④收集数据资料。选择好对象国后，就要根据概念的各种指标收集这些国家的相关数据资料。⑤处理数据，说明结果。处理数据是为了说明数据间的关系，从而导致对假说作出验证。

在比较教育研究中引入计量方法，是诺亚和埃克斯坦比较教育方法论的一个特色。诺亚和埃克斯坦使比较教育研究程序融入了数量化和科学化的特征，体现了当前社会科学研究的一种趋势，即从早期注重哲学和历史学的方法发展成注重经验和计量的方法。

当代英国著名比较教育学家霍尔姆斯（Brian Holmes，1920—1993）的主要著作有《教育问题：一种比较的方法》、《教育的比较方法》、《比较教育：对方法的思考》。霍尔姆斯根据英国著名哲学家波普尔的批判二元论思想，制定了一套比较教育研究的资料收集框架。这一框架具体包括四个模式：①规范模式。是社会生活准则的概述，为更具体的比较研究打下简明、可靠的基础。主要包括影响各国教育问题的信仰、宗教、哲学、政治观念、文学艺术、法律和道德价值观等意识形态方面的资料。②体制模式。以研究制度，特别是现行教育制度为主。包括比较研究对象国的教育制度、教育的组织结构和模式，制约教育体制的国家政治经济体制、政党组织、法律制度，以及各种利益集团的组织结构。研究体制模式的任务是描述和解释现存的教育问题，而解决问题的办法要适合产生体制模式的背景。③精神状态模式。主要包括传统观念、民族意识和特征、生活方式、革新态度、道德观念等方面的资料。④自然模式。又称环境模式，指的是人类无法控制的自然因素方面的资料，如经济资源状况、地理环境和位置、人口结构和数量、气候条件等。

霍尔姆斯认为，问题法是比较教育研究中最恰当的一种方法。他根据杜威的反省思维法，把对教育问题比较研究的程序分为几个步骤：①选择问题。比较教育研究者所选择的问题应该有普遍意义，是当前的重大教育问题。②提出政策建议。当今世界各国面临着许多共同的教育问题，但解决办法在各国却是五花八门，各不相同。比较教育研究者的任务不是去寻求一种能适合任何国家、任何地区和任何时代的万能之策，而是要分析说明哪些政策和措施将更适合于哪些地区、哪些环境，或提出对某一国家而言更为有效的解决办法，作出更合理的预测。③相关因素的鉴别与验证。对所有相关因素，特别是那些在特定条件下起决定作用的因素作出验证，即详细地描述和分析教育制度及与其相关的政治、经济、文化和社会等背景因素，确定其中的决定性因素，对这些决定性因素作出认真的评判。④预言。在霍尔姆斯看来，预言就是在明确问题、分析验证问题的成因和各种可能的解决办法之后，提出最佳的问题解决方案，即对某一国家或地区解决某一教育问题提出合理的建议，或作出某种切实的预言。

霍尔姆斯的比较教育方法论思想实际上是杜威和波普尔哲学在比较教育领域的直接运用。他提出的资料分类的四模式理论使因素的收集有了一个明确的框架，目的在于使比较教育研究为教育决策服务，这和以前的因素分析法的目的不同。他的问题法以假说为核心，强调假说的反驳和证伪，并将假说引入教育决策领域，强调比较教育研究要为教育政策的制定作出贡献。

英国的埃德蒙·金（Edmund J. King，1914—2002）是当代最著名、最多产的比较教育学家之一。他的主要著作有：《别国的学校和我们的学校：今日比较教育》、《从世界的角度看教育》、《教育与社会变革》、《比较研究和教育决策》、《师范教育比较研究》、《西方教育史》、《教育的重组》。埃德蒙·金的比较教育思想主要是：

（1）强调比较教育研究的应用性。他认为当前比较教育不是进行越来越神秘的研究，而是应当为公众服务。他具体提出了当前比较教育研究的三项职能：①向教育研究者提供广泛的背景信息，使他们看待问题更为敏锐；②对教育的各种现象、趋势和问题作辅助性分析；③指导教育的决策和发展。其中最后一点正日益成为一种趋势。

（2）主张比较研究的目的和内容决定比较研究的方法。埃德蒙·金与贝雷迪和霍尔姆斯不同，他不主张比较教育研究应当有一种特定的方法。他认为，比较研究的方法实际上应当根据研究的具体目的和具体的课题而定。无论什么方法，只要适合于有待检验的问题或课题就是可行的。不同的研究目的要用不同的研究方法，研究一个问题往往要综合运用多种方法。他把比较研究按程度分为三个层次，并且提出了各层次不同的研究方法和内容：①比较教育的初学者。这级水平的人学习比较教育的主要目的在于了解别国教育概况，扩大知识眼界，借鉴国际教育经验，加深对本国教育的理解。对于这些初学者来说，采取区域研究的方法是有效的。②通过区域研究对比较教育已有一定背景知识的人。这级水平的人学习比较教育的主要目的是剖析世界各国教育领域内反复出现的一些重大问题。对于这些人来说，采取专题比较研究是有效的。③比较教育的研究者。这是比较教育研究的最高水平，研究的重点是教育改革与教育发展中的关键性问题。金认为这一水平的研究成果包括两类：一类是后来成为大学论文和研究课题的那些正式而详尽的研究；另一类是解决问题的决策性研究，即要对教育决策作出贡献，为决定教育政策的人们提供咨询服务。

（3）比较教育研究必须重视“生态背景”。金继承了比较教育家萨德勒的思想，主张比较研究者要在一定的背景下研究教育制度及实践。从纵向来看，金根据技术发展将社会划分为前工业社会、工业社会和后工业社会三个阶段，并且提出了与之相应的三种教育模式。从横向来看，金指出了当前世界各国教育的不平衡性；主张各国的教育发展一方面既要适应未来世界的要求，另一方面又必须看到本国社会发展、经济发展的实际水平和阶段，既不能盲目超越，又不能照搬别国的经验。

（4）比较教育研究的理论框架由背景、概念、体制、操作、决策和执行五方面组成。①背景：包括两方面含义，一是纵向的，即在进行教育的比较研究时，要将教育置于一个教育发展的纵向历史过程，探讨它的历史形成及传统的影响；二是横向的，即比较研究也要考虑到本国当前的实际发展水平。②概念：比较研究还要明确概念。在这方面，金特别强调可比性问题。他指出，我们在进行比较研究时，一定要注意各种抽象概念在不同社会环境、不同语言习惯中的差异，只有这样才能保证比较研究的可比性和有效性。③体制：指的是研究对象国的教育体制及其结构。④操作：在完成了上述三阶段工作之后，接下来就要努力找出这些结构方面的因素是如何起作用的，并对此进行比较分析。在分析的基础上，提出一系列可能的解决办法供决策者参考。⑤决策和执行：即教育决策者们根据比较研究所得出的几种可行性方案，作出决策并付诸实施。

埃德蒙·金的比较教育思想的主要特点，是将比较教育研究与教育决策密切结合起来，在比较教育研究的理论性和实用性之间，更加突出了后者，并且提出了一套明确的以政策制定为目的的比较研究框架，为比较教育研究走出大学的象牙塔，直接为教育改革和发展服务指明了一条道路。

总的来说，20 世纪 50 年代以来，国外比较教育科学的研究确实有了长足的进步。作为一门科学，它日益受到教育学术界的瞩目，并对各国政府教育方针政策的制定和教育改革的实施；产生日益广泛和深刻的影响。作为一门学科，它日益受到高等学府的重视，比较教育学的研究正处在逐步深入的过程之中。

中国的比较教育在此时期也有了长足的进步。20 世纪 60 年代，随着中国同世界各国交往的发展，对外国教育的研究受到重视，第一批外国教育研究机构建立，但此后的“文化大革命”使比较教育研究陷入了停滞状态。1976 年后，中国教育事业步入了正轨，比较教育学科迎来了发展的春天。经过全国比较教育研究人员 30 多年的不懈努力，中国比较教育研究取得了很大成就。研究队伍不断壮大，60 年代首批成立的三所师范大学（北京师范大学、华东师范大学、东北师范大学）的外国教育研究室，都扩大了规模，发展成研究所，并先后更名为国际与比较教育研究所。此外，一些新的研究机构也陆续建立。随着学术交流活动的开展，1979 年成立了外国教育研究会（1982 年更名为比较教育研究会）。国际性的学术交流也不断增加。1984 年，中国比较教育研究会正式加入了世界比较教育学会联合会，中国被选为执委会常务会员国之一。国内出版了数十部比较教育专著，建立了多种比较教育的学术刊物。从 1980 年起，各地师范院校教育系陆续开设比较教育学课程，有些高等院校还设立了比较教育专业硕士点和博士点。总之，改革开放以来，中国比较教育的研究取得了不少成绩。这既为国家领导机关制定教育改革的方针、政策和具体措施提供了参考，也为广大教育工作者改进教学和教育工作提供了经验，对中国的教育改革起了一定的促进作用。

第 2 章　学校教育制度比较

学校教育制度，简称学制，指一个国家各组各类学校的体系。它规定各级各类学校的性质、任务、入学条件，修业年限以及它们之间的衔接和关系。

学制由纵向划分的各级学校与横向划分的各类学校所构成。各级军校是学制的纵向构成，区分为不同的教育程度：学前教育、初等教育、中等教育、高等教育。各类学校是学制的横向构成，区分为不同学科、不同专业的教育。学制是一个国家教育政策的最重要表现，也是一个国家教育思想、教育观念的最重要的外在形式，它为国家所确定的教育培养目标和各项规定的执行提供了组织系统上的保证。

2.1　现代学校教育制度的形成

学校教育制度是社会发展到一定历史阶段的产物，受一定社会的政治、经济、文化的影响。现代学校教育制度的形成经历了一个漫长的过程，它和现代学校的产生、发展有着密切联系。随着各种现代学校由分散走向联合，现代学校教育制度也逐渐建立起来。

2.1.1　西方现代学校教育制度的形成

18 世纪中期开始，欧洲国家先后进入工业革命时期。工业革命的发展要求扩大教育范围，由此促进了各种学校的建立。

1. 学前教育

自从有了人类，实际上就有了对幼儿的教育。现代学前教育则是在 18 世纪末随着工业革命而产生、发展的。工业革命促进了生产力水平的提高，使大批劳动力包括妇女劳动力进入了市场。妇女就业造成了不少幼儿无人照顾、流落街头等现象，产生了严重的社会问题。因此，建立专门的幼儿公共教育机构来照顾幼儿便成了一种社会需要。1770 年，法国牧师奥柏良（Jean Frederick Oberlin，1740 — 1826）办了一所慈善性质的“编织学校”，招收本教区贫民的 3 岁以上的幼儿。该校是法国“幼儿学校”的开端，也被认为是现代学前教育机构历史的开端。此后，英国的空想社会主义者欧文（Robert Owen，1771—1858）于 1816 年在苏格兰的纽兰纳克创办了第一所具有教育职能的幼儿学校，专为2～6岁的工人子女提供教育机会。1837年，德国教育家福禄贝尔（F. W. Frobel，1782—1852）在德国的布兰根堡创办了第一所幼儿园。随着工业革命的继续，社会对学前教育的需求日益提高，学前教育机构迅速发展。各国政府纷纷通过立法的形式确立了学前教育在整个教育体系中的地位和作用。法国政府于1881年明令组织“母育学校”，从而将原来由私人经办的、带有慈善性质的学前教育机构转变成了国民教育事业的一部分。1887年法国教育部又颁布法令，指出母育学校是初等教育机构，招收2～6岁的男女儿童，照顾他们体、德、智的发展。英国政府于1870年通过了《初等教育法》，规定招收5～7岁幼儿的幼儿学校为初等教育的组成部分。

2. 初等教育

在15世纪前，欧洲各国已经存在各种类型的初等学校。这些学校主要由教会兴办，招收贵族子女，在学校的组织和教学等方面均未建立起正规的制度，具有浓厚的宗教性、等级性和非正规性。随着社会的发展，从15世纪开始，初等教育的范围有所扩大，出现了一些由教会和慈善团体为劳动阶层子女开办的世俗初等学校。从18世纪中叶开始，由于工业革命的兴起，对广大劳动者进行最基本的文化教育成为社会的迫切要求，欧洲各国初等教育的规模逐渐扩大。到了19世纪，随着社会生产的进一步发展，各国政府开始从教会手中取得教育的领导权，纷纷兴办公立小学，向儿童传授简单的读、写、算的知识与技能，灌输资产阶级的道德精神。从19世纪后半叶起，欧洲各主要国家相继通过立法建立国民教育制度，推行以普及初等教育为主的义务教育制度。英国1870年颁布《初等教育法》，建立了5～12岁的七年初等义务教育制度。德国1872年颁布《普通教育法》，规定6～14岁的八年初等教育为义务教育。法国于1881年和1882年先后颁布教育法令，规定对6～13岁儿童实施免费的、世俗的初等义务教育。

3. 中等教育

欧洲中世纪的基督教学校、行会学校是现代中等教育机构的前身，现代意义上的中学产生于16世纪。14—16世纪，欧洲兴起了文艺复兴运动。新兴资产阶级提出了人文主义思想，颂扬和肯定人的能力，要求人性的解放，主张在一切领域中都贯穿“抑神扬人”的原则，反对神权和愚昧。这一思想促进了这一时期的教育发展，其主要特色表现为冲破中世纪的神学束缚，建立新型学校和教育体制，力图培养具有新世界观、掌握广泛知识和文艺修养、能力得到发展的新人。1537年，德国教育家斯图尔谟（Johanns Sturm，1507—1589）被任命为斯特拉斯堡城市立拉丁学校的校长。以人文主义原则为指导，斯图尔谟对该校进行了改革，他把学校分为10个年级，儿童7岁入学，17岁毕业，每年都有隆重的升级仪式；学习的课程有拉丁文、希腊语、音乐、修辞学、逻辑学、初等数学、几何学、天文学、戏剧表演等，课程的门类和内容随着年级的升高而逐渐扩展。很快这所学校就成为当时欧洲最著名的拉丁学校，也是历史上第一所文科中学。仿照斯图尔谟的文科中学，德国许多地方在16世纪下半期开办了大批中

学。同时期，法国南部波尔多城的文法学校、英国的伊顿文法学校都是贯彻人文主义精神的新型中学，足以和斯图尔谟的文科中学相媲美。到 19 世纪，文科中学已成为欧洲国家中等学校的主要类型。这类学校的一端并不和小学衔接，而是和预备学校或预备班衔接；另一端则和大学相衔接。它的目的是为大学培养新生，为教会培养僧侣，为国家培养官吏。

1708 年，德国教育家席姆勒（C. Zemmler）首创实科中学，称为“数学、力学、经济学实科中学”，比较注重自然科学和现代语文的教学。同一时期，法国圣乐会创办了具有实科方向的中等学校，教授数学、物理、地理、历史等；英国也设立了实科性质的中学。到 19 世纪，实科中学已经成为普通教育中的一种类型。尽管当时实科中学的地位比文科中学低，其毕业生只能升入低于大学水平的技术学院，但实科中学担负着就业和升学的双重任务，它比起文科中学来更接近生活，更适应生产需要，因此它更具有鲜明的现代中学的性质。

4. 高等教育

高等教育古已有之，如古希腊柏拉图在公元前 386 年创办的阿加德米学园，亚里士多德在公元前 335 年创办的吕克昂学园等。产生于 12 世纪的西欧中世纪大学是现代高等教育机构的雏形。中世纪大学既有教会创办的，也有市民自发成立的。比较著名的有意大利的萨莱诺大学、波隆那大学，法国的巴黎大学、蒙彼利埃大学，英国的牛津大学、剑桥大学等。这些大学具有独立自主性，分设艺、法、医、神四科。艺科为低级科，是其他各科的预备科，法、医、神为高级科。各科都设有规定的课程。大学设有学位制度，通过考试确定学位候选人资格，逐渐形成学士—硕士—博士学位，作为大学教育某一个阶段正式完成的标志。中世纪大学与古代大学相比，已有了很大区别，基本奠定了现代大学的内涵。

17 世纪以来，随着资本主义制度的建立，高等教育的发展进入了新的历史阶段。欧洲各国政府加强了对本国高等教育的干预，高等学校逐渐转化为国家主办，基本清除了宗教的影响。各国政府通过改革中世纪大学，创办新大学，逐步形成了现代高等教育体系。17 世纪中叶，英国对牛津、剑桥大学的课程进行了改革，增设了许多新学科，如天文学、数学、物理学、植物学、化学等。英国还从 19 世纪 20 年代开始创办新型理工科大学，以适应社会生产的需要。这些新型大学有 1836 年建立的伦敦大学，1851 年建立的曼彻斯特学院，1862 年建立的南安普顿学院等。德国于 1694 年创立哈勒大学，该大学以思想自由和教学自由为基本办学原则，在教学内容上采纳了近代哲学和近代科学，从而使大学的性质从根本上得到改观。1810 年，德国教育家洪堡（F. w. V. Humboldt，1767—1835）创建柏林大学，把办学重点放在科学研究方面，力图把柏林大学办成科学和学术的中心。在柏林大学的影响下，德国陆续新建了一些大学，如 1818 年建立了波恩大学，1826 年建立了慕尼黑大学。一些旧式大学也仿照柏林大学的模式进行了整顿。

5. 职业技术教育

近代的学徒制是现代职业教育的前身。现代职业技术教育兴起于 18 世纪后期，由于第一次工业革命的爆发，以机器生产为主要特征的大工业对劳动者的素质提出了新的要求。为此，以传授现代生产科学原理为主要任务的职业技术学校应运而生。德国早在 18 世纪 40 年代末就创立了柏林实科学校。19 世纪以后，随着产业革命的发展，在农业、渔业、矿业、工业、商业、交通等部门都创办了各种专门学校，以培养各种专门人才。法国在 18 世纪也出现了一些职业技术学校，如土木学校、矿山学校、船舶学校等。英国虽然是最早进行产业革命的国家，但它的职业技术教育并不发达，职业训练以传统学徒制为主。进入 19 世纪后，国家对职业技术教育的重视程度有所提高，先后创办了一些职业技术学校，有 1800 年创办的皇家学院，1845 年创办的皇家化学学院，1851 年创办的皇家矿业学院等。19 世纪末到 20 世纪初，随着第二次工业革命的兴起，职业技术教育得到了蓬勃发展，各国先后通过立法建立正规的职业技术教育制度，职业技术学校具有初、中、高三个层次。

6. 师范教育

"古之学者必有师。"但古代没有专门培养教师的师范学校，有知识、有经验的人都可以担任教师。直到 17 世纪末期，才产生了师资培养的机构——师范学校。1684 年，法国神父拉萨尔（J. B. de Lasalle）在兰斯首创师资训练学校。但现代师范教育是在各国普及义务教育的基础上建立起来的。18 世纪 60 年代发生的第一次工业革命使普及义务教育成为实现工业化的必然要求。随着儿童入学率的提高，教师的需求量越来越大，欧洲各国都建立师范学校或者采取其他方式来培养师资。法国于 1794 年建立了世界上第一所高等师范学校。1833 年，法国通过了《基佐法》，规定每省办一所师范学校。德国早在 18 世纪 30 年代就建立了一批师范学校。到 19 世纪 20 年代，小学教师必须出自师范学校在德国已成定规。到 1831 年，德国各地都建立了师范学校。美国的马萨诸塞州于 1839 年建立了美国的第一所州立师范学校，随后各州也相继办起了师范学校。英国于 1840 年创办了教师训练学校，1888 年在大学设师资训练系，培养小学师资。

7. 成人教育

现代成人教育产生于 18 世纪以后，是西方政治、经济、宗教等因素综合发展的结果。随着欧美等国家资本主义制度的建立和工业革命的产生，急需培养民众的民主思想及政治能力，向劳动者传授新知识及技能，提高他们的生产能力。英国是成人教育的先驱。初期的成人教育带有浓厚的宗教色彩，多为补习性质。1711 年，英国基督教知识促进会设立成人夜校，教贫穷的人读书、写字、计算，目的在于使一般穷人能读《圣经》，接受上帝的福音，成为宗教的信徒，这是英国成人教育的第一声。此后，另一类为适应大工业生产的需要，教一般民众基本知识、技能的成人学校不断出现。如创办于 1799 年的工人学习班，创办于 1824 年的民众学院。这一时期，美国设立的成人教育机构有公立图书馆、夜校、游行讲演团、工人学院、女工暑期学校、博物馆等。

丹麦设立的成人教育机构有民众高等学校、补习学校、公共演讲、图书馆、合作社等。19 世纪 70 年代以来，欧洲各国用立法确立了成人教育的地位，从而促进了成人教育的发展。1919 年，英国复兴建设部成人教育委员会发表了《史密斯报告》，该报告对成人教育的特性进行了系统论述，指出成人教育是一种永久的需要，是普及的和终身的，它应该成为国家教育体系的一部分。德国 1919 年宪法中也明文规定各州都要促进包括成人教育在内的大众教育制度。

虽然从 16 世纪开始，西方各种现代意义上的学校就逐渐出现了，但在 19 世纪末之前，各种学校教育机构还处于游离状态。它们之间虽然存在程度上的区别，但并没有形成明确的上下级别的衔接关系。即使程度相近的学校，彼此之间也没有固定的分工。随着工业革命后学校的大量增加，需要确定一定的规范作为衡量学校工作的尺度，并解决上下级别学校衔接、不同类型学校分工以及办学权限等问题。于是，使大量散落各方的学校逐渐聚合成为学校系统，建立一套完整的教育制度被提上西方各国的议事日程。

大约在 19 世纪末，大多数西方国家已经基本建立起了现代意义上的学校教育制度。除美国实行的是单轨制（即只设一套学校体系，从小学到大学，上下沟通）外，当时欧洲国家的教育制度最大的特点就是双轨制。德国的双轨制比较典型。1872 年，德国公布了《普通教育法》，建立起了一套双轨的教育制度。为有产阶级子女设立的一轨，是经过三年制的预备学校，然后升入三类中学：以拉丁语和希腊语为主的古典文科中学；加强数学、自然科学和现代语，但仍重视拉丁语的文实中学；不学拉丁语，以数学、自然科学和现代语为主的高级实科中学，这三种中学的学习年限均为九年，毕业生可以直接升入大学。大学的学习年限一般为四年或五年。为劳动人民子女设立的一轨，是经过四年的基础学校，然后进四年制的国民学校高级班或六年制的中间学校；这两种学校的毕业生只能进各类职业学校，职业学校的学习年限一般为一至三年。此外，还有一种继续学校，通常是夜校，给 14～18 岁的就业青年以每周约两个半天的文化和职业教育，学习年限为三至四年。欧洲国家教育制度的这种双轨特性直到 20 世纪 40 年代才被改变。现在，西方国家的学校教育制度正朝着多样化和系统化发展。

2.1.2　中国现代学校教育制度的形成

中国早在四千多年前的夏朝便已产生了学校的雏形，但现代意义上的学校则产生于鸦片战争之后，现代教育制度的形成也晚于西方国家。尽管如此，由于有外国教育制度的先例作参照，中国从现代学校的建立到现代学校制度的形成却历时较短。

鸦片战争一声炮响，轰开了清朝闭关锁国的大门，中国出现了“数千年来未有之变局”。随着社会政治、经济和文化的剧烈变革，教育也发生了前所未有的深刻变化。教育的这种变革是伴随着对传统教育的批判和对西方教育的学习而逐步展开的过程。以林则徐、龚自珍、魏源为首的地主阶级改革派是睁眼看世界的第一人，喊出了学习西学的先声。19世纪60年代兴起的洋务运动中，以李鸿章、张之洞、左宗棠为首的洋务派把地主阶级改革派向西方学习的口号变成了行动。他们在“自强、求富”的目的下，仿照西方，先后在全国一些地方办起了新式学堂，这些学堂大致可以分为外国语学堂、军事学堂和科学技术学堂，其中较著名的有京师同文馆（1862年）、上海广方言馆（1863年）、福州船政学堂（1866年）、天津水师学堂（1880年）、福州电报学堂（1876年）、天津电报学堂（1880年）等。尽管这些新式学堂数量有限，质量差强人意，但其意义却非常重大。与中国旧式学堂相比，这些新式学堂第一次把西学付诸实践，改变了传统的以儒经为主的教育内容，增添了外国语、自然科学、实用技术学科等课程，培养了中国第一批新式人才。它们是西方教育制度在中国实施的先声，为中国现代教育制度的建立奠定了基础。

随着教育实践的深入，人们认识到了建立新学制、改革封建教育制度的重要性。一些有识之士批评洋务教育对建立学制无所建树，一些出访欧洲的官员把西方学制介绍给了国人，中国人开始构建自己的学制。1884年，郑观应在《盛世危言》中建议，以原来各州、县、省会和京师的学宫、书院为基础进行改革，设于各州县的为小学，设于各府省会的为中学，设于京师的为大学，从而成立三级学制。此后，甲午战争的失败使民族危机加剧，促进了包括学制改革在内的各项改革的步伐。1896年，盛宣怀在上海创办南洋公学，分为外院、中院、上院和师范院。外、中、上三院学制均为四年，相互衔接，相当于小、中、大学，形成了中国近代三级设学的雏型；而师范院则是中国第一所新式师范学校。此时，以康有为、梁启超为首的维新派也顺应教育发展趋势，积极提倡建立新学制。1898年六七月间，康有为上《请开学校折》，向光绪帝建议以西方学制为榜样，建立从小学到大学的新教育制度。同年，光绪帝实行变法，下令各地改书院为学堂，建立各种专门学堂，并创办京师大学堂，是为中国历史上第一所综合性质的大学。

维新运动很快就失败了，但变革学制已是不可抗拒的历史潮流。1901年，清政府为缓和矛盾，维护统治，不得不实行“新政”，进行包括教育在内的一系列改革，而制订新学制是新政时期教育改革的一项重要内容。1902年，清政府公布了由管学大臣张百熙拟订的《钦定学堂章程》，又称为“壬寅学制”，这是中国教育史上第一个比较完整的学制体系，也是现代学制建立的肇始。壬寅学制分为三段七级，全学程为20年：第一阶段为初等教育，蒙学堂四年，寻常小学堂三年，高等小学堂三年；第二阶段为中等教育，设中学堂四年；第三阶段为高等教育，设高等学堂或大学预科三年，大学堂三年，大学院则年限不定。

由于清政府内部的权力之争及学制自身的不足，壬寅学制未能付诸实施。1904年，清政府又颁行了一个由张百熙、张之洞、荣庆拟订的新学制——《奏定学堂章程》，也称为“癸卯学制”。这是一个比较完整的，并在全国实行的学制体系。它的颁布，宣告了中国现代教育制度的正式形成。癸卯学制分为三段六级：第一阶段为初等教育，设

初等小学堂五年、高等小学堂四年，另设蒙养院，不在正式学制之内；第二阶段为中等教育，设中学堂五年；第三阶段为高等教育，设高等学堂或大学预科三年，分科大学堂三或四年，通儒院五年。癸卯学制从公布起，一直沿用到 1911 年清朝灭亡为止，对中国教育制度的发展影响很大。

壬寅学制和癸卯学制是以日本学制为蓝本，在“中体西用”的思想指导下建立起来的。虽然它们在形式上具有资本主义色彩，但实质上还受封建思想的支配。它们以忠君尊孔为教育宗旨，读经占教育内容的很大比重，整个学制中女子教育毫无地位，并实行奖给毕业生“科举”出身的做法。尽管如此，壬寅学制和癸卯学制的重要地位仍不容忽视，它们是中国第一次全面引进西方教育制度，在中国现代教育制度的建立上具有里程碑的意义。

1911 年 10 月，辛亥革命爆发。1912 年 1 月，中华民国宣告成立，以孙中山为首的资产阶级革命派成立了临时政府。1 月 9 日教育部成立，孙中山任命蔡元培为第一任教育总长，着手对封建主义旧教育进行彻底改造。9 月，教育部即公布了《壬子学制》，随后又陆续颁布了各种学校规程，对新学制进行补充和修改，于是总合成一个更加完整的系统，称为“壬子癸丑学制”，也称“1912—1913 年学制”。这个学制有三个系统，即普通教育、师范教育和实业教育。普通教育系统分为三段四级，儿童 6 岁入学，23 或 24 岁大学毕业：第一阶段为初等教育，设初等小学四年、高等小学三年；第二阶段为中等教育，设中学校四年；第三阶段为高等教育，设大学本科三年或四年，预科三年，专门学校本科三年，预科一年。师范教育分为师范学校和高等师范学校两级。实业教育分为甲、乙两种，均为三年毕业，分农业、工业、商业各类。

壬子癸丑学制有着明显的反封建精神，反映了资产阶级的要求。它废弃了忠君尊孔的封建教育宗旨，以培养健全国民为目标；主张男女平等，保证女子的受教育权利；取消了读经讲经的教育内容，注重设置自然科学和实用课程。因此，壬子癸丑学制是中国第一个真正意义上的资产阶级性质的学制。它的颁布，也标志着西方教育制度在中国基本确立。

壬子癸丑学制实行了十年之久。但由于制订较为仓促，它存在着不少缺点。在新文化运动和“五四”运动的推动下，1915 年湖南省教育学会发起学制改革，提出《改革学校系统案》。同年，第一届全国教育学会联合会把这一方案提请各省讨论，经反复研讨，直到 1922 年 10 月才最后形成草案，11 月 1 日由北洋政府以《学校系统改革案》颁布，也称 1922 年新学制或壬戌学制。新学制类似美国的“六三三”学制，规定初等教育阶段为六年，设初小四年、高小二年；中等教育阶段为六年，分为初中三年、高中三年；高等教育阶段设大学校，学习年限 4～6 年。与中等教育阶段平行的有师范学校和职业学校。壬戌学制一直沿用到 1949 年，影响非常大，在中国现代教育制度发展进程中具有重要地位。

可见，中国在 20 世纪初期基本形成了现代教育制度，开始融入世界教育发展的大潮中。

从对中西方现代学制发展进程的简要回顾中可以看出，中西方现代学制的发展模式、发展时间和发展动力存在着差异。从世界范围内看，现代学制的发展模式大致上可以分为两种：渐变与突变。西方国家现代学制的发展基本上是渐进的，几乎不存在明显的“飞跃”。而在中国现代学制的发展进程中，则可以清楚地看到这种“飞跃”。从这个意义上说，渐变是先发展国家现代学制发展的基本模式，而突变则是后发展国家现代学制演进的主要特点。所谓先发展国家的渐变模式，主要体现在这些国家先后建立起来的现代学制，是本土文化和教育演进的产物，并不是突如其来的，而是往往经过了一段较长时间的酝酿和实验。所谓后发展国家的突变模式，一方面表现在现代意义上的学制并不是这些国家传统学校自然发展的结果；在这些国家中，现代学制与传统教育体系之间存在着显著差异。另一方面表现在后发展国家的现代学制无论是在基本的制度上，还是在具体的方法上，大多是移植的结果，因此仿佛是在一夜之间建立起来的，缺少一个自然发展的过程。不同的现代学制的发展模式，并不完全是人为选择的结果，而是社会发展阶段不同国家政治、经济、文化等因素综合作用的产物。而无论是渐变模式还是突变模式，都是不同社会发展模式在现代学制发展中的必然反映，都各自发挥了其应有的作用。

从时间因素看，中西方现代学制的发展历程是极不平衡的。先发展国家一般先设现代意义上的学校，而后逐步建立学校教育制度，形成学校系统。从现代学校的产生到现代学制的建立，西方各国历时三百多年。后发展国家则参照外国学校教育制度的先例，一举建立学校教育制度，所以从现代学校的建立到现代学制的形成历时较短。如中国从 19 世纪 60 年代建立新式学堂到 20 世纪初期基本形成现代学制，历时约半个世纪。这种差距一方面说明，与先发展的国家相比，后发展的国家具有独特的发展优势，由于有可以参照的榜样，后发展国家无须从零开始、完全依靠自己的摸索和尝试，从而节省了大量的时间，并以远远高于先发展国家的速度发展本国的学制；但另一方面也说明，西方先发展国家的现代学校在联合之前，发展已较为完备。而中国现代学校自建立后发展还不成熟，便仓促地形成了学校系统，因此中国现代学制是一个“早产儿”，先天不足，基础薄弱。

从中西方现代学制发展的动力来源看，可以把各国划分为两种类型：内源发展型与外源发展型。所谓内源发展，是指一个国家现代学制发展的动力主要来自于该国本身经济、政治、文化以及教育发展所产生的客观需要，即这个国家现代学制发展的基本动力主要来自于内部。所谓外源发展，是指一个国家现代学制发展的动力主要来源于其他国家对该国所施加的某种压力，即这个国家现代学制的发展的基本动力主要来自于外部。从总体上看，西方国家现代学制发展的动力主要来自于西方社会内部发展的需要，一方面有文艺复兴运动的推动，另一方面又受到了工业革命的推动。而中国现代学制发展的动力则主要来自于外部所施加的压力，即中国现代学制是在鸦片战争的特殊背景下，受外力推动而被动产生的。这种动力模式的差别对一个国家现代学制发展的影响是非常深刻的。在先发展的西方国家，由于是主动发展现代学制，外部压力较少，这种发展本身就很少具有紧迫感或危机感，因此相对来说便显得从容一些，发展的计划性以及连续性也更大一些。而在后发展国家，由于是在巨大的压力下被迫进行现代学制的发展的，而且所发展的又是与本国原有教育体系几乎完全不同的新式学校机构，因此，发展所能具有的余地和时机是极为有限的，发展的紧迫性取代了发展计划性，由此便产生一系列本来可以避免的失误和挫折。

2.2　各国学校教育制度

2.2.1　中国的学制

中国现行的学制由七个部分组成：①学前教育。实施机构有托儿所和幼儿园。托儿所招收从初生到 3 岁的幼儿，幼儿园招收 3 岁以上至人小学前的幼儿。②初等教育。实施机构为小学。小学的修业年限为 6 年，招收年满 6 岁的儿童入学。小学实施初等义务教育。③普通中等教育。实施机构为普通中学。普通中学分为初级中学和高级中学两个阶段。初级中学招收小学毕业生入学，修业 3 年，属于义务教育阶段。高级中学招收初级中学毕业生入学，修业年限 3 年。④中等职业技术教育。实施机构有中等专业学校、技工学校和中等职业学校。中等专业学校和技工学校的招生对象为初中毕业生或高中毕业生，修业年限一般为 2～3 年。中等职业学校包括职业中学、农业中学和其他职业学校。招收初中毕业生入学，修业年限为 3～4 年。⑤高等教育。高等教育由大学、学院、高等专科学校以及其他属于高等教育的机构实施，分为专科、本科、研究生三个层次。专科修业年限为 2～3 年，本科修业年限大多为 4 年，研究生分攻读硕士学位和博士学位两个阶段，修业年限各为 3 年。目前，有些院校对研究生教育进行了改革，硕士生的修业年限缩短为 2 年。高等学校的办学形式多种多样，有全日制的、电视广播的、函授的、自学考试的等，就办学主体而言，有公办的、民办的。⑥师范教育。师范教育有职前师范教育和职后师范教育。实施职前师范教育的机构分为两个层次：中等师范学校和高等师范学校，高等师范学校又有专科、本科、研究生三个层次。随着中国小学教师学历的逐步提高，三年制的中等师范正在萎缩，向五年制师范大学或师专过渡。对在职教师的培训是职后教师教育。实施职后教师教育的机构有中央教育行政学院、地方教育学院、教师进修学院或教师进修学校。一些高等师范院校和中等师范学校也负有培训在职教师的任务。⑦成人教育。中国从高到低，设立了一系列的成人教育机构。成人初等教育机构有各种扫盲班和业余小学；成人中等教育机构，有干部业余文化补习学校、职工业余学校、农民技术学校等各种类型的业余中学；成人高等教育机构，有职工大学、农民大学、管理干部学院、教育学院、独立函授学院等各种类型的成人高等学校。许多普通高等学校也通过举办函授、夜大学等形式开展业余高等教育。

阅读材料 2-1

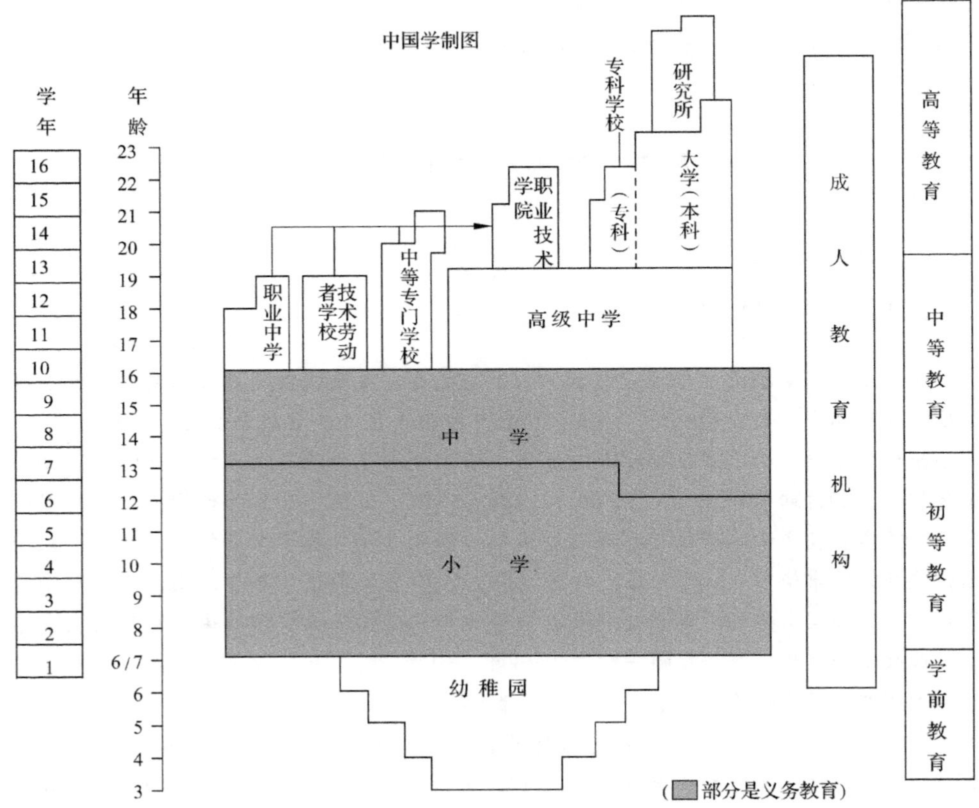

资料来源于日本文部科学省：《教育指标的国际比较》，平成十八年（2006）版。

2.2.2 日本的学制

日本现行的学校教育制度包括：①学前教育。实施机构是幼儿园、保育所，幼儿园属于学校教育制度的组成部分，招收3～6岁幼儿；保育所属于福利机构，招收母亲有工作的从出生到6岁的幼儿。②初等教育。实施机构为小学，属于义务教育阶段，年限6年，儿童满6周岁入学。③中等教育。分为初中和高中两个阶段，学习年限各为3年；初中属于义务教育的完成阶段。④职业技术教育。在初中以后实施，实施机构有职业高中、综合高中的职业科、高等专门学校、专修学校等。⑤高等教育。实施

机构有大学、短期大学、高等专门学校等。短期大学受美国社区学院模式影响，一般规模较小，注重专门的职业教育，年限为 2～3 年。毕业后可直接就业，也可以升入对口的大学。⑥师范教育。不同阶段的教师由不同高等教育机构培养。小学教师在国立大学、综合大学的教育学部、短期大学培养；初中教师在四年制大学或短期大学培养；高中教师在四年制大学和研究生院培养。

阅读材料 2-2

日本学制图

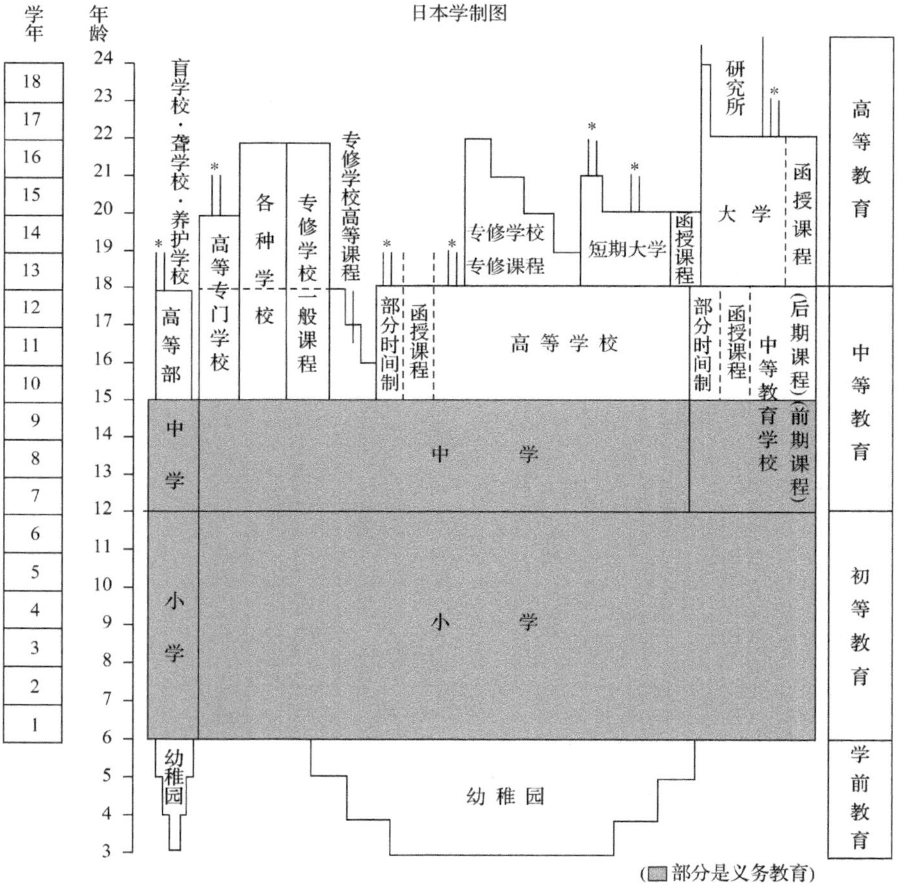

学年
年龄
盲学校・聋学校・养护学校
高等部
中学
小学
幼稚园
高等专门学校
各种学校
专修学校一般课程
专修学校高等课程
部分时间制
函授课程
高等学校
专修学校专修课程
短期大学
函授课程
大学
研究所
函授课程
中等教育学校
(后期课程)
(前期课程)
中学
小学
幼稚园
高等教育
中等教育
初等教育
学前教育

(▇部分是义务教育)

注：① * 表示可多选修 1 年的专攻科。

②高等学校、中等教育学校后期课程、大学、短期大学、盲学校、聋学校、养护学校高等部可另设修养年限 1 年以上的先修班。

资料来源于日本文部科学省：《教育指标的国际比较》，平成十八年（2006 年）版。

2.2.3 美国的学制

美国各级各类教育在结构上相互衔接，上下沟通。按照法律规定，美国公民不分男女、宗教信仰、民族、阶级，也不论居住地点和年龄，都有平等的受教育机会，一生都可以选修正式课程或参加非正式课程。这是美国区别于其他欧洲国家教育制度的一个显著特点，称为单轨制。美国现行学制还体现了统一性与多样性相结合的特点。由于实行彻底的教育分权制，美国没有全国统一的学制。

美国现行学制基本上包括：①学前教育。分为保育学校（招收 3～5 岁的儿童）与幼儿园（招收 4～6 岁儿童）两类。②初等教育。属义务教育阶段。实施机构为公立小学和私立小学，学制多为 6 年，以公立小学为主，占 80%以上。③中等教育。实施机构以综合中学为主体，实施普通教育和职业技术教育，学制为 4 年或 6 年。④职业技术教育。实施机构分为两类，一类属于中学阶段，如综合中学、职业中学、技术中学、地区职业教育中心；另一类属于高中后阶段，如社区学院、初级学院、技术学院、地区职业学校。⑤高等教育。美国的高等学校有公立和私立之分，私立的占一半以上，而且其中许多是著名的大学。从学校的培养目标看，可以分为四类：技术学院、初级学院或社区学院、文理学院和专业学院、大学。

阅读材料 2-3

美国学制图

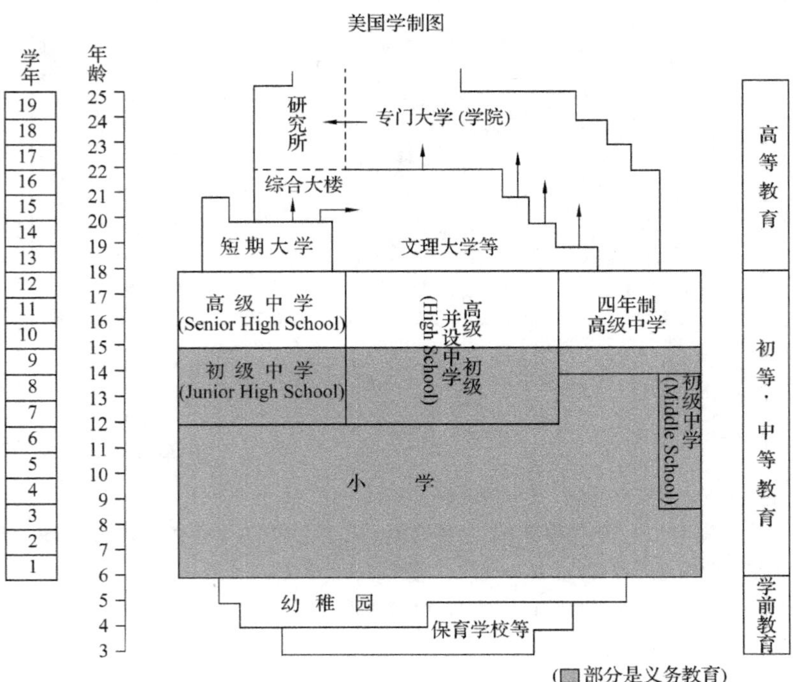

资料来源于日本文部科学省：《教育指标的国际比较》，平成十八年（2006 年）版。

2.2.4　法国的学制

法国现行学制，分初等、中等和高等三级，包括：①学前教育。在法国，学前教育是初等教育的组成部分，由幼儿学校免费实施。②小学教育。小学教育是初等教育的主体，构成法国义务教育的第一阶段，由小学实施，学制 5 年。③中等教育。第一阶段为初中，学制 4 年；第二阶段为高中，学制 3 年。高中第一年为义务教育的最后一年。④职业技术教育。实施机构以职业高中为主体，其次是特教机构、学徒培训中心。⑤高等教育。实施高等教育的机构包括普通（或综合）大学、高等专门学校（或大学校），以及短期高等教育机构，如高等技术学院和高等职业学院。

阅读材料 2-4

法国学制图

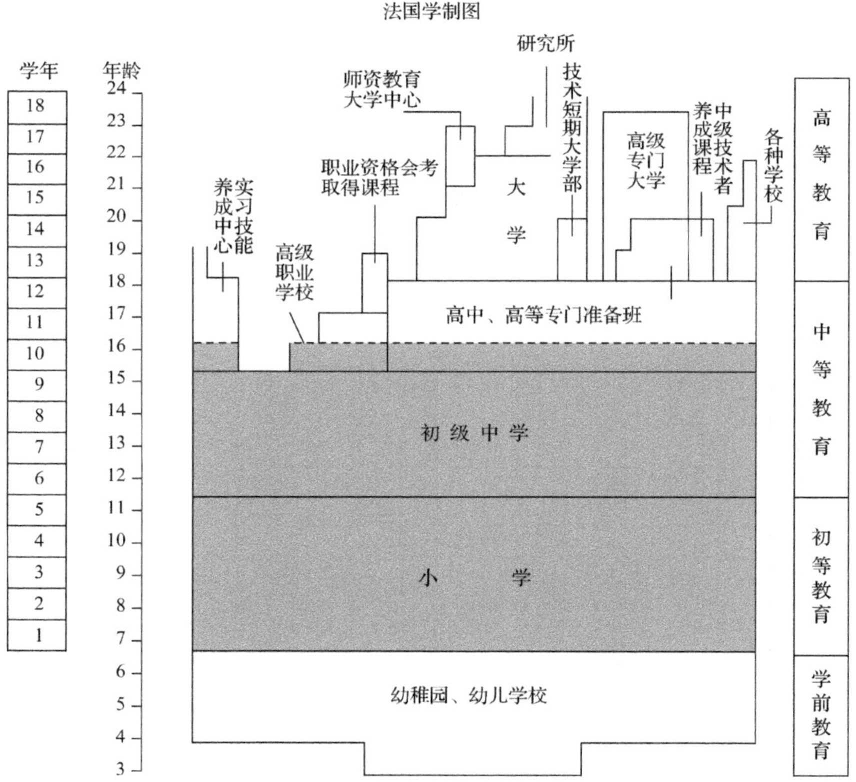

资料来源于日本文部科学省：《教育指标的国际比较》，平成十八年（2006 年）版。

2.2.5　德国的学制

德国现行的学校制度包括：①学前教育。即 3～6 岁儿童接受的学前教育。②初等教育。即由包括 1—4 年级的基础学校实施的小学教育（柏林例外，小学学制为 6 年）。

③中等教育。分为三个阶段：第一阶段——定向阶段，即小学和中学之间的过渡阶段，为期 2 年，也称为观察阶段。在定向阶段结束时，学生主要根据自己的成绩、特长、爱好以及学校和家长的意见，分流到四类不同的中学。第二阶段——初级阶段，实施机构有主体中学（或称主要学校，一般包括定向阶段之上的 7—9 年级）、实科中学（一般包括定向阶段之上的 7—10 年级）、完全中学的 7—10 年级、综合中学（即把上述三类中学的功能综合在一起的中学）的 7—10 年级。第三阶段——高级阶段，即完全中学和综合中学的 11—13 年级，通过考试而获得中学毕业证书 II 的学生就有资格上高等学校。④职业教育。主要是双元制职业培训，还有各种类型的职业教育学校，培养各种不同的技术人才。⑤高等教育。包括大学、各种高等院校和高等专科学校，分为学术性和非学术性两大类。学术性的高等学校有综合大学、工科大学、高等师范学校、神学院等；非学术性的高等学校有高等艺术学校、高等体育学校、高等专科学校、职业学院等。⑥继续教育。内容广泛，形式多样，可以满足各种年龄、各种文化程度和职业的成年人参加继续教育的需要。这几个部分相互衔接，彼此协调，形式灵活，途径多样，构成一个发达而完备的教育系统。

阅读材料 2-5

德国学制图

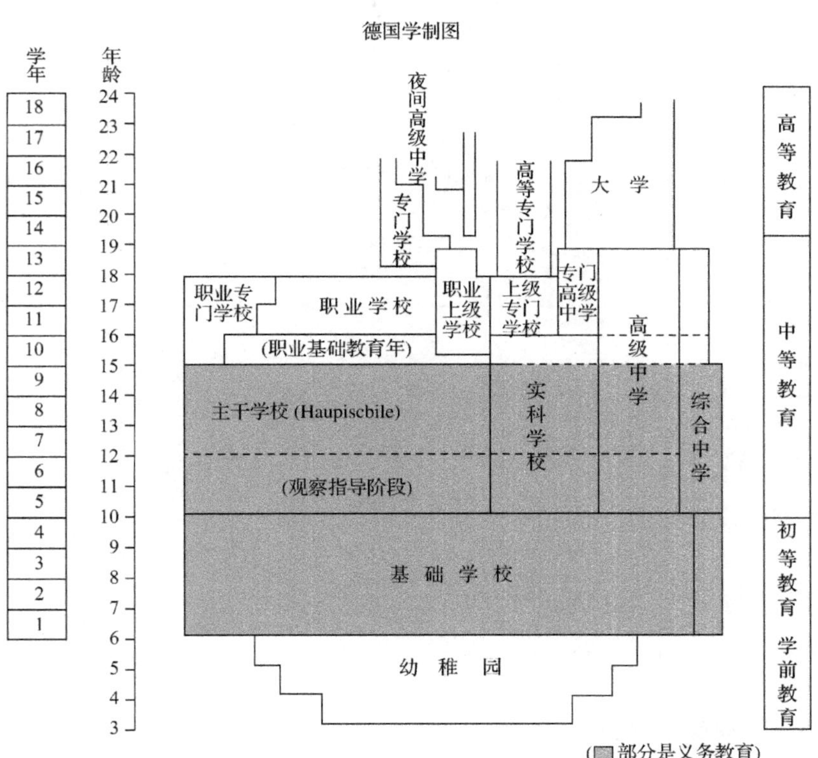

资料来源于日本文部科学省：《教育指标的国际比较》，平成十八年（2006 年）版。

2.2.6　英国的学制

英国的现行学制建立在 1944 年教育法的基础之上，包括：①学前教育。5 周岁以下儿童的教育属于学前教育。实施机构主要有保育学校，招收年满 2 周岁的儿童，以半日制为主；托儿所，招收 0～5 岁的儿童，分为日间托儿所和寄宿托儿所两种。②初等教育。5～11 岁儿童的教育为初等教育。实施机构主要有幼儿学校（招收 5～7 岁的学生）、初级学校（招收 7～11 岁的学生）。③中等教育。实施机构主要有文法中学、技术中学、现代中学、综合中学等。④继续教育。是义务教育后实施分流的阶段。在英国，它指的是义务教育结束后进行的除高等教育之外的所有教育。实施机构主要有：公立中学附设的第六学级、第六学级学院、城市技术学院、第三级学院、继续教育学院。⑤高等教育。有各种类型，如古典大学、近代大学、城市大学、新大学、技术大学、开放大学。

阅读材料 2-6

英国学制图

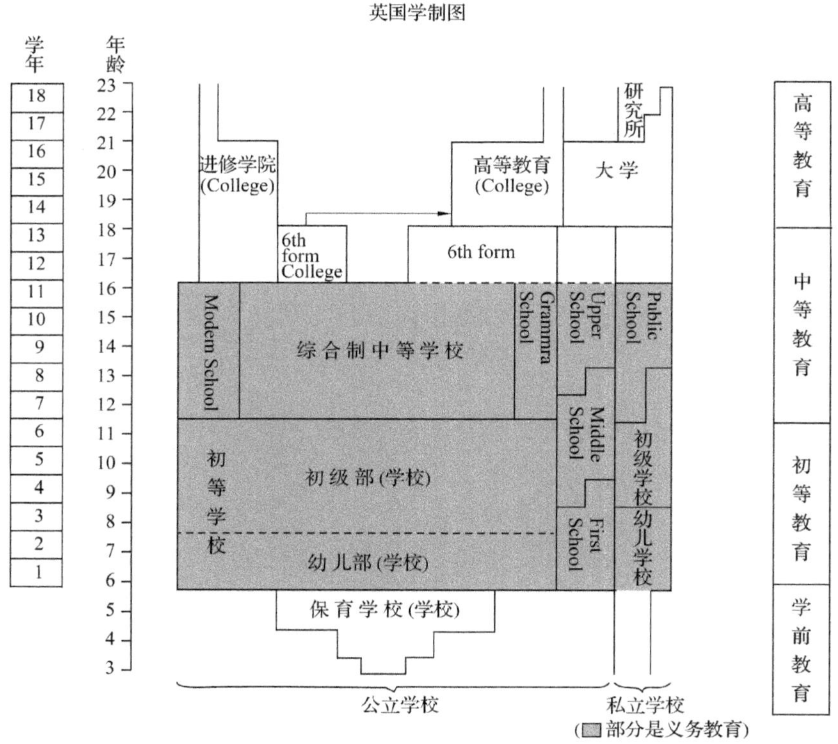

资料来源于日本文部科学省：《教育指标的国际比较》，平成十八年（2006 年）版。

2.2.7 俄罗斯的学制

俄罗斯现行学制包括：①学前教育。实施机构有托儿所、幼儿园以及托幼混合的一体化机构。②初等教育。实施机构主要是8～9年制基础学校（包括小学和初中）和10～11年一贯制的普通中学（包括小学、初中和高中）。初等教育阶段的学习年限一般为4年。在边远农村和人口较少的地区，也开设独立的3～4年制初等教育机构，即初等学校。③中等教育。分为基础教育（4—8或5—9年级）和完全中等教育（10－11年级）两个阶段。实施机构既有与这两个阶段相应的学校，也有1－11年级一贯制的学校。主体机构是基础学校的4—8或5—9年级，普通中学的10—11年级。④职业技术教育。实施机构为初等职业学校、中等职业学校、中等专业学校、高等职业学校。⑤高等教育。包括四个层次：第一层次为不完全高等教育，即大专水平的高等教育；第二层次为基础高等教育，学制4年；第三层次为专业（或完全）高等教育，在本科基础上学习2～3年；第四层次为研究生教育，学制6年。

阅读材料 2-7

俄罗斯学制图

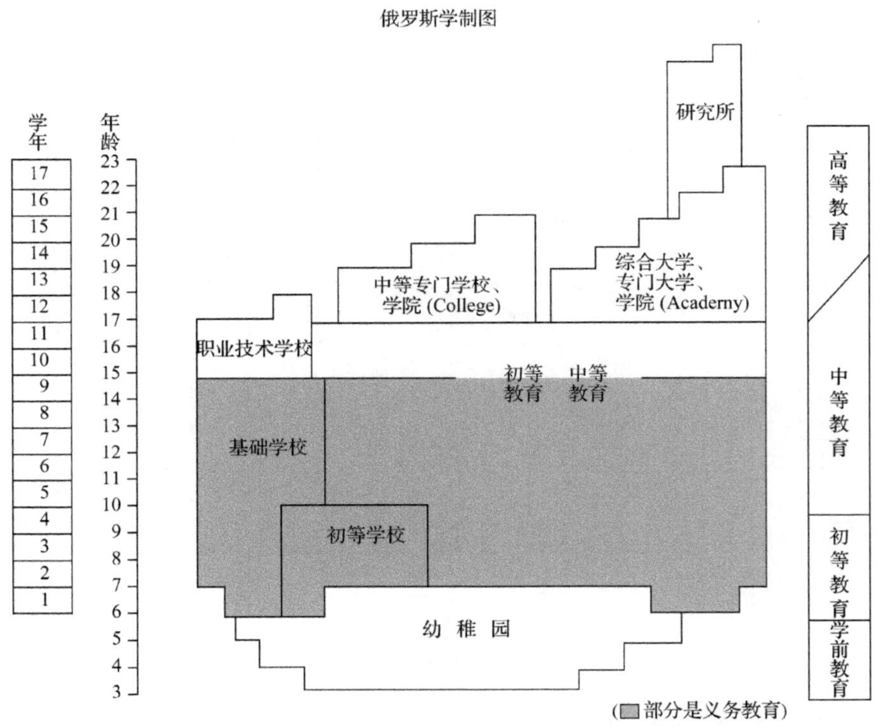

资料来源于日本文部科学省：《教育指标的国际比较》，平成十八年（2006年）版。

可见，目前世界各国的学制都较为完备。从纵向上看，各国学制均包括从学前教

育、初等教育、中等教育到高等教育等不同阶段的教育；从横向上看，各国的学制一般包括普通教育、职业教育、师范教育、成人教育或继续教育等不同类别的教育。但由于各国社会政治、经济、文化等的不同，各国学制在具体的各级各类学校的机构设置、学习年限、入学条件、培养目标等方面存在着显著差异。

2.3　世界学校教育制度的改革趋势

当前，世界各国都在积极调整和完善本国的教育制度，以适应社会发展的需要，培养 21 世纪富有创造力的新型人才，促进本国教育事业的发展，提高本国的综合国力。总的来看，各国的学制改革有以下一些共同的趋势。

2.3.1　完善终身教育体系

终身教育是当今各国教育改革的共同指导思想，而建立终身教育体系则是各国学制改革的共同目标。终身教育的内涵非常丰富，它建立在民主化、普及化的教育理念上，具有整体性、综合性、开放性、多样性和生活化的特征。终身教育是持续的，它包括各种年龄阶段，贯穿人一生的整个过程；终身教育包括各种形式的教育，它谋求正规教育与非正规教育、学校教育与社会教育等各种教育之间的联系和统一，把一切具有教育功能的机构都连接起来；终身教育面向全体人民，以全民为对象，向每个人提供学习和丰富知识的可能性；终身教育要向人们进行多面性的教育，它既包括专业性的教育，也包括社会的、文化的、生活的等各方面的教育。总之，终身教育是一种大教育观，是改革现有教育机构的原则，其目标是组织一个提供终身学习的完善体系，提高人的素质和生活质量，促进社会的发展。

1965 年，在法国巴黎召开的第三届联合国教科文组织成人教育会议上，终身教育首次由时任联合国教科文组织教育局继续教育部长的法国教育家郎格朗（P. Lengrand）正式提出。郎格朗认为，数百年来，把人生分成两半，前半生用于受教育，后半生用于劳动，这是毫无根据的，教育应当是每个人一生的过程，在每个人需要的时候，随时以最好的方式提供必要的知识。1972 年，联合国教科文组织国际教育发展委员会发表的报告《学会生存》将郎格朗的主张进一步系统化，提倡“每一个人必须终身继续不断地学习。终身教育是学习化社会的基石”[①]，建议把终身教育作为发达国家和发展中国家在今后若干年内制定教育政策的主导思想。此后，联合国教科文组织在其一系

① 联合国教科文组织国际教育发展委员会编著，华东师范大学比较教育研究所译：《学会生存——教育世界的今天和明天》，教育科学出版社 1996 年版，第 223 页。

列文件报告中多次强调了终身教育，认为“一个国家以终身教育目标作为所有教育子系统的方向，这便是对当今时代挑战做出的独特和恰当的回答，也是使人们能进行参考、自我表达、保卫自身权利和民主社会的基本价值、实行自我教育以及在充满可测与不可测变化的社会中进行有效演变的唯一办法”[①]。联合国教科文组织不遗余力地宣传和倡导终身教育，对终身教育在全世界范围内的推行起了重要作用。

最近三十年，终身教育思想已为不同社会制度、不同发展水平的许多国家所接受，成为一种有国际影响的教育思潮。许多国家都以立法的形式明确了终身教育在教育改革中的重要指导地位。日本文部省 1971 年就在一份报告中指出，“有必要从终身教育的观点出发，全面调整教育体制”。1981 年，日本中央教育审议会在咨询报告《关于终身教育》中，提出促进终身教育体系形成的教育发展原则。1990 年 6 月，日本制订了《终身学习振兴法》，将建立终身教育体系置于法律的保障范围内。美国在 1976 年通过了《终身学习法》，并于联邦政府内设立了专职机构，负责终身教育的规划、协调和监督、评估工作。1994 年，美国总统克林顿签署了教育改革法令，将终身学习作为美国教育发展的八大目标之一。1995 年，韩国总统金泳三提出了“新教育构想”十大课题，其中第一条就是：建设一个人人终身都可以进行学习的社会，保证国民可以根据自己的意愿在工作单位和学校间自由地进出、学习。

中国自 20 世纪 80 年代引入现代终身教育论后，终身教育、终身学习的概念便被迅速接受并应用到教育实践中，积极推进了中国教育体制的改革和发展。1993 年，《中国教育改革和发展纲要》确立了终身教育的发展目标。1995 年 3 月通过的《中华人民共和国教育法》规定，国家要推进教育改革，促进各级各类教育协调发展，逐步建立和完善终身教育体系，为公民接受终身教育创造条件，从而第一次用法律的形式确立了终身教育在中国教育事业中的地位和作用。1999 年 1 月由国务院批转的《面向 21 世纪教育振兴行动计划》再次强调，终身教育、终身学习是教育发展和社会进步的共同要求，要逐步建立和完善终身教育体系。

在终身教育思想的指导下，许多国家的教育制度发生了重大变化。成人教育形成体系，规模扩大，与正规教育体系沟通；正规教育体系变得越来越开放、灵活。目前，在许多国家出现的多种形式的专业和职业技能培训计划、远距离教育、开放大学、社区教育、网络学校等，都是终身教育思想在传统学校教育范围之外的广泛的教育实践。

2.3.2 逐渐扩展义务教育的范围，不断延长年限

随着知识社会的到来，为了提高人才素质，大多数国家义务教育的范围有进一步扩大的趋势。这主要表现在义务教育的一端在逐渐向学前教育方向扩展，而另一端则

---

① S·拉塞克、G·维迪努，马胜利、高毅、丛莉等译：《从现在到 2000 年教育内容发展的全球展望》，教育科学出版社 1996 年版，第 136 页。

向初中后教育阶段延伸。

20 世纪 60 年代以来，早期教育问题受到了各国的普遍关注。大多数国家都提倡“早出人才，快出人才”，强调培养儿童的创造力、想象力，发展儿童的个性，为儿童接受小学教育及其以后的全面发展做好准备。为此，许多国家采取了措施，如在幼儿园开办小学预备班等，以提前实施义务教育，把学前教育的后期和义务教育的前期有机地衔接起来，改变过去那种学前教育与义务教育相互脱节的情况。有的国家甚至把学前教育列入义务教育范围。如在法国，学前教育是初等教育的组成部分，学前教育虽然不是强迫的，但免费实施，所有 2～5 岁的儿童均可就近上幼儿学校。荷兰的幼儿园属于义务教育，招收 4～6 岁的儿童。以色列的幼儿园招收 3～6 岁的儿童，5 岁起即属于义务教育阶段。墨西哥规定儿童人小学前接受一年的学前义务教育。澳大利亚规定普及一年学前教育。朝鲜也在宪法中规定国家对全体儿童实行一年学前义务教育。

此外，许多国家，特别是发达国家的义务教育正继续向后延伸，不仅要普及高中，还要普及职业技术教育，甚至高等教育。日本义务教育的年限为九年，即小学六年、初中三年，高中虽然不在义务教育之列，但已经达到普及程度。1996 年，日本高中教育的入学率就已达 96.8%。法国的义务教育年限为十年，包括小学五年、初中四年和高中第一年。联邦德国早在 1964 年就规定青少年在接受完九年义务教育之后，如不继续升学，则必须接受三年的职业义务教育。法国从 1983 年起对所有结束义务教育而不继续升学的 16～18 岁青年提供社会和职业资格的培训。英国从 1986 年开始，对年龄为 16 岁的中学毕业生提供两年的职业培训。荷兰也规定所有 16 岁的就业青年每周都必须有两天接受义务职业教育的时间。

中国实行的是九年义务教育。根据中国的实际情况，1993 年 2 月，中共中央、国务院印发的《中国教育改革和发展纲要》中指出，到 2000 年要实现“全国基本普及九年义务教育（包括初中阶段的职业技术教育）；大城市市区和沿海经济发达地区积极普及高中阶段教育。大中城市基本满足幼儿接受教育的要求，广大农村积极发展学前一年教育”。1999 年 1 月由国务院批转的教育部《面向 21 世纪教育振兴行动计划》指出，到 2010 年要全面实现普及九年义务教育的目标，在此基础上，“城市和经济发达地区有步骤地普及高中阶段教育，全国人口受教育年限达到发展中国家先进水平”。

2.3.3　普通教育和职业教育向着综合统一的方向发展

促进普通教育和职业技术教育的结合，是当前各国学制改革的一个重要方面。

由于职业技术教育对发展社会生产力具有巨大作用，所以许多国家都强调普及职业技术教育，使全民普遍接受职业技术教育。所采取的措施之一就是在普通学校中加强职业技术教育。1971 年，美国联邦教育总署署长马兰提出了“生计教育”理论。现在，生计教育已经在美国展开。马兰主张生计教育应当成为所有学生的，而不仅仅是职业学校学生的课程的一个组成部分；生计教育应贯穿小学一年级到高级中学甚至大专院校的所有年级中；应使中学毕业生，甚至中途退学者，都掌握某种技能，能够维持生计。他把普通学校中实施生计教育分为三个阶段：第一阶段是职业了解阶段，为1—6年级；第二阶段是职业探索阶段，为7—10年级；第三阶段是职业选择阶段，为11—12年级。法国从小学就开始设置科学技术课，直到初中毕业，每周2～3小时。小学主要讲授初步的基础知识，初中设电子技术、工业技术和经济管理技术方面的课程。普通高中则加强综合技术方向的课程。德国近来也要求以往不设职业技术课的普通中学开设职业技术课程，实现在青少年中普及职业技术教育。美国、德国、瑞典等国家开办了综合高中，即把普通高中和职业学校合在一起，担负就业和升学的任务。中国在九年义务教育阶段完成后，实行高中分流，部分学生进入普通高中，部分学生进入职业中学、技校或中专。同时，普通中学承担升学和就业的双重任务。

同时，各国还认识到，普通文化知识水平的提高有利于使学生更好地理解专业理论，发展学生的智力。因此，在职业技术学校中加强普通教育也是各国所采取的一个改革措施。法国在职业中学设了一种新的文凭——职业业士文凭，招收初中毕业生，学制四年，目的在于提高熟练技工的普通教育水平。长期以来，德国职业教育实行由企业和职业学校合作进行的双元制培训体系，这种体系比较注重实践，而普通教育的时间太少。随着科学技术的进步，对职业素养的要求在不断提高，为此德国不得不重新调整学校教育与企业培训之间的比例关系，在职业学校中增设普通教育课程内容，以使职业学校毕业生能更好地适应市场的需要。日本通过推迟分专业的时间来加强职业高中的普通教育，即高中一年级不分专业，学习普通文化课，二年级才开始分专业。

2.3.4 高等教育大众化、普及化

在当前各国的学制改革中，高等教育大众化、普及化的趋势也非常明显。按通行说法，一国高校入学率，即在校大学生人数占同龄人的比例在15%以下为精英教育，在15%～50%为大众化教育，在50%以上可算是达到普及。目前，日本、美国等发达国家的高等教育已达到大众化，正在向着普及化发展。而大多数发展中国家正在为高等教育的大众化而努力。中国从20世纪90年代后期开始，进入了高等教育大众化的“快车道”。1999年1月由国务院批转的教育部《面向21世纪教育振兴行动计划》明确提出了“到2010年高等教育入学率接近15%”的工作目标。同年6月，中共中央、国务院《关于深化教育改革全面推进素质教育的决定》进一步指出，“通过多种形式积极发展高等教育，到2010年，中国同龄人口的高等教育入学率要从现在的9%提高到15%左右”。实际上2002年我国高等教育毛入学率就已达到15%，跨入了高等教育大众化的阶段。

高等教育的大众化、普及化表现在高等教育机构日益多样化。针对传统高等学校脱离社会、周期长、不能适应非正规学习学生的要求等弱点，越来越多的国家采取灵活多样的办学形式、授课制度和学籍管理制度，大力发展成人高等教育。例如，大学

设置夜间部、函授部，举办公开讲座；建立注册视听生制度、校外生学位授予制度、跨校学习制度、非选拔升学制度；开办开放大学、无墙大学、通讯大学等。像丹麦、瑞典等国的高等学校中部分时间制学生越来越多，许多大学采用了灵活的半工半读制度、远距离学习等方式。开放大学已成为大多数国家成人高等教育的重要机构，目前英国至少有 21 万名学生在学习开放大学的课程。近年来随着计算机通讯网络的普及和远距离视像教育技术的日臻完善，没有校园，学生通过计算机互联网进行学习的所谓“虚拟大学”正在形成。1997 年，美国马里兰大学管理和技术研究生院有 70 多名学生通过互联网攻读硕士学位；杜克大学商学院攻读虚拟硕士学位课程的首批学生已经毕业。瑞典也在计划建立“全国网上大学”，主要向那些在传统上由于种种原因受到限制而不能进入高等学校的人开放。通过信息技术成果的广泛运用，各种非正规高等教育机构将逐渐增多。在中国，高等教育机构多样化的突出表现是高等职业技术学院、民办高等院校和现代远程教育机构等三类新型高等教育机构的强劲发展。

高等教育的大众化和普及化还表现在高等教育机构中学生的成分发生了变化，成人大学生所占的比重越来越大，与普通大学生的界限将变得更加模糊。据 1985 年统计，美国高等教育机构中 25 岁以上的学生占 42%，英国为 32%，法国为 31%，联邦德国为 47%。近年来丹麦、挪威、瑞典等国过半数学生首次进入大学的年龄超过 22 岁，20 岁以下首次入学者的比例不到 20%。美国社区学院采取开放招生政策，学生年龄平均 38 岁。中国也放宽了大学报考者的条件，不再有年龄限制，因此这两年出现了 70 岁老翁考大学的新现象。这种大学生成分的变化也导致了学生求学动机的多元化。谋职仍然是青年学生追求高等教育的主要动机，而对成人大学生来说，适应现有职业的新需求或转换职业，提高本人文化素质，充实自己的闲暇生活等，才是他们走进大学课堂的主要目的。

第3章　教育行政体制比较

教育行政是国家行政的重要组成部分，是国家通过政府的各级教育行政部门对教育事业的领导和管理。教育行政对教育工作起着指挥、调节、保证和促进的作用。教育行政体制是指一个国家的教育行政组织系统。它主要由教育行政组织机构的设置、各级教育行政机构的隶属关系及相互间的职权划分等构成。

3.1　现代教育行政体制的发展

教育行政体制是国家行政体制的一个组成部分。现代教育行政体制是随着现代公共教育制度的建立而出现的。在近代资产阶级革命前，西方各国教育掌握在宗教团体和私人机构手中，国家和地方行政机构没有直接参与教育事业。

由于资本主义的迅速发展和近代国家的建立，许多资本主义国家的管理体制和管理职能发生相应的变革。近代国家认识到教育的生产性和公共性，为了满足军事、政治、经济等方面的需要，实现国家的目的，于是大力兴办教育，逐渐加强了国家和地方政府对教育事业的领导和管理。从此，教育的世俗化和公共教育制度得到迅速发展，教育开始成为对社会的发展具有重要意义的社会事业。公共教育制度与国家教育行政是密切相关的。公共教育制度的出现，势必要求国家对它进行组织和管理，因此公共教育制度是教育行政存在的前提条件，而教育行政是公共教育制度运行的保证。这样就出现了现代意义上的教育行政体制。为了规范和促进教育事业的发展，有效地发挥教育对国家的政治、经济和文化生活所起的重要作用，国家逐步加强对教育事业的直接参与和控制。自19世纪下半叶起，一些资本主义国家先后颁布了各种教育法令，以立法形式相继建立起公共教育制度，健全教育管理机构，完善教育管理制度，使国家教育管理的权力不断强化，逐步形成了现代意义上的国家教育管理权力。

例如，英国教育长期为教会所把持，在1833年之前，英国没有国家教育行政机构的设置，教育事业完全由私人及宗教团体兴办。1833年，国会通过以2万英镑补助初等学校建筑用费的决议，这是英国教育从仅仅作为宗教教派活动或民间活动向教育国家化发展的转折点。但是，国会最初仍将教育补助金的管理与分配交由两个教派团体负责。后来，随着补助金的增多，需要加强管理，英国政府便于1839年设置枢密院教

育委员会，监督已成为年度拨款的教育补助金的分配和使用。枢密院教育委员会是英国中央教育行政机构的开端，标志着国家干预教育的开始。1856 年，枢密院教育委员会改组为教育局，成为政府负责初等教育的机构。1870 年颁布的《初等教育法》，建立了公共的初等教育制度，赋予教育局以更大的职权，规定教育局负责办理公立初等教育，监督学校委员会的征税、办学，并授权地方设立学校委员会，负责公立初等学校事务。1900 年成立中央教育委员会，接管原教育局、科学与艺术局及慈善委员会的工作。1902 年颁布《巴尔福教育法案》，建立了公立中等教育制度。按照这个法案，各地普设地方教育委员会，兼负推行初等和中等教育两方面的职责，逐渐形成郡、市、镇、乡四级地方教育行政单位。根据《1944 年教育法》，教育委员会改组为教育部，1964 年又与科学部合并，改称为教育与科学部。

美国在殖民地早期，教育由各村镇自行办理，市镇会议承担教育行政职责。以后随着人口增多和市镇的扩大，市镇当局无法包揽一切教育事宜，便设立了教育委员会专门负责教育事务。独立后，美国通过制定宪法，确定了由地方（主要是州）掌握教育权的原则。1825 年，北卡罗来纳州创设州教育委员会管理学校基金。1837 年，马萨诸塞州议会通过法令设立州教育委员会，以负责州教育行政工作。1839 年，康涅狄格州创设教育委员会。从此，州教育委员会这种教育行政机构在各州逐渐设立。由于确立州掌管教育职权以及成立州教育委员会为执行教育领导职权的机构，美国教育由放任自流走向有章可循，有法可依，因此学校日增。南北战争后，美国各级教育日趋发展，但各州各自为政，迫切需要协调配合。联邦政府在教育行政方面虽不能集权，但也不得不加紧过问和处理教育事宜。1867 年，国会通过法令设置联邦教育部，负责收集全国各地教育发展的统计资料，交流全国教育情报。但教育部成立不到一年便被降级为教育署，附属于内政部，成为一个负责教育调查统计的机构，1870 年又改称教育局。无论是教育部，还是教育署或教育局，其职权均未有实质的变化，它们仅仅是一种服务性的机构，而不是管理领导教育的权力部门。

法国在近代以前，没有中央教育行政机构，教育主要由教会和私人办理。18 世纪中叶，启蒙运动兴起，众多启蒙思想家看到了教育在社会变革中的巨大力量，纷纷要求打破教会对学校教育的垄断，将教育的领导权收归国家，建立国家的教育制度。这些主张为国家从教会手里接管教育权奠定了理论基础。1789 年，法国资产阶级革命爆发。在大革命时期，历届政府十分重视教育，试图建立统一的国民教育体系和国民教育领导机构，以培养新一代成为合格的共和国公民。1799 年，拿破仑时代开始。拿破仑非常重视教育发展，制定了一系列改革教育的措施：在 1806 年颁布设置“帝国大学”的法令，1808 年又公布“关于帝国大学条例的政令”，宣告“帝国大学”正式成立；规定帝国大学不仅仅是一个高等教育机构，而且也是全国最高教育行政机关；为保证帝国大学能忠实地为帝国服务，拿破仑还规定全国所有从事教学和教育行政管理的人员都必须加入帝国大学，并宣誓忠于职守，绝对服从帝国大学校长的领导。至此，法国正式建立起了中央集权的教育行政体制。

日本的近代化始于明治维新时期。1871 年，明治政府“废藩设县”，确保了中央政府对全国的直接统治。同年 7 月，在教育行政上创设文部省，管辖全国的教育行政。1872 年颁布《学制令》，建立了国民教育制度。在效仿法国教育制度的基础上把全国划分为 8 个大学区，每个大学区设 1 所大学和 32 个中学区，每个中学区分成 21O 个小学区。但这一体系脱离了日本当时的实际，未能得到很好的实施。此后，文部省在 1879 年颁布《教育令》，决定废除学区制、督学局和学区管理制度，设置地方学务委员会，管理学校事务。1880 年，明治政府修改《教育令》，规定凡是教育行政上的重大事项均需文部省批准，并加强地方对教育的管理权限，从而大大加强了教育行政的中央集权性质。

中国的教育行政管理体制萌芽于夏商奴隶制社会，当时国家管理教育的主要特点是政教合一、以吏为师、学在官府。至唐朝形成了比较完善的古代教育行政体制。其主要表现是：建立了代表国家专门管理教育的中央教育行政机构——国子监，建立了中央政府部门办学并管理某些学校的体制，初步形成了地方官学体系。但当时的各级学校之间没有前后衔接关系，各级教育行政之间没有上下隶属关系，因此不是一个有机的教育行政系统。中国现代意义上的教育行政体制产生于清朝末年。1905 年，清政府设立学部作为中央教育行政机构并颁发《学部官制职守清单》，此后又建立了各级地方教育行政机构，形成了中国从中央到地方的比较系统的教育行政体制。

3.2 各国教育行政体制

任何一个国家的教育行政体制都在中央之下设置地方各级教育行政机构，形成纵向多层次的教育行政系统。

3.2.1 各国教育行政体制

由于政治制度、经济基础、社会发展、文化传统、教育思想的不同，各国的教育行政体制也各不相同。

1. 中国的教育行政体制

中国的教育行政体制经历了一个漫长的发展历程，是随着中国教育制度的发展而发展的。

中国实行的是中央统一领导、分级管理的教育行政体制，强调中央教育行政的权威。

教育部是中央教育行政机构，主管全国的教育工作，统筹规划，协调管理全国的教育事业。其职能有：制定全国教育事业的发展规划，制定教育工作的方针、政策并督促其贯彻，综合管理全国各级各类教育，对各地区、各部门的教育工作进行指导、协调、督导、评估，主管全国教师工作，组织国际教育交流和留学生的接受、选派，管理招生和毕业生分配，筹措、管理和分配教育经费等工作。

地方教育行政机构设省（直辖市、自治区）、市（地、州）、县、乡（镇）各级教育机关。基础教育管理权属于地方，地方在贯彻党和国家的教育方针、政策、法规的前提下，有权根据本地区的实际情况制定和实施具体的政策、制度、计划，并对此承担责任。

省一级，有的设教育委员会（如广西、上海），有的设教育厅（如江苏）。省级教育行政机关是省人民政府的一个重要组成部分，是省人民政府领导和管理全省教育事业的职能部门，它接受省人民政府统一领导并接受教育部的领导或业务指导。

市、县一级，有的设教育委员会，有的设教育局。它们是市、县人民政府的重要组成部分，是市或县人民政府领导和管理全市或全县教育事业的职能部门。它们接受同级政府的领导并接受上级教育部门的领导和业务指导。

乡（镇）一级普遍成立了乡教育管理委员会，在县教育行政部门的领导下具体管理全乡的各种教育事业。

2. 法国的教育行政体制

法国对国家实行中央集权的管理，在教育行政方面也相应地实行中央集权体制，由中央、学区、省三级教育行政机构组成。

法国的中央教育行政机构是国民教育部。教育部部长是内阁成员，由总理提名，总统任命。教育部统管全国各级各类教育，权限很大。

法国的地方教育行政机构包括学区和省两级教育行政机构。地方教育行政机构的权力很有限，基本没有自主的权力，主要职责就是执行中央教育行政部门的政策。

学区不是一般的行政单位，而是最大的地方教育行政单位。法国本土分为 28 个学区，学区的最高领导是学区长，由教育部部长提名，总统任命。学区长是本区内代表中央教育行政机关行使权力的高级官员。学区长必须是国家博士学位的获得者，并担任过大学校长或教授。学区下面一级的教育行政机构是各省的教育局。法国本土分为 96 个省，省教育局的最高领导是学区督学，也是由教育部部长提名，总统任命。学区督学必须有博士学位，并且是中等学校教员中资格最高者或有高中教授以上经历者。

省以下不设独立的教育行政机构，由市镇村一级行政机构负责初等学校和保育学校的设施和管理工作。

3. 美国的教育行政体制

美国是联邦制国家，州在美国国家体制中有极其重要的地位。美国的教育行政体制实行的是地方分权制，它的地方分权制是以州集权为标志的，公众参与教育。根据美国宪法，教育权力保留给各州，州又下放到学区，联邦政府无权直接领导教育。联邦政府对教育的影响主要是通过国会的教育立法和教育部的行政指导和行政协商实现的。

美国过去不设部一级的教育行政机关，只在卫生教育福利部里设教育总署，直到1979年才设立联邦教育部。部长由总统提名并经国会同意后任命。教育部不能直接管理各州的教育，其职能主要是服务和指导。教育部根据议会制定的《教育援助法》，通过教育拨款及教育指导和研究，增加与地方合作项目，使联邦政策渗透到各州和地方，从而间接地领导全国的教育。

州具有直接领导和管理教育的权力。各州都有独立的教育立法和教育行政权。州的教育行政机构由州教育委员会和州教育厅组成。州教育委员会担负决策职能，州教育厅是州教育委员会的执行机构。各州教育行政管理的权限因州而异，但一般包括的职能有协助地方完成教育计划，如给地方分配教育经费、收集和分发教育资料等；制定各种教育条件的最低标准，如制定州的教育发展计划、规定课程标准、选定教科书等。

美国的教育行政是自下而上地发展起来的，美国教育管理权虽然在州一级，但各州议会都依法设置地方学校行政区，即学区。学区是美国教育管理的基层单位。学区承担管理学校日常工作的职责，有很大的权力。各州的学区大致可分为两种：基层学区和中间学区。基层学区是最基层的教育行政单位，是由州设立的直接经营管理学校的地方公共团体。基层学区的教育行政机构也由两部分组成，即具有决策职能的学区教育委员会和负有执行职能的学区教育局。中间学区是介于州和基层学区之间，在州的监督下，对所管辖地区内的基层学区进行监督、指导的行政机关。

4. 日本的教育行政体制

日本现行的教育行政体制呈现出趋向集权的混合制特征，主要由中央教育行政机关和地方教育行政机关共同组成。

第二次世界大战以前，日本的教育行政是高度的中央集权制，二战结束后，日本进行了根本性的改革，以美国为榜样，实行地方分权制，但又不是绝对的地方分权制，还具有很大的集权制成分。

日本的中央教育行政机关是文部省，文部省的首脑是文部大臣。文部省的主要职权有：负责发展教育、学术和文化事宜，分配政府拨发的教育经费，审定教科书，对地方教育行政机构进行技术性指导和提出建议等。

日本的地方教育行政采取都道府县和市镇村两级制的地方自治体制进行管理。地方教育行政机关分别是都道府县的教育委员会和市镇村的教育委员会。教育委员会设立教育长，在教育委员会的指挥监督下掌管属于教育委员会权限内的一切事务。教育长的任命必须得到上级的承认，即都道府县教育长的任命要取得文部大臣的承认，市镇村教育长的任命要取得都道府县教育委员会的承认。教育委员会的任务是管理本地区的学校和其他教育机关，管理学校的组织编制、课程、教科书，处理教职员的任免等事项。都道府县教育委员会管理高中、盲聋学校，处理市镇村不能处理的问题。市镇村教育委员会主要管理小学和初中。大学和私立学校由都道府县知事管理。

3.2.2 各国教育行政体制的类型

各国的教育行政体制从不同的角度，可以分为不同的类型。

(1) 根据中央与地方在教育行政权力分配方面的关系，可以分为中央集权制、地方分权制、中央和地方共同合作制。

中央集权制也称为“垂直”的教育行政。根据教育事业是国家事业的观点，由国家直接领导和管理教育事业，地方办学必须遵循中央政府的方针、政策。中央与地方的教育行政机构之间存在一种命令与服从的隶属关系。法国、中国是这种类型的主要代表。

地方分权制又称为“平行”的教育行政，以美国、德国为代表。与中央集权制相反，在这种体制下，中央与地方的教育行政机构之间存在一种平行的对应关系，上层对下层权力范围内的事务无权干涉，由下层自主办理。中央教育行政不掌握教育权，不直接干预教育，只在必要的范围内予以干预；教育事业由地方公共团体独立自主举办和管理，中央政府只处于援助、指导的地位。

中央和地方共同合作制即“混合”的教育行政。有些国家的教育行政制度，既不是严格的中央集权制，又不是绝对的地方分权制，而是介于两者之间，兼具中央集权和地方分权两种体制类型的特点。中央政府及其教育行政机构具有管理全国教育事务的权力，但中央教育行政机构和地方教育行政机构之间不存在上下级的隶属关系；地方各级教育行政机构虽有义务执行中央教育行政机关的规定，但不接受其直接管理，地方各级教育行政机构具有相当的自主权。这种体制以英国、日本为代表。不过英国的教育行政体制是偏向于分权的混合制，日本的教育行政体制则是趋向于集权的混合制。

(2) 根据教育行政机关与政府之间的关系，可以分为教育行政从属制、教育行政独立制。

从属制是指各级教育行政机关是政府的一个职能部门，必须接受同级政府的领导而不能成为脱离一般行政的独立组织。如中国的各级教育厅、局与省、市等各级政府之间存在隶属关系。德国各州的教育厅属于州政府的一个行政部门，州长有权提名州教育厅厅长人选，向议会提出有关教育议案，决定州教育的基本政策。

独立制是指地方教育行政机关不受同级政府的直接指挥，而是脱离一般行政而独立存在。如法国的学区，与地方政府之间不存在隶属关系。美国的基层学区设教育委员会，独立于一般行政之外，学区可以独立征收教育税，政府给予补助。

(3) 根据教育行政的决策权是否由教育专家担任，可以分为专家统治制和外行内行结合制。

专家统治制指教育行政的领导者必须由获得特定学位、从事过教育工作的专家来担任。如法国规定各级教育行政的领导必须为教育专家，并有明确的任职资格，学区总长必须由获得博士学位并担任过大学校长或教授的人担任，学区督学必须由获得博士学位并担任过高中教授或中学教员中资格最高的人担任。

外行内行结合制是指教育行政领导者由教育专家和非从事教育工作的外行共同担任的制度。如英国的教育委员会成员由议会和教育专家组成，美国的学区教育委员会由企业家、政府官员、居民、专业人员组成，但学区的教育首脑必须是教育专家且必须获得硕士学位和教育行政人员资格证书，具有组织能力和良好的知识结构。

3.3 世界教育行政体制的改革趋势

世界各国都根据自己的历史发展状况，在教育行政上或采用中央集权制，或采用地方分权制等。但各国不管采取哪一种类型的教育行政，都面临着中央教育行政与地方教育行政如何协调、连接的问题。

中央集权制能充分发挥中央办教育事业的积极性，便于统一全国的教育思想，有利于统一规划全国教育事业，统一领导全国的教育改革；能集中全国力量实现教育机会均等原则；能规定统一的教育标准，有助于全面提高教育质量；能增强行政效率，一声令下，全国畅通。但它使地方没有自主权，事事依赖中央，不独立思考，不利于调动地方的积极性；全国地区差别很大，情况复杂，只求形式划一，容易脱离当地实际；不鼓励自由实验，束缚了地方的创造性。

地方分权制能培养当地人民关心教育事业的兴趣和责任感，认为“这是我们的事业”，从而能充分发挥地方办教育的积极性；能因地制宜发展教育事业，适应本地区的需要；能结合本地情况进行实验，通过不同地区、学校的创造，开展竞争，提高教育质量和效益。但它难于做全国统一规划；没有统一标准，各地区自行其是，制度纷纭复杂，教育质量参差不齐；各地区经济条件不同，贫富不一，教育事业的发展不均衡；行政效率不高。

总的看来，集权制的优点正是分权制的缺点，集权制的缺点正是分权制的优点，理想的教育行政体制应该是地方与中央两方面的协力。关键在于中央和地方的管理权力要分配得当，达到最优化结合。现行的混合制虽然在一定程度上克服了中央与地方的矛盾，但它还很不完善，在权力分配及衔接等方面仍然存在许多问题。因此，各国近年来都在进行教育行政体制的改革。

1. 教育行政体制的均权化

随着教育改革的深入，一些国家为克服中央集权制和地方分权制的弊端，已渐趋

采取均权化的做法，在对教育管理权限的分配上保持中央教育行政与地方教育行政的均衡状态。一般来说，实行教育行政中央集权制的国家正在向地方分权的方向发展，而实行教育行政地方分权制的国家正在加强中央政府对教育事业的控制，出现权力相对集中的趋势。这就是说，各国的教育行政，不管实行哪种体制，都趋于向均权化方向发展，促使中央和地方行政管理权逐步走向合理分配。

例如，实行中央集权制的法国设立了由各方面代表组成的各种咨询审议机构，主要有国民教育最高审议会、普通教育和技术教育委员会、大学校长联席会议等，各级教育行政机构均要受到同级和上级咨询审议机构的监督和制约。这些机构除了回答行政当局的咨询外，还行使有关教育的各种诉讼、惩罚案件的预审或终审等重要职权。如国民教育最高审议会由 80 名委员组成，其中公立学校教员代表 25 名、私立学校代表 5 名、教育行政代表 25 名，政府各部门、家长联合会、学生联合会等各阶层代表 25 名。该会对教育部部长提出的有关重大教育问题的咨询表明独立见解，对教职员的惩罚有行政上的最终裁决权。这种机构有助于防止中央集权的一些弊端，使教育专家统治的教育行政均衡化、合理化。

中国的教育行政体制是中央集权制，但近年来的改革趋势是逐步放权。特别是 1993 年国务院颁布的《中国教育改革和发展纲要》中指出，中等及中等以下的教育，由地方政府在中央大政方针的指导下统筹管理。高等教育要逐步建立政府宏观管理、学校面向社会自主办学的体制。目前，基础教育管理权属于地方，除大政方针和宏观规划由中央决定外，具体政策、制度、计划的制定和实施以及对学校的领导管理和检查，责任和权力都在地方。

实行地方分权制的美国，随着教育事业的发展，国家干预教育的作用越来越大。从实际情况看，教育由地方学区控制产生的困难和问题很多，如学区大小不一，贫富悬殊，因而办学条件差别很大，各学区的教育质量参差不齐。为此，美国政府先后制定、颁布了一系列教育法规，通过立法不断加强联邦政府的教育行政作用。如联邦政府将对地方经费的资助由过去的无条件改为有条件，特别通过联邦经费的补助条款，使地方教育权力受到一定的制约和规范；1991 年和 1994 年先后颁布《美国 2000 年教育战略》和《2000 年目标：美国教育法》，提出建立国家统一的课程标准，规定了 7 门核心课程，从而使联邦政策渗透到各州和地方，增强了教育部对全国教育的领导。

为了保证全国范围内教育质量的平衡发展，英国政府也在调整教育行政体制。自《1988 年教育改革法》颁布后，英国在全国实施了统一的国家课程，在中央一级增加了课程和考试的管理权，这一权力原本一直归学校所有。同时，加大了对初等教育的干预，初等教育本来由地方教育当局掌管；允许任何由地方教育当局管理的郡立学校或民办学校经家长投票同意后提出申请，并经教育大臣批准，即可脱离地方教育当局的控制，成为由国家直接拨款的公立学校。《1993 年教育法》又把维持地方教育系统的重要权力转移到中央政府和由中央任命的特设的管理机构，如教育部为脱离地方教育当局的学校特设了一个拨款机构；设立教育标准局，以视察、指导由国家直接拨款的学校。

总之，既要加强中央的统一领导，又要充分发挥地方的积极性，这是各国教育行政体制改革的总的发展趋势。

2. 教育行政体制的法制化

教育立法是现代国家教育行政的重要特征。近年来各国教育行政体制改革的重要特点就是通过教育立法，把国家的教育方针和政策以法律的形式确定下来，以保证教育具有稳定性、连续性和权威性，从而确保和促进教育事业的改革和发展。教育行政以法令为依据，以法治教，标志着教育事业走上正常发展的轨道。美国、德国、法国、日本、俄罗斯、中国等都在宪法或法律、法规中对国家教育制度作了原则性规定，确定本国教育行政的基本结构。

3. 教育行政体制的民主化

随着社会的进步，世界各国在教育管理活动中日益注重民众参与和民主管理。这是现代教育行政的又一明显特征。加强教育行政民主管理的过程中，很重要的一项措施就是健全各种审议制度，在教育行政部门广泛成立各级教育审议机构或咨询机构，以便为教育行政机构提供咨询和改革建议，同时为议会审议和监督教育行政提供科学依据。如美国设有政府教育审议会，英国和日本都设有中央教育审议会，德国设有联邦及各州教育计划委员会等。中国尚无此类组织，应当借鉴审议制度的经验。

4. 教育行政管理的专业化

各国教育行政管理的专业化程度不断提高，突出表现在：

（1）教育行政独立为政府的专门化管理部门。尽管各国的教育行政领导体制不同，但各国政府都设立了专门的教育行政机构。从中央到地方，逐级设立。如中国有中央的教育部，省或自治区、直辖市的教育厅或教育委员会，市、县的教育局或教育委员会，乡的教育管理委员会；美国有联邦教育部，州教育厅和教育委员会，学区教育局和教育委员会；英国有教育和技能部（中央），地方教育委员会和教育局。

（2）教育行政人员专业化。许多国家对各级教育行政人员提出了专业技术资格的要求。如法国，学区总长必须获得国家博士学位，担任过大学校长或教授；学区督学必须有博士学位，是中等学校教员中资格最高的，或者有高中教授以上的经历。美国规定，州教育厅厅长和学区教育局局长必须由教育专家担任，州教育厅厅长通常要有7年教学和行政管理经验。英国的地方教育行政机构——教育委员会由议员和有教育学识的人员组成。总的来说，各国教育行政人员中，教育专家都占了相当数量。此外，各国都很重视对教育行政人员的培养和培训，成立了教育行政培训机构。

第 4 章　学前教育研究

学前教育是教育体系的重要组成部分，对提高义务教育的质量和提升素质具有重要意义。1981 年，在法国举行的国际学前教育协商会议将学前教育界定为："能够激起出生至入学前儿童的学习愿望，给他们学习体验，且有助于他们整体发展的活动总和。"① 从国际上看，由于各国儿童人小学的年龄不尽相同，各国学前教育所指的年龄跨度并不一致。在中国，学者们普遍认为，对儿童的教育从初生后就已开始，从初生至三岁为婴儿教育，三岁至六岁为幼儿教育，学前教育是指从初生到六岁儿童的教育②。学前教育的概念既包含学前社会教育，也包含学前家庭教育。学前社会教育指由一定的社会公共机构或组织有计划、有目的地对学龄前儿童实施或开展的教育。本章的学前教育概念主要侧重于 0—6 岁儿童的学前社会教育，兼顾家庭教育。

4.1　学前教育的历史发展

学前教育是社会发展到一定阶段的产物。在近代大工业生产的初期，随着生产力和科学技术的进步，社会对学前教育提出迫切的要求。纵观世界学前教育的发展，虽然其历史并不长，但发展速度惊人，且日益受到各国政府和社会的重视。

4.1.1　学前教育初创阶段（18 世纪末到 19 世纪末）

18 世纪末至 19 世纪末是学前教育产生和发展的重要时期。在这一时期，各国纷纷成立学前教育机构，许多国家的学前教育政策也日渐清晰，学前教育开始在教育体系中占据一席之地。

18 世纪末，伴随以大工业生产为特征的产业革命的到来，妇女和儿童为了生计被迫卷入劳动力市场。正如马克思所指出的："资本主义使用机器的第一个口号是妇女劳动和儿童劳动！"③ 由于许多妇女早出晚归，导致无人照顾的儿童增多，诸多儿童的营

① 顾明远主编：《教育大辞典》（增订合编本），上海教育出版社 1998 年版，第 1619 页。

② 黄人颂主编：《学前教育学》，人民教育出版社 1989 年版，第 1 页。

③ 《马克思恩格斯全集》（第三十三卷），人民出版社 1972 年版，第 433 页。

养和安全得不到保障，成为严重的社会问题。出于对贫困儿童的同情，一些慈善家、热心人士和教会人士着手建立带有慈善性质的公共机构，以收容、照顾和抚育这些贫苦儿童。1770年，法国牧师奥贝兰（J. F. Oberlin）创办“编织学校”。许多幼儿教育史学者都将它视为近代幼儿教育设施历史开端的象征。“编织学校”主要招收所在地区贫民的3岁以上的儿童。教学内容包括标准法语、宗教赞美歌、绘画、地理、游戏、缝纫及编织方法等。学校每周只开放两次，主要开展教育而非保育。

英国空想社会主义者欧文（R. Owen）一直倡导儿童公育理念，呼吁政府和社会关注低幼儿童教育。1816年，他在英格兰纽兰纳克一家纺织工厂，为工人子女中1—6岁儿童创办幼儿学校。幼儿学校实行走读，实施分班制度，第一部分以1—3岁儿童为对象，第二部分以3—6岁儿童为对象。欧文提出儿童从幼年起就应接受公共教育的思想，主张把儿童培养成为全面发展的人。他认为设立幼儿学校是建立新社会的第一个重要步骤。他说：“我所发明并顺利地实际采用的幼儿学校，是为了走向开创一种组织和管理人类的合理制度，把人类引入尘世生活真正太平繁荣的境地而至今迈出的踏踏实实的第一步。”① 他是世界上第一个提出学前公共教育思想并进行试验的人，其教育思想为马克思主义教育学说提供了丰富的材料，引发了19世纪上半叶欧美幼儿学校运动的热潮。

1837年，德国教育家福禄培尔（F. W. Fröbel）在勃兰根堡创办一所学前教育机构，专收3—7岁的儿童。1840年，他将这所学期教育机构命名为幼儿园“Kindergarten”，意为“儿童的花园”。从此，幼儿园成为专业学前教育机构的主要代表，并广泛传播至全世界。福禄培尔强调幼儿园的主要任务是通过活动和游戏的方式来培养学龄前儿童；发展他们的体格，锻炼他们的外部感官，使他们认识人和自然；使儿童在游戏、娱乐和天真活泼的活动中，做好升入小学的准备。福禄培尔详细论述了幼儿园工作的体系、内容和方法，其创办的幼儿园受到世人瞩目，其教育思想也广为流传，极大地推动了19世纪后半期世界学前教育的发展。因此，世人尊称其为近代学前教育理论的奠基人之一。

美国第一所幼儿园是由舒尔茨（M. Schultz）夫人1856年在威斯康星州的家中创办的，采用福禄培尔幼儿园的教育方法，实施德语教学。1860年，皮博迪（E. Peabody）在波士顿开办美国历史上第一所采用英语教学的幼儿园，开创美国式民族化的幼儿园。1873年，圣路易斯市开始创办公立幼儿园的试验，将幼儿园教育纳入公立学校系统，美国其他一些州也纷纷仿效。

沙俄时期，俄国的学前教育机构主要由社会团体和知识分子兴办。1837年俄国出现幼儿园的雏形，1859年第一所私立的幼儿园创办。1866年第一份关于学龄前儿童教

---

① ［英］罗伯特·欧文著，马清槐等译：《欧文选集》（第三卷），商务印书馆198d年版，第378页。

育的期刊《幼儿园》出版发行，对于促进学前教育成为俄国教育的一个独立分支发挥了积极作用。

1876 年，在模仿欧美的背景下，日本正式创办了第一所学前教育机构——东京女子师范学校附属幼儿园，主要采用福禄培尔的教学方法，当时的幼儿园仅为少数贵族子女服务。

4.1.2　学前教育地位确立阶段

19 世纪末至 20 世纪初，工业电气化和农业机械化使社会生产力不断提高，社会对学前教育的需求日益强烈。同时，欧美兴起了儿童中心主义的教育思潮，学前教育理论和方法得到较大的丰富，这些都促成了学前教育的大发展。在各国政府的重视下，学前教育的社会地位得以确立。

法国是最早以法律法规的形式明确学前教育社会地位的国家。1881 年，法国颁布《费里法》，宣布国民教育三原则为"免费""义务""世俗化"。随后，政府又将托儿所等幼教机构统一改称为"母育学校"，招收 2～6 岁儿童，并将其纳入公共教育系统，以实施"母性养护及早期教育"为宗旨。法国率先明确规定母育学校的性质为免费的公共教育，政府是投入主体。1887 年颁布的《戈伯莱法》进一步明确母育学校的地位，并对校长和教师的培养及资格要求、学前教育的管理等方面做出规定，确定了法国近代学前教育制度。法国学前教育开始走上普及化之路。

1870 年，英国颁布《初等教育法》，确定幼儿学校为初等教育的一部分，以后又进一步将 5 岁作为义务教育的年龄，但 5 岁以下的儿童健康和安全状况问题依然突出。1911 年，麦克米伦姐妹建立第一所保育学校，成为英国 5 岁以下儿童学前公共教育的先驱。1918 年，英国政府又颁布《费舍法》，确立包括保育学校、小学、中学和专科学校在内的公共学校系统，正式承认保育学校属于国民学校制度的一部分，并将保育学校的设立和援助委托给地方教育行政部门，要求保育学校实施儿童免费入学，教学内容以活动课和艺术课为主，强调"以儿童为中心"。

1899 年，日本文部省制定第一个幼儿园规程《幼儿园保育及设备规程》，规定"幼儿园是为年满三岁至学龄前儿童开设的保育场所"。1926 年，文部省正式制定《幼儿园令》和《幼儿园法实施细则》，规定幼儿园是为父母都从事生产劳动的幼儿设立的保育机构。

1917 年俄国社会主义革命取得胜利后，教育人民委员部颁布《关于学前教育的公告》，明确指出免费的公共的学前教育应当从儿童初生之时就开始，促进儿童的全面发展就是学前教育的使命。1918 年，苏维埃中央执行委员会颁布《统一劳动学校规程》和《统一劳动学校基本原则》，将招收 6—8 岁儿童的幼儿园并入统一劳动学校。1944 年，教育人民委员会制定《幼儿园规程》，对幼儿园的教育对象、性质、任务等做出明确规定，表明苏联的学前公共教育体系得以确立，具有苏联特色的学前教育制度基本形成。

19 世纪末至 20 世纪初，美国联邦政府强调家庭环境对儿童成长的重要性，其学前教育机构的发展并未受到相应的关注。1929—1933 年，美国经济遭遇历史罕见的危机，社会形势动荡不安，美国多个部门于 1934 年共同组建"临时托儿所"，为失业人员的儿童提供免费服务。其后，"临时托儿所"逐渐纳入地方教育行政部门的管理，成为公立学校系统的公立幼儿园。

中国近代学前教育始于清末。1903 年，清政府制定《奏定学堂章程》，第一次将学前教育列入学制系统。该章程规定蒙养院专为保育教导 3—7 岁的儿童。1904 年，在湖北武昌创办中国第一所官方开办的学前教育机构——湖北幼稚园。1922 年，民国政府颁布新学制，将学前教育机构命名为"幼稚园"。1932 年，教育部首次颁布《幼稚园课程标准》。一些教育家，如陈鹤琴、陶行知等也致力于探索和创立适合中国国情的学前教育机构和教育理论。但与中国众多的人口相比，幼儿园仍然非常匮乏，广大劳动人民的子女无法享受学前教育。

4.1.3　学前教育发展与改革的阶段

第二次世界大战后，在新技术革命的推动下，各国综合国力的竞争日趋激烈。为了多出人才、早出人才，各国普遍重视学前教育的发展，纷纷颁布法律法规保障学前教育的发展，学前教育的社会地位得以巩固和强化，规模和质量达到较高的水平。

第二次世界大战爆发后，许多儿童无人照看，英国政府对学前教育机构的需求非常迫切。1944 年，英国颁布《1944 年教育法》，确立了从初等教育、中等教育直到继续教育的公共教育体系。其中初等教育包括保育学校、幼儿学校和初级小学三段。保育学校不属于义务教育范畴，其作用是"培养全面发展的正常儿童，主要是进行教育，其次是进行补偿"。1972 年，英国发布《教育白皮书》，将"扩大幼儿教育"定为内阁将要实行的四项教育政策之一。但由于经费短缺，加之英国素有重视家庭教育的传统，英国的学前教育发展比较缓慢。1997 年工党上台后，主张建立福利型国家，强调政府工作应优先发展"教育，教育，教育"。布莱尔政府明确指出儿童保育是政府工作的首要任务之一。2007 年，布朗政府颁布针对 0—18 岁儿童和青少年基础教育发展的十年规划——《儿童计划：建设更美好的未来》，提出未来 10 年的战略目标和 2020 年所要达到的 10 项具体目标，有力地推动了学前教育的发展。

法国素有重视学前教育的传统。1975 年，法国颁布《哈比教育法》，规定学前教育的作用应包括教育、补偿、诊断治疗以及与小学衔接等。进入 20 世纪 80 年代以后，法国政府继续把发展学前教育视为实现教育机会均等、开发人力资源、加强科技竞争、增强国力的重要因素，采取学前教育经费由中央、省和市镇三级政府分摊的办法，保证经费的落实。法国公立学前教育机构的比例和学前儿童的入园率一直位居发达国家的前列。

第二次世界大战后，为了应对苏联人造地球卫星上天的挑战，1958 年美国发布《国防教育法》，该法强调“天才教育”，认为教育应该从孩子抓起。1965 年，美国颁布“向贫穷宣战”的《经济机会法》，其中一项重要内容是要求在学前教育中掀起“开端计划”（Project Head Start），为贫困线以下的儿童实施补偿教育。随后，学前教育机构——日托中心如雨后春笋般涌现。该计划从 1965 年一直延续至今，是美国所有学前儿童保育和教育计划中持续时间最长、影响最大的计划。1979 年，美国国会通过《儿童保育法》，为儿童的保育提供法律保障。1990 年，美国颁布《儿童保育与发展固定拨款法》，规定联邦政府从 1991 年起每年拨给各州发展托幼事业专款，以弥补经费的不足。1994 年，美国国会通过《美国 2000 年教育目标》，提出八项教育目标，其中第一项就是“到 2000 年，所有美国儿童都要做好入学准备”。进入 21 世纪后，美国又颁布《不让一个孩子掉队法》，从资金投入和教师培训方面对学前教育提供法律支持。

第二次世界大战以后，随着经济的迅速恢复，日本对学前教育进行了一系列的改革。1946 年，日本公布《生活保护法》，规定保育所的费用由国库负担 80%，由县府负担 10%。1947 年，日本颁布《学校教育法》，明确指出幼儿园是学校教育体系的一环，规定了幼儿园的教育目的及师资条件，从而奠定了日本幼儿园发展的基础。同年，日本又出台《儿童福利法》，强调保育所是以保育婴幼儿为目的的设施，并颁布《儿童福利设施最低基准》等指令性文件，为保育所的发展和普及提供法律保障。1961 年，日本通过振兴幼儿园教育的决议，通过为适龄幼儿提供入园奖励和补助费，向幼儿园提供园舍设施完善费、园具设施费等一系列措施，创造条件促进幼儿进入幼儿园。1964 年、1971 年和 1991 年，日本又多次实施幼儿园教育振兴计划。2006 年，日本颁布新《教育基本法》，首次把幼儿教育纳入其中。

第二次世界大战以后，苏联于 1960 年颁布《托儿所—幼儿园学前儿童机构临时条例》，规定托儿所和幼儿园的性质是对学前儿童实行统一的共产主义教育，接收两个月至 7 岁的儿童，学前教育机构是全民教育体系的一部分。1962 年，苏联公布《幼儿园教育大纲》，将出生后至 6 周岁的儿童按年龄阶段分为 7 个班，将婴幼儿和学前儿童的教育内容一体化。1985 年，苏联颁布《学前教育机构条例》，明确提出学前教育机构的任务是：“与家庭配合对学前儿童进行和谐发展的教育和共产主义教育，为儿童人学做好准备。”苏联时期的学前教育得到了极大的发展，70%以上的儿童进入幼儿园，每个家庭只需为每个儿童缴纳少量的学费。1991 年以后，随着“苏维埃体制”的终结，俄罗斯急剧的社会体制转型和激进的经济休克疗法引发了危机，俄罗斯的学前教育也受到严重破坏。2006 年，时任总统普京签署法令，对学前教育机构的学费以及对父母实行的物质补偿进行了补充。2007 年，俄罗斯出台《俄罗斯联邦 2007—2010 年学前教育发展综合措施》，指明了俄罗斯学前教育发展的两个基本方向：确保学前教育的普及性和学前教育的质量。2008 年，俄罗斯又颁布新修订的《学前教育机构基础条例》，强调学前教育机构须为俄联邦国民接受普及和免费的学前教育创造条件。

新中国成立后，1951 年中央人民政府政务院《关于学制改革的决定》规定，幼儿教育是社会主义事业的组成部分。1952 年，教育部颁布试行《幼儿园暂行规程（草案）》，对幼儿园的学制、设置和领导、入园和结业、组织和编制、经费和设备等做出明确的规定。1952 年和 1956 年又分别颁布《幼儿园暂行教学纲要》和《关于幼儿园的作息制度和各项活动规定》。由于制定了符合国情的学前教育发展政策，幼儿园的发展速度逐年稳步上升。但 1958—1976 年，中国学前教育的发展走过了曲折的道路，尤其是“文化大革命”期间，学前教育遭受毁灭性的破坏。改革开放以后，党和政府采取一系列措施进行学前教育的改革，特别是 1996 年国家教委颁布《幼儿园工作规程》以来，中国学前教育迅速发展。至 2003 年国务院转发教育部等部门《关于幼儿教育改革与发展的指导意见》，中国逐步建立了“地方负责、分级管理”和有关部门分工负责的学前教育管理体制。2010 年，中国颁布《教育规划纲要》，提出“基本普及学前教育”的战略任务。随后，国务院发布《关于当前发展学前教育的若干意见》，指出：“发展学前教育，必须坚持公益性和普惠性，努力构建覆盖城乡、布局合理的学前教育公共服务体系，保障适龄儿童接受基本的、有质量的学前教育。”

综上所述，经过纵横比较，可以发现学前教育发展的以下基本规律。

第一，学前教育发展受社会经济发展水平的制约。社会经济发展水平低，学前教育发展就缓慢，长期处于自然状态。随着资本主义大工业生产的兴起，逐渐产生建立专门社会化学前教育机构的需要，学前教育的社会地位不断提高，发展规模和速度也日新月异。

第二，不同国家学前教育发展的具体情况是由多种因素综合决定的，如社会制度、人口增长率、人均国民收入、文化传统、民族特点等。对于某些国家社会经济发展水平接近，但学前教育发展程度不同的情况，需要做具体分析。例如，一些发达国家之所以入园率不高，主要是因为有重视家庭学前教育的传统。

第三，学前教育机构的教育任务和内容是随着社会的发展不断变化的。学前教育机构从最初带有慈善的性质，只能担负照管儿童生活和安全的任务，发展到注重身体再转移到注重智力开发，最后走向关注儿童的全面发展。在这一过程中，儿童生理、心理、教育科学研究成果的出现起着重要的指导作用。

第四，学前教育是终身教育的起始阶段，肩负着“启蒙”和“奠基”等重要任务。当前世界各国的学前教育虽然取得了一定的发展，但与其他各级各类教育相比，仍然是较为薄弱的一环，与时代的要求不相适应，与人类自身的发展也不相符合，必须进一步重视和加强。

4.2　学前教育的基本经验

学前教育在开发人的潜能和提升国民素质方面具有重要的战略价值，基于人才竞争的需要，世界各国都对本国学前教育进行了不懈的改革，取得了诸多宝贵的经验。

4.2.1　法律法规是学前教育发展的政策保障

接受学前教育是每个公民的权利，也是基本人权。国家有责任保证每个儿童接受基本的学前教育。历史证明，许多国家学前教育发展的历程就是学前教育政策法规不断健全的过程。日趋完善的政策法规客观上保障了这些国家学前教育的健康发展。

法国的学前教育一直处于世界领先地位，这与法国拥有一套完善的学前教育政策法规密不可分。早在 1881 年，法国颁布的《费里法》中，就将学前教育机构定为初等公共教育机构，是世界上最早将学前教育纳入公共教育体系的国家，并明确规定法国实行免费学前教育。1921 年，法国颁布法令，将学前教育机构归人国民教育部的管理范畴。1976 年，法国又颁布法令，将学前教育的目标调整为教育、补偿、诊断治疗以及与小学衔接。1989 年，法国颁布《教育方向指导法》，提出把学前教育提前到 2 岁的目标，让社会经济地位等各方面处于劣势的 2 岁幼儿优先入学。2000 年，法国颁布的《教育法典》又重申学前教育是国家的公共事业，其组织与执行由国家予以保证。上述政策法规最终确立并不断强化了法国学前教育免费与公益的性质。

美国教育的发展向来都是以立法的形式推进，而且美国的教育法律通常都是“拨款法”。20 世纪 90 年代后，美国国会相继通过一系列与学前教育有关的法案，如《儿童早期教育法》《儿童保育与发展固定拨款法》《2000 年目标：美国教育法》《不让一个孩子掉队法》等，同时对实施效果良好的“开端计划”进行多次的修订和重新授权。通过这些法规政策的配套拨款，美国学前教育进入快速发展时期。

日本也是非常注重教育立法的国家。第二次世界大战以后，伴随《学校教育法》《幼儿园设置标准》《幼儿园教育大纲》《儿童福利法》《社会事业法》等几部重要法律的出台，日本学前教育的基础地位有了法律保障。日本还注重私立学前教育机构的发展，并以法律的形式对其进行推进。《私立学校法》《私立学校法实行令》《私立学校法施行规则》《学校法人法》等一系列法令，一方面使私立学前教育机构的发展有了法律保障，另一方面也有利于国家对私立学前教育机构进行管理、督导。

4.2.2　公共财政投入是学前教育发展的经济支撑

经济合作与发展组织的研究报告表明：虽然学前教育经费来源可以多元化，但是政府坚实而稳健的公共经费投入，是保证所有儿童受教育机会公平性和学前教育质量稳定性的有效保障。如果政府缺乏强有力的公共经费投入，就可能导致学前教育的混乱和低效①。以公共财政为支撑是国际学前教育发展的重要经验。

促进学前教育普及，提高学前教育质量，需要大量的公共财政予以支撑。许多关于学前教育成本一效益的研究表明，公共财政支持学前教育在各项投资中是最有益、投资回报率最高的财政性投资。因此，许多发达国家学前教育公共财政投入水平都较高，形成公共财政投入是主要支撑的经费格局。2008 年，经合组织成员国用于三岁以上儿童学前教育机构的支出占 GDP 比例最高达 0.9%，最低为 0.1%，平均为 0.4%，绝大部分成员国都达到甚至超过平均水平②。一些发展中国家的学前教育公共财政投入也居主导地位。以 9 个人口大国为例，部分国家公共资源在学前教育经费所占比例不仅不低于 OECD 国家，甚至还超过一些发达国家水平。例如：古巴早期儿童保育与教育计划的资金 73.8%来自于公共资源；印度学前教育支出中 95.3%来自于公共资源；巴西主张实行全民免费教育制度，学前教育经费基本由政府负担。同时，在以公共财政投入为主的学前教育经费格局下，许多国家都呈现出财政投入力度不断加大、投入水平逐步提高的总体态势。例如，英国《拨款法》中规定的 2007—2008 年度“确保开端”预算金额已达 17.6 亿英镑，是 2001 年的 9 倍之多。美国奥巴马总统入主白宫以后，立即公布“0—5 岁综合教育计划”，拟每年由联邦政府对幼儿及家长投资 100 亿美元，为儿童提供整合性的早期教育和保育服务。这是美国联邦政府对学前教育单笔投资额度最大的计划。同时，为了从根本上保障学前教育财政投入的稳定性与力度，奥巴马政府还坚持将学前教育经费单列。国家公共财政对学前教育的高额度拨款充分反映其对学前教育的高度重视，对提升学前教育的地位、推进学前教育的普及与发展具有极为重要的作用。

同时，世界许多国家的政府分担方式也呈多级化的趋势。以当前经合组织成员国的学前教育财政投入来考量，一般有三种渠道：一是中央政府的财政投入，二是省级政府的财政投入，三是县级政府的财政投入。但实际上，执行单级政府财政投入体制的国家为数不多，绝大多数国家执行的是两级和多级政府财政投入体制，各级政府共同承担学前教育的财政投入。在经合组织各成员国中，采用“以中央为主”的学前教育财政投入结构的有法国、新西兰等 8 个国家，采用“以省级为主”的财政投入方式的有奥地利、澳大利亚、日本等 8 个国家，采用“以县级为主”的财政投入结构的有美国、英国、韩国等 10 个国家。各成员国对于学前教育的公共财政投入方式也并非一成不变，往往会根据国家的经济发展对学前教育的财政投入机制做出调整。例如，奥

---

① 李召存、姜勇、史亚军：《国际学前教育公共经费投入方式的比较研究》，《全球教育展望》2009 年第 11 期。

② 庞丽娟、夏婧：《国际学前教育发展战略：普及、公平与高质量》，《教育学报》2013 年第 3 期。

地利在2003年之前是“以县级为主、省级为辅”的，从2003年开始转变为“以省级为主、县级为辅”的政府分担方式。各国经验表明，若要学前教育有充分的财政投入的支持，调动多方资源、多级政府分担往往效果更佳。

4.2.3　高素质的师资是学前教育发展的主力军

学前教育师资队伍的高素质决定着学前教育发展的质量，是儿童健康发展的重要保障。许多国家都努力提高学前教育师资的社会地位和待遇，严格教师持证上岗制度，并高度重视师资的培养，以此推进学前教育的顺利发展。

首先，提高学前教师的地位和待遇。许多国家已经意识到只有通过保障学前教师的基本权利，积极采取措施提升学前教师的地位、保障学前教师的待遇，才能吸引高素质的人才从事学前教育事业，进而保证学前教育的质量。因此，大多数国家都将学前教师和中小学教师置于同等地位，强调其专业地位。例如，日本、法国、古巴、美国、德国、巴西、印度等国均采取多种措施保障学前教师的福利、退休、保险等各项基本待遇，较好地维护了其合法权益。

其次，严格持证上岗的制度。从各国的准入制度来看，完善学前教师的资格证书制度以及专业发展路径，已经成为各国提升教师水平的共同选择和基本经验。法国、英国、日本、俄罗斯以及中国等诸多国家都明确规定学前教育师资要持有学前教师资格证，必须持证上岗，以保障师资水平的专业性。同时，各国学前教师资格制度也在动态发展。美国学前教师资格制度经历从重数量到重质量，从低标准、宽要求到高标准、严要求，从各州分散独立到全国逐步统一标准的完善过程。据统计，截至2010年，至少有32个州制定了学前教育从业人员的资格认证制度。同时，各州还根据职业角色的差异，对从事婴儿和学步儿、幼儿、家庭儿童保育、学龄儿童保育、管理者、培训者等工作的专业人员提出不同的认证要求。美国各州学前教育段教师所要求的资格证书不尽相同，但越来越多的州认可早期儿童教师证书。中国从1995年国务院颁布《教师资格条例》开始正式实施幼儿园教师资格证制度。2012年，教育部公布《幼儿园教师专业标准（试行）》，倡导“幼儿为本、师德为先、能力为重和终身学习”的教师发展理念，是引领幼儿园教师专业发展的基本准则，是幼儿园教师培养、准入、培训、考核等工作的重要依据。

再次，重视师资培养。多年来，许多国家不断提高学前教育师资学历的起点，也不断加大在职教师的培训力度。法国母育学校的教师起码需要经过四年的高等教育和职业培训，才有资格担任。2003年，美国要求所有任职于“开端计划”的教师均要有儿童早期教育的副学士、学士或更高学位，并且完成被认可的专业训练计划，获得“幼儿园教师证书”或“小学教师证书”。为提高幼儿教师的专业素养和学历水平，德国在不来梅大学等高等院校开设幼儿教师继续进修课程，为学前教师提供取得大学或硕士文凭的机会。

4.2.4 课程改革是学前教育质量提升的推动力

20世纪80年代以来，随着各国综合国力的竞争日趋激烈，高质量的学前教育成为各国学前教育发展追求的目标。例如，德国在2004年的《日托扩展法》、2005年的《儿童及青少年福利法》等法律中明确规定“保证并提高学前教育质量是学前教育机构的法定义务”。美国奥巴马政府也提出要为儿童提供所需的“高质量的早期教育经验”。可见国际社会对学前教育质量的高度重视与不懈追求。

许多国家依据教育学、心理学、生理学和保健学等方面取得的科研成果，尝试学前教育的教学革新，相继出台学前教育课程改革的指导性文件，提高学前教育机构的保教质量。美国幼儿教育协会在20世纪80年代末推出《0—8岁儿童发展适应性早期教育方案》。发展适应性教育理念强调创设适应幼儿发展的环境，根据幼儿身心发展的特点设计儿童教育方案，充分考虑幼儿的个别差异等先进理念，代表了美国学前教育的发展方向。日本学前教育课程改革着重于创设适合幼儿身心健康成长的环境，以培养幼儿的生存能力。日本文部科学省于2008年修订、2009年实施的《幼儿园教育要领》，开宗明义地指出“学前教育是为人格终身发展奠定基础的重要因素”，并丰富和完善了健康、人际关系、环境、语言、表现五大领域的课程目标和内容。2000年，英国政府颁布《基础阶段课程指南》，旨在解决各地区和各保教机构之间儿童早期教育的水平与质量差距过大的问题。该指南设置了学习的六个领域：①人格、社会性和情绪情感发展；②交流、语言和读写；③数学发展；④知识和对周围世界的理解；⑤身体发展；⑥创造性发展。2006年，俄罗斯批准出台新修订的《幼儿园教育与教学大纲》，主要目的是为学龄前儿童生存生活需要创造有利的条件，突出强调科学人道的儿童教育理念，并聚焦于儿童个性和能力的全面发展。为防止和克服学前教育“小学化”现象，中国教育部于2012年发布《3～6岁儿童学习与发展指南》，从健康、语言、社会、科学、艺术五个领域描述幼儿学习与发展的水平，为广大家长和幼儿园教师提供了具体、可操作的指导和建议。

虽然各国在经济状况、社会变化、文化传统和教育政策等因素的综合影响下，学前教育课程改革的指导文件存在一定的差异，但也仍然有一些共同的经验可以提炼。第一，培养目标方面，绝大多数国家都重视科学保教，促进学前儿童和谐而富有个性的发展。20世纪60年代，美、日、苏等国在冷战和“知识爆炸”等因素的压力下，学前教育课程曾出现“智育中心”的错误倾向。当前，各国都强调培养儿童终身学习和发展的品质以及情感、态度、能力、知识和技能等，为儿童的一生发展奠定基础。第二，学习方式上，大多数国家都主张创设适宜环境，鼓励儿童以探究自然、社会交往和自主游戏等方式自发地、自主地去学习。第三，环境创设方面，强调适宜与安全环境的重要性，要为儿童提供一种安全而令人愉快的教育环境。第四，教育内容方面，大多数国家学前教育内容都可分为“就学准备型”和“生活基础型”，但具体到每个国家都可以看到两者兼而有之，只是侧重点不同而已。

4.2.5　国际交流与合作是促进学前教育发展的助跑器

第二次世界大战结束以后，世界全球化和一体化的发展趋势日益显著，许多国家都很重视学前教育领域的国际交流与合作，各国关于学前教育的学术交流和相互考察也日益频繁，成为推动各国学前教育发展的重要经验。1981 年，联合国教科文组织在法国巴黎召开世界学前教育大会，要求每个国家为保证儿童接受合理的保育和教育献计献策。1985 年，在日本召开“日、美、欧幼儿教育、保育会议”，其中心内容是要从“智育中心”转向幼儿个性的全面发展。1990 年，在美国召开世界儿童问题首脑会议，反映国际社会对儿童问题的进一步重视。1996 年、1997 年还分别在泰国曼谷、北京召开亚太地区幼儿教育国际会议，研究儿童成长发展的特点和普遍规律。2007 年，联合国教科文组织召开第六次“全民教育高层小组会议”，达成了一些共识。例如：不断扩大接受早期教育儿童的人数，尤其是增加招收社会弱势群体的子女；制定明确的综合性国家早期保育和教育政策，将早期保育和教育政策作为整个国家教育发展计划的有机组成部分；加强各有关方面在儿童早期教育中的合作；等等。在 2010 年 9 月召开的主题为“构筑国家财富”的首届联合国教科文组织世界幼儿早期保育与教育大会上，重点关注了各国政府对早期教育和保育的保障并呼吁各国政府通过建立法律框架的途径，加强早期教育和保育体系的建设；保证幼儿的合法权利，特别是那些处境最不利、最脆弱的幼儿的权利；加大对儿童保育教育的财政支持；提升各利益相关者之间的合作；等等。

4.2.6　学前教育机构多样化是学前教育发展的必然

虽然各国学前教育事业在第二次世界大战后都有了长足的进步，但与民众日益增长的多元化和个性化的学前教育需求相比，仍然有一定的距离。正规的学前教育机构如幼儿园和保育学校等已经难以满足社会上的各种学前教育需求。因此，许多国家都采取相应的策略，积极创造条件，兴办各种各样的学前教育机构，办学形式也日益多样化和灵活化。以美国为例，为适应不同社会阶层的学前教育需求，除了普通的日托中心、保育学校和幼儿园等学前教育机构，还有名目繁多的其他学前教育机构，如蒙台梭利学校、智力缺陷儿童学校、幼儿艺术学校、幼儿音乐学校等。社会上还存在大量的临时性日托中心，这种中心一般设在商业中心地区、医院、教堂、军营的附近，专为临时入托，给父母提供方便。中心接待乳儿、婴儿、学前儿童、学龄儿童，按时间计费，可随送随接。在日本，除实行全日制和半日制保育以外，还着重发展临时保育事业，以方便家庭主妇临时外出，或为那些母亲突然生病以及有其他紧急情况的儿童提供服务，为未入园儿童及家长提供活动条件，为低龄学童提供放学后的托管服务，开展家长培训和利用假期为社区的各种活动提供服务，等等。

4.2.7 科学研究为学前教育的发展提供理论支撑

20世纪以来，学前儿童生理、心理和教育科学研究不断取得新的突破，为学前教育科学发展提供了强有力的理论支撑。学前期是儿童神经系统迅速发展的时期。脑科学研究表明：在学前期，儿童大脑迅速发展，以脑重而言，初生时为350—400克；6个月时重650克；1岁时重900克；2岁时重1 000克；6岁时重1 300克，为成人脑重量的十分之九。儿童大脑迅速发展，为学前儿童接受、处理、加工储存信息提供了条件，也揭示出学前儿童拥有巨大的学习潜能。而在过去，人们认为新生儿是无能的，不需要进行教育。20世纪末对新生儿的研究成为心理学上的重大进展。研究表明，胎儿有听觉、触觉和情感的反应，有记忆力，能储存信息。基于儿童蕴藏着巨大潜能的结论，国内外一些研究者对学前教育在儿童智力发展中的作用进行了多方面的研究。例如，美国著名心理学家布卢姆曾对近千名儿童从出生一直到成年进行了追踪研究，提出了早期经验与智力发展的科学假设：5岁前是智力发展最为迅速的时期，与17岁所达到普通智力水平相比，在4岁时就约有50%的智力，其余30%的智力是在4—8岁获得的，最后的20%是在8—17岁获得的。据此，他认为人的智力发展有最佳期。美国心理学家怀特博士也对儿童智力发展和变化的规律进行了17年的追踪研究，指出智力不是固定的，是可以训练和变化的。在人的智力发展过程中，最重要的时期是在出生后8—36个月。日本教育家井深大1970年发表《到了上幼儿园的年龄就太迟了》一书，强调早期教育可以大大地发挥儿童的潜在能力。虽然一些学者对上述观点有不同看法，但学前期是儿童智力发展重要时期已经成为共识。科学研究成果的不断涌现，激起各国对学前教育价值更高的心理期待，引发世界各国的学前教育热。例如，美国、日本、俄罗斯、法国、英国都强调早期经验对儿童发展及社会的重大作用，对学前教育从政策和经费投入方面都给予倾斜，也促进世界学前教育从深度到广度方面的迅速发展。

4.3 学前教育的发展趋势

经济合作与发展组织的教育政策分析显示，儿童早期教育与保育是“从投资中获益最多的教育阶段”；“是面向终身学习的第一笔投入，是为满足每个家庭更加广泛的经济及社会需要的一项意义远大的政策援助”①。基于此，各国都加大学前教育的发展

① 经济合作与发展组织著，刘丽玲、王薇译：《教育政策分析1999》，教育科学出版社2002年版，第25页。

力度，呈现出一些共同的发展趋势。

4.3.1　将学前教育纳入公共服务体系

学前教育所具有的国家发展战略价值和公益性本质，要求明确政府在发展学前教育中的主导地位和职责。将学前教育纳入本国公共服务体系，逐步实现免费和公益的学前教育，是世界学前教育发展的大势所趋。例如，法国规定“学前教育是国家公共事业，其组织和执行由国家予以保障”。英国明确规定政府“为所有幼儿提供良好的学前教育，以确保所有幼儿都有良好开端”。

公立学前教育机构是国家公共学前教育服务的主要承担者。当今世界，许多国家将公立学前教育机构纳入国家公共服务体系中，并不断扩充公立学前教育机构的规模和质量，从而实现学前教育的发展和普及，这已成为各国发展学前教育的共识和潮流。公立学前教育机构所占比例，直接体现着政府对学前教育的重视和扶持力度，也是学前教育普及的重要前提条件。法国公立机构数所占比例接近 100%。在北美、拉美和加勒比地区、欧洲 80%以上的国家中，其公立机构在园儿童比例超过 50%，甚至更高①。这表明国际社会主要是依托公立学前教育机构来推进学前教育普及。大力发展公共学前教育机构，提供充分的公共学前教育服务，是学前教育加快普及、公平均衡发展的政策前提。

同时，当代学前教育日益走向大众化和普及化，国际社会纷纷加大对学前教育的公共投入，扩展学前教育运作的公益性程度。许多国家都积极实行学前教育免费政策，公益和免费的学前教育范围不断拓宽。一些国家包括丹麦、芬兰、美国、爱尔兰、葡萄牙、新西兰、法国、匈牙利、意大利、英国、比利时、瑞典、澳大利亚等经济发达的国家，也包括巴西、墨西哥、古巴、蒙古等发展中国家，都对学前教育的免费原则和政府的主导职责等做出规定。这些国家还建立了相对完善的免费学前教育制度体系，对实施中政府职责、财政投入、实施阶段、重点人群及其资格、监督评价等均做出明确规定，分阶段和多形式地逐步推进免费学前教育，并取得积极和显著的成效，有力地保障了适龄儿童接受学前教育的权利，极大地促进了本国学前教育的普及和公平②。以经合组织国家为例，提供学前一年免费教育的国家有澳大利亚、奥地利、韩国、加拿大和美国；提供二年免费教育的国家是爱尔兰和荷兰；提供三年及以上免费学前教育的国家是比利时、法国、卢森堡、葡萄牙、墨西哥；瑞典对特殊家庭儿童，如双语

---

① 庞丽娟、夏婧：《国际学前教育发展战略：普及、公平与高质量》，《教育学报》2013 年第 3 期。

② 庞丽娟、夏婧、张霞：《世界主要国家和地区学前教育免费政策：特点及启示》，《比较教育研究》2010 年第 10 期。

家庭的儿童也可以从 3 岁起接受免费教育[①]。而且，越来越多国家的免费教育政策呈现低龄化和不断延长免费时间的趋势，让更多的儿童获得更多享受公共学前教育服务的机会。例如，近年来，美国提出州政府应加强对学前教育的投入，为希望接受学前教育的 3—4 岁儿童提供免费的、非强制的教育。2010 年，英国政府将 3—5 岁儿童每周可享受的免费教育时间延长至 20 小时，每学年延长至 38 周。2004 年，韩国颁布的《学前教育法》规定，从 2005 年开始，所有 5 岁儿童免费接受一年的学前教育，并为低收入家庭 3—4 岁的幼儿提供免费保育。当然，这些国家提供的免费教育并非强制的，遵循免费而自愿的原则。

4.3.2 将公平作为学前教育的重要价值追求

教育公平历来是教育改革与发展的重要议题，也是现在和未来学前教育发展重要的价值追求。教育公平问题以及弱势学前儿童的教育一直是困扰世界各国的一个突出问题。传统的欧美福利国家希望通过促进弱势群体的幼儿平等地接受学前教育而减少儿童贫困，打破代际循环，维护并促进社会的和谐与稳定。

美国将“保障每个美国儿童都能够获得学前教育”作为全美教育目标之首。法国明确规定“优先照顾那些处于不利文化、社会地位的儿童”。英国更是在其学前教育发展战略中提出要“帮助弱势群体家庭的 2 岁儿童接受每周 15 小时的免费学前教育”。一般而言，各国所指的“弱势学前儿童”主要包括两类。第一类是由于成长环境存在问题而造成的处境不利的儿童，如低收入家庭学前儿童、少数民族学前儿童、新移民家庭学前儿童、单亲家庭学前儿童、未婚母亲家庭学前儿童。另一类是指由于个体发展缺陷造成的有特殊需要的儿童，如身体残疾的学前儿童和心理发展出现问题的学前儿童。大量研究表明，由于早期经验和成长环境的限制，弱势学前儿童从生命历程的最初时期就陷入不利地位，在竞争中处于劣势，将来失败的风险也会更高。因此，各国都努力促进学前教育公平，提高弱势学前儿童的入园率。

美国特别注重用法律保障弱势学前儿童受教育的权利。美国学前教育政策从根本上说是一种“教育补偿”政策——补偿学前儿童欠缺的教育和保育。从 1990 年开始，美国陆续颁布《美国残疾人法》《残疾人教育法》《2000 年目标：美国教育法》，均强调残疾儿童应该像正常儿童一样接受平等的高质量的教育。1997 年，美国国会通过《残疾人教育法》修正案，将残疾儿童的学前教育延伸至从出生到 3 岁。奥巴马政府也提出要重视并优先保障弱势儿童的受教育权利与质量，持续加大对原有弱势儿童保育和教育项目的财政投入力度，扩大优质教育资源的受惠面。以开端计划为例，奥巴马政府在原有基础上增补 11 亿美元，欲将受益人数提高到原来的 4 倍，并提供 2.5 亿美元

① 韩清林：《“普及与公平”是中国学前教育发展战略和基本政策的必然选择》，《当代教育科学》2011 年第 3 期。

的专款帮助开端计划中心推广成功的模式。此外，奥巴马政府还加大对特殊儿童的专项拨款，以保证其接受高质量的学前教育的权利与机会。美国专门出台并完善专门针对处境不利儿童及家庭的扶助政策，包括实施“强化计划”，启动为幼儿家长提供支持的计划，每年帮助大约 57 万名新妈妈，以使处境不利幼儿一出生就能在一个相对较好的心理和教育环境中成长。英国近年来也很重视弱势学前儿童教育。从 2000 年开始，英国政府实施“确保开端”计划。这项政策旨在为生活在最贫困地区的 4 岁以下的弱势儿童群体及其家庭提供帮助。2003 年，布莱尔政府颁布《每个儿童都重要：为了孩子的变化》绿皮书，提出从家庭背景、行为、特殊需要、身体和智力状况等因素来认定弱势和处境不利儿童，建立儿童数据库，并针对处境不利儿童问题的健康问题以及各种不良行为问题采取相应的措施。

4.3.3　加强学前教育管理和统筹的力度

为更好地推进学前教育改革，许多国家在目前以及未来一段时间内将不断完善和创新学前教育管理体制，努力加强学前教育管理和统筹的力度，增强各相关职能部门的有效协作，提高管理效率，保障学前教育健康有序地发展。

一方面，一些国家的高层领导人高度重视学前教育的发展，充分发挥其在学前教育发展中的主导责任。例如，美国于 2000 年设立专门的学前教育发展全国领导小组，对全美学前教育的改革与发展进行总体领导和全程监督，同时还成立由奥巴马总统本人直接领导的“总统早期教育委员会”。韩国和埃及等国也同样成立由国家领导人直接领导的学前教育最高领导机构。

另一方面，调整和整合相关职能部门，实现保教一体化的管理体制。长期以来，由于学前教育机构发展源流的多样性和国家行政管理体制的原因，很多国家的学前教育机构分为保育和教育两个体系。保育和教育在体制上的分裂，造成学前教育管理不顺畅，质量难以提升。当前，大多数国家逐渐将教育部作为学前教育管理的核心管理机构，一些国家甚至将从出生至入小学前儿童的教育和保育皆纳入教育部主管，如瑞典。针对保育和教育管理分离的消极影响，很多国家开始积极整合两者的关系。美国颁布的《良好开端、聪明成长》改革动议，将促进教育和保育的整合作为重点发展的四大领域之一。2005 年，韩国成立“韩国儿童保育和教育协会”，将以前分管保育和教育研究的韩国教育发展协会和韩国妇女发展协会合并。2007 年，英国首相布朗将教育与技能部重组并拆分成为儿童、学校与家庭部和创新、大学与技能部。由儿童、学校与家庭部来负责幼儿的教育与保育，将教育、保育、社会福利、卫生保健等服务综合起来以支持幼儿和家庭。总之，理顺保育和教育的管理体制，实现保教一体化的管理，凸显教育部门的专业地位，是世界各国学前教育管理发展的重要趋势。

4.3.4 建立健全学前教育质量评价体系

进入21世纪以后，很多国家都在反思本国学前教育的质量，美国、英国、新西兰、挪威、瑞典等国纷纷提出“提高学前教育质量”的口号。许多发达国家的学前教育已经从追求学前教育普及程度过渡到普及与提升品质并重的阶段。为此，许多国家陆续出台相关教育质量的指导和规范文件，探索建立健全教育质量评价体系。

迄今为止，世界各国尚未形成统一的学前教育质量的概念。美国专家米勒(Millar)认为，早期教育机构质量评价的目的在于辨别早期教育机构的质量特征，了解教育的独特性并维持和继续提升教育质量；通过讨论质量的表现指标来收集信息，认可每个人（包括教师和家长）为教育做出的贡献；增进沟通，促进参与；质量评价提供一种机制，使学前学校既看到自己的长处，甄别出教育中需改进的方面，同时挑战自己的想法，例如，根据新家庭或新教师的价值和想法不断更新自己的教育理念和总体教育目标，从而更有利于全面提高教育质量①。一些欧洲国家已经建立或正在建立学前教育质量评价体系，一般包括内部评价和外部评价。外部评价强调的是对学前教育机构的控制行为，内部评价的重要性认识正日益受到重视。许多研究表明，评价学前教育质量还可以从“结构”和“过程”两个方面来实施。结构性质量指标主要包括课堂材料、课程、教师教育程度和师生比例等，这些指标往往属于教师和程序监管方面的特征。而过程性质量指标则更多关注的是学前教育活动的动态特征，包括发生在课堂中人与人之间的互动，如师幼互动和同伴互动。

当前，许多国家正尝试建立具有本土特色的学前教育质量评价标准和体系。美国的国家学前教育协会、国家学前教育鉴定机构和国家家庭保育协会共同开发了国家级水平的标准，各州可自愿采用。2002年，美国学前教育协会与教育部联合发出一项重要声明：《早期学习标准：为未来成功创造条件》，对学前儿童的学习经验、过程及结果提出统一标准。联邦政府还鼓励各州在早期阅读和早期数学技能方面建立标准。美国政府保证学前教育机构的教育质量一般包括以下手段：第一，用固定的评价制度对各种接受联邦政府资助的学前教育机构进行审查；第二，建立完善的问责体系；第三，增加对学前教育机构的技术援助投入；第四，规范教师的执教资质，提高教师学历和水平。澳大利亚的教育质量评估体系也较有特色。1993年，澳大利亚成立国家学前教育认证委员会。2001年和2003年，澳大利亚又分别建立家庭入托教育机构的质量保障系统和校外钟点时间学前教育质量保障体系。由此，国家学前教育认证委员会开始负责质量保障的认证、咨询、政策制定等服务工作。每个系统都是单独和专门设计。2012年，澳大利亚发布《学前教育及儿童保育国家质量框架》，该框架规定全国统一的学前教育及儿童保育部门师生比以及全国统一的对该行业从业者的资格要求内容，适

① 高敬：《国外早期教育机构质量评价研究述评及启示》，《外国中小学教育》2011年第8期。

用于全澳大多数日托中心、家庭日托、幼儿园（或学前班）以及学龄儿童课后托育机构。该框架的颁布和实施标志着澳大利亚学前教育及儿童保育部门拥有了首个国家质量监管体系。

4.3.5　日益重视家长和社区的参与

学前儿童的发展是儿童与教育机构、家庭、社会等各种因素相互作用的结果。重视家长和社区的参与也成为世界各国学前教育发展的重要方向。

一是重视家长的参与，为家长提供学前教育指导。美国政府推行的“开端计划”把家长参与和家长教育作为重要的内容和成功的保证。在美国，家长有参与学前教育机构决策和管理的权利，同时，家长也积极地参与和支持学前教育机构的工作。学前教育机构有帮助家长了解育儿知识、进行具体指导、承担为家长提供学前教育指导的任务。此外，美国社会有家庭养育学前儿童的传统，绝大多数学前儿童的教育者是他们的家长。因此，要保证所有美国学前儿童为入学做好准备，对家长提供学前教育指导就显得十分重要。《2000 年目标：美国教育法》就明确指出：每个家长都应成为儿童的第一任教师，家长每天要抽出一定的时间帮助学前儿童学习；要使家长都能接受这方面的培训，并得到必要的支持。同时，“家庭援助”部分专门就联邦和地方政府如何帮助家长获得信息和学习儿童保教知识以及得到社区援助进行了法律规定。联邦政府还通过编印书籍指导家长广泛参与同教育机构的合作并改善家庭教育。各国经验证明，家长育儿经验的增长以及与学前教育机构的合作，能有效地提高家庭教育的质量，减轻教育机构和社会的压力。

二是依托社区资源，发展社区学前教育机构。2002 年，美国发布《良好开端，聪明成长》的改革动议，督促各州、各地方社区加强学前教育项目的建设，确保学前儿童接受高质量的教育和保育。一方面，学前教育机构与社区的沟通和合作越来越密切。许多国家不仅以社区为基础开发学前教育课程方案，而且要求教师在教育过程中要充分利用社区资源，如带领学前儿童到博物馆、图书馆、美术馆、展览馆、科学馆，甚至工地和农村去参观和学习。另一方面，积极拓展社区学前教育设施和机构。美国、日本、英国和澳大利亚等国的社区学前教育都较为发达。社区学前教育具有非正规性、开放性、综合性和地域性等特点，大致有三类：有专为儿童设立的，如儿童馆、儿童咨询所、儿童公园等；有为儿童与家长共同参与服务的，如图书馆、博物馆、儿童文化中心和各种终生教育中心等；还有所谓“父母教育”，如母亲班、双亲班和家长小组会议等。英国的“社区玩具图书馆”颇有特色，它集社区中心、收藏馆和学前教育机构为一体。玩具馆酷似图书馆，所不同的是书架上陈列的是玩具而非书籍。其主要任务是提供足够数量的玩具、图书供社区的家长和孩子们借用，组织指导家长、幼儿随时到馆参加各种活动，负责培训家长。

第 5 章　基础教育研究

基础教育是对公民实施的基本的普通文化知识教育，是培养公民基本素质的教育，也是为继续升学或就业培训打好基础的教育。在科学技术、知识经济和信息化日趋发展的 21 世纪，世界各国纷纷进行教育改革，掀起新一轮的教育改革浪潮，基础教育成为各国教育改革的重要方面。

5.1　基础教育的历史发展

在古代学校教育中，不管在西方还是在东方，都没有严格的高等教育、中等教育和初等教育的区分。后来，随着生产力的不断提高和教育的不断普及，才逐渐形成高等教育、中等教育和初等教育的现代教育体系。欧洲近代初等教育始于 15 世纪，但直到 19 世纪后半叶，以全民为对象、建立在法律基础上的现代初等教育制度才逐渐建立起来。而现代中等教育则是在人类进入现代社会以后才产生和形成的。20 世纪初，发达国家完成初等教育的普及。第二次世界大战以后，初等教育和中等教育的制度、结构、课程和教学方法都有很大的发展和变化。

5.1.1　现代初等教育制度建立的阶段

古代教育向现代教育转变的最根本特征是教育的正规化。文艺复兴运动之前，世界基础教育处于零散放任状态。到了 15 世纪，虽已出现各种类型的基础学校，但都各行其道，没有中小学之分，也没有中学与大学的必然联系。简单来说，这一时期教育主要有以下三大特点。一是宗教性。教会是学校的主要兴办者，在教育目的、教学方法和教学内容上都有强烈的宗教色彩。二是等级性。不同等级出身的儿童就读不同的学校，贵族子女与贫民子弟所上的学校和所学习的内容截然不同。三是非正规性。在学校的组织和教学等方面均未建立起正规的制度。

随着城市的发展、民族国家的兴起以及 16 世纪兴起的新教改革运动，基础教育得到迅速发展。在 16 世纪文艺复兴后期，德国的宗教改革领袖马丁·路德（Martin Luther）从宗教改革的立场出发，提出普及义务教育的主张，其信徒建立起包括男女学生在内的本国语小学，对民众实施读、写、算和宗教教育。受此影响，德意志各邦先后颁布有关国家办学和普及义务教育的法令。1619年，普鲁士魏玛地区颁布世界上最早的义务教育法，该法以国家权力强制全体适龄儿童接受初步的国民教育，这标志着真正的义务教育的发端。

随着基础教育规模的迅速扩大，对教育正规化提出了要求，学校的正规化运动开始大踏步地前进。正规化办学使世界基础教育发生了以下重大转变：一是建立正式的办学机构，二是编制正式的教材和学习内容，三是开始按学生的不同年龄和学习水平进行教学，四是讲授实用性知识。可以说，正规化运动是促使班级授课制产生的基础，是建立系统国民教育制度的先决条件①。到了19世纪后半叶，各国政府纷纷兴办公立初等学校，公共初等教育制度先后在世界范围内建立起来。

5.1.2 义务教育初步普及的阶段

在基础教育的发展历程中，建立世俗、免费的普及义务教育体系是实现基础教育持续发展的根本要素。而各国之所以建立免费的普及义务教育体系，是因为这不仅符合基础教育发展的内在要求，而且也体现了社会发展对基础教育的要求。欧美发达国家先后于19世纪末陆续实现普及义务教育，亚、非、拉发展中国家由于经济条件有限，大多数是在19世纪后半期才开始着手普及义务教育。19世纪后半叶至第二次世界大战前，各国在普及义务教育过程中主要有以下特点。

（一）以立法的形式推动义务教育普及

在法国，1833年颁布了《基佐教育法》，确立小学教育分为初级和高级两级。1881年和1882年，法国政治家、时任教育部长费里提出两项教育法案。第一项法案于1881年6月通过，其要旨是宣布实施普及、义务、免费和世俗的初等教育，规定母育学校（幼儿园）和公立小学一律免收学费；公立学校不允许装饰宗教标志，不开设宗教课程。第二项法案于1882年3月通过，其要旨是将初等教育的义务性和世俗性具体化，规定对6—13岁的所有儿童实施强迫的、义务的初等教育，儿童可进入公立或私立小学，或在家庭私塾接受教育。《费里法》为法国国民教育的发展打下了基础。

在德国，1872年颁布了《普通教育法》，规定6—14岁的八年初等教育为义务教育。之后，德国一些公国进一步颁布《初等义务教育法》，为初等教育的发展提供相应的法律保障，加快了德国初等教育的发展速度。

在英国，1870年通过了《初等教育法》。该法的主要内容如下。①国家继续拨款补助教育，并在缺少学校的地区设初等学校。②全国划分学区，由选举产生的学务委员会监督本区的教育。学务委员会有权征收地方教育税。③各学区有权实施5—12岁儿童的强迫义务教育。④各派教会兴办或管理的学校可作为国家教育的组成部分，但不能从地方财政中得到补助。⑤学校的普通教育与宗教分离。《初等教育法》促使英国初

---

① 冯增俊：《国际基础教育发展基本经验探讨》，《教育科学研究》2006年第12期。

等教育得到较快的发展。1918 年，英国又颁布了《费舍法》。该法的主要内容如下。①废除初等学校的学费制，把义务教育的年限提高到 14 岁。②禁止工厂和工场使用 12 岁以下的儿童，为 2—5 岁的儿童开办“幼儿学校”。③初等学校分为 5—7 岁和 7—11 岁的两个阶段，并设立业余补习学校，使业余教育的年龄达到 18 岁。该法对现代英国初等教育有一定的影响。

在美国，1852 年，马萨诸塞州第一个颁布强迫义务教育法，规定 8—12 岁适龄儿童每年必须入学学习 12 周。此后，纽约等州纷纷效仿。到 19 世纪末，美国已有三分之二的州颁布义务教育法。20 世纪初，美国各州均通过义务教育法，将结业年龄延长至 16 岁，且须全年入学学习①。

（二）完成学校教育制度由双轨制向单轨制的转变

早期的中等教育机构产生于欧洲文艺复兴时期，是伴随城市的发展和工商业的繁荣而出现的。比如，德国的“拉丁学校”和“文法学校”，英国的“公学”和“文法学校”，法国的“国立中学”和“市立中学”。这类学校的一端并不与小学相衔接，而是和预备学校或预备班相衔接，另一端则和大学相衔接。这是一种为大学培养预备生和为教会、国家培养僧侣和官吏的学校。可以说，这是欧洲大陆国家学校双轨制的开端。直到第一次世界大战以前，西欧国家，如英法德三国的学校教育制度仍旧存在着明显的双轨性：一轨是为劳动人民子女开办的初等学校；另一轨是为资产阶级子女开办的中学预备学校，毕业后升中学、大学深造。

第一次世界大战以后，各国劳动人民和民主人士开展教育民主化的斗争。他们反对双轨学制，提出废除等级性的教育制度。在法国，开展了单一学校运动，全国设立招收各阶级子女的小学。德国也在小学阶段设立统一学校，称为基础学校。英国于 1944 年颁布《教育法》后，在公立学校系统内建立了单一的学校制度。

南北战争以前，美国的教育制度虽然基本上是英国教育制度的移植，但并不是欧洲典型的双轨制度，相反却形成以马萨诸塞州为代表的为全体儿童（青年）设立的初等学校、中等学校和高等学校的统一的单轨学校制度。美国学制之所以没有形成双轨制，主要是因为美国的教育发展较晚，等到它发展中等教育的时候已经到了科技高度发展，需要普及教育的时代了，再加上美国没有经历过封建贵族统治的历史时期，这就使得美国的教育成为单轨制，而且对以后世界中等教育的发展产生了重要的影响。

5.1.3 基础教育全方位改革的阶段

第二次世界大战结束之后，发达国家的义务教育年限都达到九年以上，因此，学生在初中毕业后面临就业或继续升学的选择。所以，中等教育特别是在高中阶段对学

① 吴式颖、李明德主编：《外国教育史教程》（第三版），人民教育出版社 2015 年版，第 259 页。

生的分流，成为各国普遍关注的问题。由于教育民主化的思潮，中等教育出现了综合化。同时，随着经济发展和产业结构的变化，对教育的需求产生了变化，世界各国都进行大规模教育改革，其中提高教育质量和继续普及义务教育是该阶段教育改革的核心。

（一）继续普及义务教育

第二次世界大战后，随着全球性普及义务教育运动高潮的掀起，世界各国纷纷推行普及义务教育的战略性行动。第二次世界大战前，普及义务教育的国家不到40个，到20世纪80年代，全世界200个国家中只有28个国家没有颁布普及义务教育法规。在172个国家中，施行5年普及义务教育的国家有5个，6年的有35个，8年的有31个，9年和10年的各有35个，11—12年的有14个[①]。

目前，各国义务教育年限存在较大差异，大约从4年到12年不等，但多数国家将义务教育年限规定在6年到10年。据联合国教科文组织2000年《世界教育报告》统计，发达国家义务教育年限较长，如德国为12年，英国为11年，美国、加拿大、法国为1O年，日本、韩国为9年；而发展中国家，如中国、南非为9年，巴西、埃及为8年，泰国、墨西哥为6年。而一些落后国家的义务教育年限则比较短，尼日利亚为6年，孟加拉国仅为5年[②]。

此外，20世纪80年代，主要发达国家基本普及高中阶段的义务教育，美、日等发达国家的高中人学率达90%以上。发达国家的基础教育不仅改变了以往单一以等级或分数为标准的分流方式，而且提高分流年限，也较好地适应了社会发展对人的发展的要求，使各国普及义务教育走向新的发展阶段[③]。

（二）进行中等教育综合化改革

针对多轨制中等教育机构所带来的弊端，西欧各国纷纷进行中等教育综合化的改革，主要措施是取消或合并原有培养目标各异的中等教育机构，以单一的、综合的教育机构来代替。

自20世纪50年代末期起，综合化的运动首先在法国兴起。经过十几年的逐步改革，到20世纪70年代中期建立起完全统一的、面向所有适龄学生开放的四年制初中，学生的分流推迟到高中阶段。在英国，中等教育综合化运动始于20世纪60年代中期。1967年，政府发表《普洛登报告》，宣布取消作为对小学毕业生进行分流依据的11岁考试。到1980年，综合中学的学生数已占全部公立中学学生数的88%[④]。到20世纪

① 冯增俊：《国际基础教育发展战略探析》，《教育发展研究》2004，年第12期。

② 马健生主编：《比较基础教育》，江苏教育出版社2008年版，第398页。

③ 冯增俊：《国际基础教育发展战略探析》，《教育发展研究》2004年第12期。

④ Alen Weeks. *Comprehensive Schools: Past, Present and Future*. London: Methuen and Co. Ltd, 1986, pp. 48—49.

80 年代末，英国已经很难找到现代中学或技术中学了。德国的中等教育综合化开始得较晚，步子也较小。由于受党派政治斗争等因素的影响，综合中学一直未能发展起来，至今在各种类型的中学中仍是数量最少的。

中等教育综合化的直接结果是教育的分流向后延迟到高中或高中后阶段进行，小学和初中阶段的教育实现完全的衔接，而不需要进行任何形式的选拔。但是，在发展中国家，由于义务教育年限较短，学生的分流多在小学毕业后进行，中等教育结构调整的重点仍放在初中阶段。

（三）提高教育质量

除了中等教育综合化，根据新时代对人才培养的要求，各国在提高教育质量方面也做了一些尝试，调整了科目设置，改革了教学方法。在科目设置上，主要有以下三个方面。第一，加强思想政治、公民意识、法制或道德方面的教育。这主要通过政治课、公民课和宗教课程或活动来实现。第二，设置职业训练科目。为了使普通学校学生毕业后既具有升学所必备的基础知识，又具有就业所必需的劳动技能，普通学校除传统的学术性科目之外，一般都增设一些职业训练科目，作为必修课或选修课进入课程计划之中。第三，开设计算机课程。伴随着现代信息技术的发展，20 世纪 70 年代以来，各国纷纷开设计算机课程。

在教学方法方面，各国也进行改革的尝试，涌现出许多新的教学方法，其中较为流行的有：美国斯金纳的程序教学法、布鲁纳的发现法、布卢姆的掌握学习法，德国瓦根舍因等人的范例教学法，保加利亚洛扎诺夫的暗示教学法，日本的铃木教学法等。这些新的教学方法推进了教学改革，提高了教学质量。

20 世纪 80 年代中期以来，世界各国基础教育的发展进入一个新阶段，各国纷纷掀起新一轮的大规模教育改革浪潮。在这个时期，教育的量得到较好解决，美、日等发达国家的高中就学率已达到 90%以上。但是，西方国家的基础教育也暴露出一系列问题，主要表现在三个方面。首先，教育质量有待进一步提升。其次，公立学校逐渐失去办学活力，办学效率低下。再次，学校道德教育出现危机，学校中的吸毒、暴力等问题 El 趋严重。因此，20 世纪 80 年代以来教育改革的出发点就是提高基础教育的教育质量和办学效率。

围绕提高教育质量这一出发点，各国在基础教育改革中采取了以下几种共同的措施。

1. 完善课程体系，加强科学文化基础知识

1983 年 4 月，美国发表《国家处在危险之中：教育改革势在必行》的报告，明确提出加强中学五门“新基础课”的教学。1991 年，美国发表《美国 2000 年教育战略》，确认英语、数学、科学、地理、历史为五门核心课程。1994 年，美国又出台《2000 年目标：美国教育法》，将核心课程进一步扩展为英语、数学、科学、历史、地理、外语和艺术七门课程。法国也对中小学的课程进行较大的改革。1985 年，法国废止 1969 年

开始实行的三分制教学，在小学恢复传统的分科教学。在中等教育方面，法国1986年开始在初中阶段逐步实施新的教学大纲，加强法语、数学、现代外语等课程，开设公民教育和综合技术课。在英国，从1989年开始分阶段实施全国统一课程。新的课程体系由英语、数学和科学三门核心课程和历史、地理、技术、音乐、美术、体育和现代外语七门基础课程组成。日本1989年文部省颁布新教学大纲，对中小学课程进行调整，重点也在于强调培养学生的基础知识和基本技能。

2. 改进评估和考核办法

许多国家相继实施统一和严格的评价和考核措施。英国在实施全国统一课程的同时，开始为义务教育制定严格的评价体系，对7岁、11岁、14岁和16岁四个年龄段的学生进行统一的考核评估。历来强调教育地方分权以及学校和教师独立性的美国也在探索建立全国或州一级统一的对中小学生的评价方法和体系。《美国2000年教育战略》提出要制订国家教育标准，建立统考制度。各州也纷纷采取各种办法来完善对学生的评价。2002年，小布什总统签署《不让一个孩子掉队法》。该法案的核心内容主要体现在“州政府负起更强的绩效责任，给家长和学生以更多的选择，州、学区和学校拥有更多的灵活性”三个方面。

3. 鼓励私立学校和公立学校私有化的发展

由于公立学校存在教育质量低下、吸毒和暴力等问题，同时也为了促进教育公平，一些国家开始对私立学校采取鼓励或支持的政策。英国、美国、加拿大等国家私立中小学的比例有所增加。私立中小学的成绩一般都好于公立学校，在竞争生源时经常处于有利的地位。

为了保障家长与学生的教育选择权，丰富教育服务的供给类型和差异，激发学校之间的竞争，保障充分的教育服务供给，各国采取了一些私有化的改革措施，出现一些新类型的学校，例如，美国的特许学校（charter school）、磁石学校（magnetic school）、家庭学校（home school）等[①]。

5.2 基础教育的基本经验

世界各国在基础教育改革和发展的过程中，积累了一些基本的经验。概括起来，各国基础教育发展的基本经验主要有以下几点。

5.2.1 重视教育立法

各国基础教育的迅速发展得益于倡导教育立法，教育立法成为确保基础教育发展

① 马健生主编：《比较教育》，高等教育出版社2010年版，第160页。

的必要前提并发挥强大的推动作用。1，763 年，德国普鲁士公国颁布《乡村学校规程》，开始普及基础教育立法的进程。1852 年，马萨诸塞州的立法成为美国以立法推进基础教育发展的先导。1870 年，英国颁布《初等教育法》，实施 5—12 岁的七年初等义务教育。1872 年，德国颁布《普通学校法》，规定 6—14 岁的八年初等教育为义务教育。1881 年，法国颁布《费里法》，规定了国民教育的义务、免费和世俗化原则。1872 年日本颁布《学制令》，提出普及教育的要求，1886 年又颁布《小学校令》，规定四年制小学为义务教育。

第二次世界大战以后，各国更加重视教育立法的作用。例如，美国 1958 年颁布《国防教育法》，对美国基础教育的发展起了重大促进作用。自 20 世纪 80 年代以来，尤其自 1990 年美国教育首脑会议的召开以及作为美国教育改革战略的六项全国教育目标宣布以来，联邦政府在全国教育事务的作用日渐显现。例如，作为教育首脑会议的后续活动，时任美国总统布什提出《美国 2000 年教育战略》的立法提案。但甚为遗憾的是，被誉为“教育总统”的布什未能使美国国会批准这一立法提案。布什的这一未竟努力却由克林顿实现了。1994 年，美国国会通过克林顿提出的《2000 年目标：美国教育法》。该法首先明确规定了八项全国教育目标，即在原先布什提出的六项全国目标的基础上再增加两项目标。2002 年，《不让一个孩子掉队法》的通过，使得联邦政府可以用于中小学教育的经费预算大大增加。

英国的情况类似。1980 年和 1981 年，英国相继发布《学校课程的框架》和《学校课程》两份重要文件，对教育目标进行了一些修改和简化。1988 年的《教育改革法》提出“改革基础教育的管理体制、设立国家统一课程、推行全国考试、改革督导制度”等内容。同时，该法对义务教育阶段全国统一课程提出了明确而具体的决定。可以清楚地看到英国教育的目标围绕着以下三个方面展开。第一，促使义务教育阶段的儿童在校期间获得全面均衡的发展。第二，既强调学生掌握必备的基本知识和基本技能，又重视发展学生的智力和能力。第三，既强调适应学生的个性发展需要，满足他们的兴趣和爱好，同时也十分重视国家和社会的整体需要，力图将二者融入教育目标之中。

5.2.2 关注教育公平

目前，世界各国普遍对实现教育均衡的重要性都有深刻认识，也都采取各种措施来促进教育公平。综观各国在保障教育公平、实现教育均衡发展的各种措施，有一些共同之处。第一，主要以立法的形式明确规定公民享有平等的受教育权利和机会，促进机会公平。第二，以政府财政力量、私人资金及一系列的政策措施保障各学校向学生提供基本相同的教育资源，确保教育资源的可获得性和均衡配置，促进过程平等。第三，以出台专门扶持计划等形式，对学生进行引导和干预，促进学生得到相应的发展，实现结果公平。

（一）促进机会公平

各国以法律的形式明确每个公民享有平等的受教育权利和机会，同时还注重对弱势群体的教育帮助，以确保他们享有同等的受教育权利。教育公平与历史、种族、种姓、性别等因素复杂地纠结在一起。美国在《2000 年目标：美国教育法》《不让一个孩子掉队法》等法律中都明确规定实现义务教育均衡发展的措施，在实施义务教育均衡发展的每一个政策、报告和法令中都渗透义务教育均衡发展的思想。澳大利亚于 2000 年出台《土著民族教育（目标援助）法》，以法律的形式明确向土著民族提供公平合适的教育。

（二）促进过程平等

新加坡 1998 年颁布的《理想的教育成果》对新加坡各学段应达到的标准做出明确的规定，并建立国家教育质量政策标准，对教育的质量进行检测和评估。法国一方面实现义务教育的单轨制，确保教育的公平合理；另一方面对学校的布局、数量、位置、规模、服务半径进行科学的规划安排，有效地规范学校的办学，推动校际均衡发展。为了更好地缩小校际差异，法国启动“优先教育区”计划，重点对薄弱小学和薄弱初中进行扶助。日本在新修订的《学校教育法》中也附带一项决议条款：凡设置公立初高中一贯制的中等学校，一律不得变相成为“考试精英学校”，并对中等教育的组织结构、成员结构、教职员工的职务、资格、任免及班级编制、教职员工的定员均做出明确的法律规定。这些措施缩小了地区差异，使全国各地都能维持一定的教育财政水平，全国各中小学都具备统一规格的教学条件。印度也从 1987 年起实施旨在改善办学条件的“黑板操作计划”，使得所有学校都具备最低限度的办学标准。

（三）促进结果公平

在英国，为了解决城市中心贫民区的教育问题，政府制订了“城市教育优异计划”，主要围绕提高对每个学生的期望值、提供多样化教育、建构学校网络系统和扩展每个学校的成功机会四个核心开展，并通过实施“学习辅导员计划”“支持学习支持单元计划”“城市学习中心计划”“天才计划”“城市优异行动计划”等一系列措施，‘提高了学生的考试成绩，降低了学生的厌学情绪，改善了教学效果。日本实施“山村留学制度”等措施，培养学生的吃苦耐劳和团队合作意识，并淡化贫富差距，全力从精神层面上消除学生之间的不平等现象。在新加坡，学校有专门的“辅差老师”，专门给“学困生”吃小灶。此外，新加坡的学校还开辟“家长服务区”，每天安排家长轮岗值班，让家长利用自身学识优势，对“学困生”或某方面有兴趣的学生提供必要的现场服务。

5.2.3　改革学校教育体制

改革学校教育体制是各国基础教育增强活力、提高办学效率的重要法宝。而如何办学、办哪种学校或如何建构学校的基本模式，是特定时代对学校提出的特殊要求。国际经验证明，适应时代发展，积极改革学校教育体制，推进教育民主化，是使基础教育保持健康发展的基础。

早期的中等教育机构产生于欧洲文艺复兴时期，如英国的“公学”和“文法学校”，德国的“拉丁学校”和“文法学校”，法国的“国立中学”和“市立中学”等。这些学校排斥民众学校，下端与贵族式的预备学校衔接，上端与大学衔接，实施三大培养目标：为大学输送新生，为教会培养僧侣，为国家培养官吏。应该说，这就是欧洲大陆国家学校双轨制的开端。

18世纪中叶，美国费城建立世界上第一所文实中学，标志着美国确立中等教育的单轨制。19世纪美国掀起公立学校（common school）运动后，世界形成四大中学体制，引发了一个多世纪以来关于中学的发展探索和改革论争[①]。这四大中学体制包括：一是专门以升学为目的的中学体制，如法国 培养少数尖子的精英型国立中学；二是美国及瑞典20世纪初发展起来的综合化单一中等教育结构；三是德国为不同类型学生分别设立的文科中学、实科中学和普通中学；四是英国的文法中学、现代中学和技术中学。

第二次世界大战以后，在教育民主化浪潮高涨的冲击下，各国纷纷取消精英型（e-litist,）和选择型（selective）的教育体制，代之以平等的单一综合型教育结构，并积极倡导发展均衡化的基础教育。英国《1944年教育法》确立英国的公共教育体系包括初等教育、中等教育和继续教育三个部分。该法强调初等教育的单轨制度化，扩大劳动人民接受教育的机会。1959年，法国进行义务教育改革，将义务教育年限延长至10年。1963年，法国规定设立一种新型的初中，容纳长期、短期教育各个系列，使学生在一所学校里就能根据学习需要改变学习序列[②]。瑞典著名教育家胡森对此评论说：“1960年后，欧洲对综合的学校教育的认识有了巨大变化。”[③]。到20世纪80年代，法国基础教育的分流年限已提高到高中阶段，英国综合中学的学生数在1980年已占全部公立中学学生数的88%。

教育体制改革推进了教育民主化和普及化进程，提升了基础教育的质量，使多数国家大力实行延迟分流，使分流由原来的10岁或11岁延迟到14岁或16岁进行。教育体制改革也实现小学和初中阶段教育的完全衔接，减少单一的选拔对青少年发展的片面影响。同时，教育体制改革促进学制发展，使基础教育更加适应当代经济发展对高素质人才的要求。

---

① 冯增俊主编：《当代国际教育发展》，华东师范大学出版社2000年版，第187页。

② 马健生主编：《比较基础教育》，江苏教育出版社2008年版，第472页。

③ Torsten Husen. *Education and the Global Concer*. Oxford：Pergamon Press，1990，p. 5.

5.2.4　加快课程与教学改革

课程与教学是基础教育改革中不可忽略的重要环节，世界各国在课程与教学方面都进行了较大的改革，形成了一些经验。

（一）课程改革

近两百年来，课程改革一直是各国基础教育改革中的核心部分。特别是第二次世界大战以后，由于经济迅速发展，许多国家对课程进行了频繁的改革。这些改革在强调依据科技发展要求不断调整课程设置的同时，加强政治课、公民课和宗教课以及职业训练科目和计算机课程，以适应新时代对道德的新要求，并满足信息社会兴起和职业技能培养方面的新要求。

同时，许多发达国家一改以往对课程的放任态度，从国家层面加强对课程的管理。例如，英国 1988 年颁布的《教育改革法》设置 10 门国家课程，美国 1994 年颁布法规确定了 7 门核心课程。此外，英国中小学从 2000 年开始实施新的国家课程。在 2000 年的课程调整中，英国政府特别强调课程的精神价值，以及着眼于 21 世纪挑战的重要问题，比如，商业和个人资金的重要性，为学生及将来的工作生活做准备等。

自 21 世纪以来，世界各国基础教育的课程改革具有以下几个特点。

1. 课程的动态化与弹性化

课程管理分权制国家都注重提高必修课比重。例如，英国 2008 年开始新一轮中学课程改革，主要是重新设定教育目的和课程目标。新课程体现更强的连贯性和更大的灵活度，强调学生个人发展所必需的技能，并倡导个性化、多样化的评价方式。

课程管理集权制国家，如日本、法国，正逐步重视地方课程和校本课程的开发，加大选修课比重，培养学生的创造力，促进学生的个性发展，使学生各得其所、各展其长。针对学生的差异，一些地方教育管理机构或普通高中正在尝试开发选修课程指南，以此确定选修课程的总体设置、学分管理制度及选课的基本原则、方法和程序。

2. 课程的科学性与人文性相整合

21 世纪以来，大多数国家均非常重视科学课程和人文课程在基础教育中的整合。这具体表现在：一方面，通过强化科学课程的建设，不断扩大科学课程的领域，将科学内容和科学进程、科学知识和科学方法结合，科学设置科学课程，促进课程走向综合化；另一方面，这些国家也不断强化人文课程的设置，重视课程的本土化。

美国、俄罗斯、瑞典等国家均特别重视本土化课程。德国的本土化课程“物象课”，内容包括本国历史、生物、物理、地理以及其他的人情风貌，成为德国小学阶段广受欢迎的一门课程。

3. 课程的综合化

随着科技的突飞猛进和信息来源的多样化，学科之间的通融性、知识的网络性、社会问题的普遍多学科性日益突出，这就决定了学校课程设计的综合性，即课程改革更注重各学科之间的综合与渗透。

在美国，进入 21 世纪以来，综合理科课程的开发已经成为改革的趋势。美国加利福尼亚州开设“理科科目”(science subject)，包括数学、计算机、生命科学、物理和化学。英国初等教育理科类开设“数学”和“理科”(男生大都学习物理和化学，女生大都学习动物和植物)。理科课程的综合化突出表现在应用多学科知识于单一课程主题，广泛采用学生较为熟悉的案例，达到综合运用各学科知识的目的。社会科学方面．比如，美国宾夕法尼亚州的高中开设“地理的权力和西方的文明”这门课程，综合历史、地理、文化和政治等多种学科。通过综合课程的设置与实施，可以防止学生把各门学科的知识割裂开来，消除由于课程繁多、分科过细给学生带来的负担，保证学生形成完整的世界图景，有助于学生的学习和个性的发展。

(二) 教学改革

第二次世界大战以来，世界各国都积极着手改革传统的教学方法，探索新的教学方法，建立现代教学方法体系，从而更有效地传授知识和培养技能技巧。在国外的教学方法的实践中，我们要注意以下两点。

第一，在各国中小学的教学实践中，各种传统的教学方法，如讲授、演示、参观、观察、实验、练习等仍然发挥着重要作用。但与以往不同的是，现代意义的教学方法已经超出上述单纯的“方法”范围，而成为广泛的方法体系。在教学方法方面，各国在第二次世界大战后进行积极的尝试，涌现出许多新的旨在更有效传授知识和培养技能的教学方法。严格地说，这些教学方法已经不再是传统意义上的方法，而成为人们常说的“教学模式”。一种教学模式与另一种教学模式的不同之处并不在于用讲授还是演示的方法，而是体现在各自所强调的特定的教学理念、教学原则、教学手段和组织形式等诸多方面。

第二，教学有法，教无定法。世界上并不存在固定的或是通用的教学方法，因此，根据教学实际选择适当的教学方法是至关重要的。在教学方法的优选方面，国内外教育学者都进行了大量的研究。概括来说，教学方法的优选标准至少应包括教学目的、教材内容、学生实际、教师特点四个方面。只有这样，教师才能做到结合具体情况来选择适当的教学方法，获得最佳的教学效果。

5.2.5 完善教育评价制度

教育评价是基础教育不可忽略的重要环节，世界各国在这方面的实践具有以下特点。

(一) 教育评价在各国基础教育中的地位和重要性日益提高

20 世纪 80 年代之前，许多国家，特别是欧美国家的中小学大多存在着忽视教育评价的情况。但从 20 世纪 80 年代以来，这种情况发生了变化，许多国家纷纷改变传统

做法，相继实施统一和严格的教育评价和考核措施。特别是从 21 世纪以来，完善和建立新的教育评价制度成为各国中小学教育改革的一个共同措施。因为在近年来的一些国际性测验中，包括.PISA 测评，亚洲一些国家都取得良好的成绩和表现，西方教育学者和政府都意识到，严格的教育评价是教育质量得以保证和提高的必要手段。因此，许多国家开始实施严格的评价措施。

在美国，《不让一个孩子掉队法》主要依靠单一的测试手段来给学生和学校评级，强调结果评价，忽略追踪学生和学校发展进步的过程性评价。现任总统奥巴马的教育法案计划采取更加全面客观的测试方式，联邦政府已投入 3.5 亿美元支持各州创立更加综合复杂的评估体系，这个评估体系不仅用于发现问题，更将用于为教师提供及时准确的信息帮助他们改善教学，提高学生学业成就。在英国，自 2011 年 3 月 31 日开始，每所中学都必须公开其在普通中等教育证书考试中每一学科的具体表现，以便家长全面了解学校的教学状况，为自己的孩子选择合适的学校①。

（二）建立以绝对评价为特征的评估制度

世界各国越来越强调统一性和标准化，纷纷建立起以绝对评价②为特征的评估制度，这种评估制度的主要目的不再是通过考试对学生进行分等和选拔，而是确定学校的教学质量和学生的学习水平。

英国在实施全国统一课程的同时，开始为义务教育制定严格的评价体系，包括对 7 岁、11 岁、14 岁和 16 岁四个年龄段的学生进行统一的考核评估。美国和澳大利亚的一些州所建立的对公立中小学进行评价的方法和体系也是采取绝对评价的形式。这种评价至少要达到以下三个目的。一是使全国学生的学习水平得以保证，维持全国的教育基准。二是对学校的办学质量进行监督和检查。三是鼓励学校间开展竞争，从而提高质量。可以看出，西方国家试图强化评价的教育功能，通过对教学效果的检查和监督，激发教师教和学生学的积极性，提高教育质量。

（三）加强教育督导工作

当今世界各国更为重视教育质量，加强督导机构的教学督导功能，教育督导工作越来越专业和独立。

在专业性方面，英国督学的任职条件非常严格，其选聘、培训及日常管理都有一套十分严格的规章。例如，注册督学应具有督学资格，具有 4 年以上教学经验和学校管理经验，有 5 次以上参与督导评估活动的经验，有评估英语、数学、科学等主科的经历，有较强的指导、分析、管理、评估和写作能力。法国对于基础教育各级督学的

---

① 陶西平：《涌动的潮流——关注当代世界教育改革的动向》，《世界教育信息》2014 年第 2 期。

② 绝对评价就是将教学评价的基准建立在被评价对象的群体之外（通常是以教学大纲规定的教学目标为依据来制订标准），在评价时，把评价对象与这个客观标准进行比较，以是否达到标准作为评价的主要依据。

聘任、培训与考核也非常严格，中央直接负责，地方无权介入。通过对任职条件和聘任程序的把关，保障各级督学队伍的整体素质。同时，法国对各级督学的业务培训和绩效考核都有严格的规定。目前，日本教育督导的发展呈现出专业化和紧跟国际趋势的发展动向，其教育督导人员结构正逐渐向专业化靠拢，专职的督导人员数量大大多于兼职的督导人员，具有管理专业背景的督导人员数量有增加的趋势。

在独立性方面，英国的教育督导和评估包含督学与督政两个方面：督学就是对以中小学校为主体的各类学校和办学机构的督导和评估，督政则主要是对地方教育局工作的督导和评估。英国教育督导体系有很强的独立性：机构独立、督导评估工作独立、经费独立和公开化。

5.2.6 加强教师队伍建设

从各国发展基础教育的历史经验来看，培养一支数量足够、质量合格的教师队伍是保障基础教育成功的关键。为解决这一问题，各国主要采取了以下几个措施。

（一）招聘优秀人才

目前，世界上很多国家都重视教师的招募工作，努力鉴别、培养教师人才，并增强教师行业的吸引力。新加坡综合采用多种办法，在年轻人中鉴别并培养优秀教师，吸引优秀青年加入教师队伍。如果初中毕业生中成绩排名前 1/3 的学生愿意选择教师专业，在高中期间，新加坡政府就将为其按月提供补贴，补贴的额度与其他领域中应届毕业生的工资相当。相应地，这些未来的教师必须承诺，将至少在教师岗位上服务满 3 年。在挑选这前 1/3 的学生时，新加坡政府强调的首要因素是学术能力，同时也非常重视学生应具有教师专业道德、愿意服务于不同的学生群体①。

芬兰通过提高入职标准、给予教师高度的权责、使教师成为“行动研究者”来发现有效的教育方案等方法，使教师成为广受欢迎的职业。芬兰教师的社会地位提高到其他职业很难企及的高度，教师被认为是所有职业中地位最高的职业之一。2010 年，有超过 6 600 人申请进入 8 所大学的小学教师教育专业学习，而招生名额仅为 660 名，竞争非常激烈。在这种竞争气氛下，教师成为芬兰一项高度选择性的职业。芬兰的教师也都具有极高的教学技能，并获得很好的培训②。

（二）重视教师专业发展

近年来，教师的专业发展成为教师教育改革的重要发展趋向。在教师教育改革的进程中，大多数国家开展了各种各样的教师在职培训。很多国家将教师的专业发展视为职业责任，教师必须定期参加专业发展所规定的课程，教师享受带薪休假。

---

① OECD. *Building a High-Quality Teachin Pmfession: Lessons from around the World*. http://dx.doi.org/10.1787/9789264113046-en，2012-06-10.

② 孔令帅：《当前教师教育改革的国际经验与启示》，《外国教育研究》2013 年第 9 期。

加强初任教师的教育实践能力是确保其能够胜任教学岗位的必要条件，也是职前教师教育与在职教师发展顺利衔接的关键。日本将教育实习分散到大学 4 年中进行。第一年为“体验学习”，参加中小学各种学校仪式和课外活动。第二年为“基础学习”，参加实际的教学活动，主要以听课为主。第三年为“教育实习”，独立在讲台上教学，指导学生。第四年为“研究学习”，在实习学校的帮助下，自己拟定研究题目并进行实验研究，完成毕业论文。日本的新教师在任用后还要经过一年的研修期，教师入职一年内必须接受初任教师的任职专业培训与考核，考核通过后才能正式留用。

澳大利亚教师的专业发展是一个完整而持续的发展过程，它注重教师教育的职前、入职和在职培训的一体化。在教师职前教育阶段，注重建立大学和中小学之间的合作，通过多个标准来对职前教师专业化的准备阶段进行多方面的评价，以保证职前教师教育的质量。在教师在职发展阶段，澳大利亚的教师一般都经历两到四个阶段的职业生涯结构，每个阶段每年都会加薪。这些阶段通常包括：①新教师；②经验丰富的教师；③承担责任的经验丰富的教师（骨干教师）或者学习领域或年级协调人；④校长助理；⑤校长；⑥地方教育部门职员。在“骨干教师”阶段，他们被期望具有示范性的教学和教育领导力，以及发起和管理变革的能力[①]。

（三）提高教师的社会地位和待遇

提高教师的地位和待遇是吸收优秀人才、保证教师数量的根本措施。日本非常重视基础教育，因而也非常重视提高教师的社会地位和待遇。日本于 1974 年制定《为提高学校教育水平，确保义务教育学校教职员人才的特别措施法》。该法规定，国家要采取措施，使各种义务教育学校教职员的工资高于一般公务员的工资水平。根据这个法律，从 1974 年开始，日本对教师的工作进行了几次调整，使教师工资比一般职员工资高出 10%—20%，吸引大批人才从事教师行业。在德国，教师是人们渴望追求的职业，教师比其他职业工种待遇优厚，教师平均工资为工人平均工资的 1.5 倍。

新加坡非常注意观察不同职业的起始工资，并相应调整新教师的工资水平。新加坡希望吸引优秀候选人从事教师职业，并使他们在从事教师职业后获得像其他职业一样具有吸引力的报酬。此外，新加坡教师每年还获得补偿金，补偿其参加专业发展、提高知识与技能、订阅专业杂志、参与语言学习或技术培训的费用。教师沿着专家教师（master teacher）、课程或研究专家（specialist in curriculum or research）、学校领导（school leader）这一连串职业阶梯前行，承担职责更多，为学科和学校做的贡献更大，获得的报酬就更高。同时，为了留住有效教师，新加坡还提供富有吸引力的退休金[②]。

---

① OECI. *Building n High-Quality Teaching Profession*: Lessons from around the World. *http*: //*dx*.*doi*.*org*/10.1787/9789264113046-*en*, 2012-06-10.

② 孔令帅：《当前教师教育改革的国际经验与启示》，《外国教育研究》2013 年第 9 期。

5.3 基础教育的发展趋势

进入 21 世纪以来，各国基础教育的改革还在继续，并有逐步深化的趋势。尽管各国实施基础教育改革的计划各有其特色，但趋势是相同的。展望未来，各国基础教育呈现出了以下几个重要发展趋势。

5.3.1 聚焦于有质量的公平

在未来各国的教育改革中，有一个总体方向，那就是扩大教育范围，降低教育限制，提高教育质量，让更多贫困和特殊儿童接受高质量的正规教育。换言之，在解决上学机会的问题以后，要解决“上好学”的问题，有质量的公平被提上了议程。在这方面，一些国际组织对世界各国的发展提出指导性建议。联合国教科文组织提出，增加入学机会方面所取得的巨大成功并未带来教育质量的提高，对于发展中国家尤其如此。大多数发展中国家正面临教育质量危机，大部分发达国家也没有为所有学习者提供有质量的教育。世界银行的《2020 年教育战略》指出：为了应对全球教育所面临的挑战，未来教育的目标应从促进“全民教育”转变为促进“全民学习”。“全民学习”目标的提出是在获得入学机会的基础上更强调受教育的结果，有利于在促进教育机会公平的基础上进一步促进教育结果的公平。2013 年，经合组织对 74 个国家和经济体的学生学业表现和公平入学的相关数据进行对比后发现，中国的一些大城市，如上海和香港，不论是学生学业表现，还是就学公平方面都名列前茅。而包括美国、英国、法国、德国在内的一些西方国家，尽管学生学业表现处于高水平，就学公平性的得分却相对较低①。

日本近些年来非常关注教育质量并为此采取诸多措施。这是因为日本在 PISA 评估中的成绩有所下降，日本认为导致这一结果的原因是十几年前推行的“宽松教育”致使日本学生学习质量下降。因此，日本现在开始增加课时、教学内容，提高教学难度，特别是数学与科学的难度。韩国总统朴槿惠 2013 年 2 月 25 日就职，5 月底就出台《快乐学习·逐梦成长》的新教育政策，包括：减少每班学生人数，小学 2013 年每班平均 20.3 名学生，2020 年减至 15.9 名，初中与高中、职高 2012 年平均每班 18.4 名，2020 年减至 13.7 名；教科书编写应该更多地考虑学生的能力和兴趣，要使学生爱不释手，

---

① 崔悦、李文云：《经合组织发布教育报告一些西方国家就学公平性得分较低》，《人民日报》2013 年 2 月 13 日。

并自觉地阅读学习，不必另找参考书或私人补习；等等[①]。

5.3.2 关注学生的需求与意愿

进入21世纪以来，各个国家都积极促成教育改革，实施各种方法，提高教育的效率。随着改革的深入发展，人们越来越发现单纯的班级授课制已难以满足儿童全面发展的目的，一些新的教学组织形式不断出现在基础教育领域[②]。而在课程设置上，不断重视基础知识与技能在青少年成长过程中的重要性，重视培养学生的荣誉感与责任感。要实现这些课程目标，必须根据学生自身需要与发展情况，把学生放在主体地位，并建立灵活的监督管理机制。

美国教育部部长邓肯就任以后，经常邀请学生代表，共同讨论美国教育改革的问题。邓肯说："如果我们不倾听学生的声音，我们的教育将难以进步。"俄罗斯联邦教育与科学部部长安德烈·富尔先科宣布，新的联邦高中教育标准草案规定，学生不仅可根据自己的意愿选择学习不同的科目，而且还可自行选择学习不同的课程水平。初中三年期间，指定某一学期不举行任何考试，让学生在没有考试、没有成绩评价压力的情况下，借由学校所举办的各项活动，充分尝试自己的职业性向。法国2010年秋季进高一的学生已经在按改革后的"新高中"的学业组织模式接受高中教育，用新的"探索课程"取代"定向课程"，对所有学生进行"个性化陪护"，为困难学生开办"学业水平补习班"，学生可以更换"学业道路"，所有学生都可以享受个别辅导，提高学校的自主性。

5.3.3 重视学生道德教育

目前，西方许多国家的青少年道德素质下降，频频出现吸毒、自杀、校园暴力等不良行为与犯罪；同时，还出现追求个人享受、缺乏社会义务和责任感等普遍问题。在一些发展中国家，很多青年向往西方社会，民族观念和意识淡薄相当普遍，世界青少年道德危机加重[③]。面对道德滑坡的问题，尽管各国在教育制度、意识形态以及价值观念上存在许多差异，但在对青少年道德教育的认识上却是一致的。因此，世界各国普遍强调以价值观为导向，加强对青少年思想品质与道德修养的教育。

英国明确规定，学校的道德教育应包括促进机会平等、民主公正、经济发展可持续、关爱家庭、保护社会环境、对真理不懈追求等。法国政府于2013年公布《共和国学校重建导向与规划法》，旨在建立公正的、严格要求的、富有包容精神的学校，使教师在新的德育和公民教育的框架下，在各级各类教育中贯彻共和国的价值观，教会学

① 陶西平：《涌动的潮流——关注当代世界教育改革的动向》，《世界教育信息》2014年第2期。
② 马健生主编：《比较基础教育》，江苏教育出版社2008年版，第480页。
③ 马健生主编：《比较基础教育》，江苏教育出版社2008年版，第478页。

生生活中所需要的重要能力。新西兰教育部颁布2007年课程标准，特别强调价值观教育的重要性，提出必须将基础价值观教育融入学校各门课程的教学当中。“基础价值观教育计划”明确指出，新西兰的学校应教育学生具有八种价值观，分别是追求卓越、创新与好奇、多样化、尊重他人、公正、团结合作、关心环境、诚实正直。

5.3.4 培养学生的创新精神

在当今经济全球化的背景下，人们必须具有开放精神和创新精神。要培养学生的创新精神，必须将探究式学习、合作式学习、实践式学习很好地结合起来，实现三个转变。第一，学习观的改变——从学习为了解答问题到学习为了解决问题。第二，教学观的改变——从教学是知识的授受到教学是生命价值和意义的体现。第三，教学模式的改变——从学生的“被教”到学生的自主学习。

世界各国纷纷采取措施以便更好地培养学生的创新精神。2013年8月，新加坡教育部部长王瑞杰勾勒了新加坡未来所面对的挑战。他强调：面对科技和经济形式的改变，下一代不但要拥有良好的知识基础和技能，还要懂得创造新的知识，并以创新的手法寻找问题的解决方案。日本独立行政法人科学技术振兴机构2009年首次选定筑波、崎玉、千叶、京都、冈山5所国立大学作为“未来科学家培养讲座”开办校，为擅长数理化的小学至高中的学生讲授大学课程，并让他们亲手做实验。印度在中学所有学科的课堂教学中进行“高级思维技能”培养，引入高级思维技能，旨在拓宽学生视野，强调以应用为基础的问题解决，目标是使学生能够建构知识并能在真实的情境中应用所学知识①。

5.3.5 加强信息技术的应用

20世纪90年代以来，以多媒体技术为手段的远程教育的兴起标志着教育领域一场深刻变革的开端，既预示着远程教育的发展方向，也给基础教育的发展带来新的机会和挑战。多媒体技术已开始改变传统意义上的学校模式。1996年，美国已经出现一所没有课本、全部依靠网络进行教学的中学。远程教育在中小学的推广势必会给教育带来新的课题，教与学的组织形式、学生的社会化过程、师生关系等都会出现新的变化。可以说，包括基础教育在内的整个教育体制都面临前所未有的挑战。目前，主要发达国家都将信息技术教育列为正式课程②。

2011年，CECD公布对15岁学生的“数字化阅读素养”（digital literacy）调查结果。这篇名为《PISA2009年结果：在线学生》的报告旨在测试15岁学生在互联网上寻找信息、解读信息、理解及评估电脑图表等能力。来自16个OECD成员国以及三个

① 陶西平：《涌动的潮流——关注当代世界教育改革的动向》，《世界教育信息》2014年第2期。

② 马健生主编：《比较基础教育》，江苏教育出版社2008年版，第477页。

非成员经济体（哥伦比亚、中国香港和中国澳门）的学生参加了测试。结果显示：韩国 15 岁学生在使用计算机和网络进行学习方面名列第一，接下来依次是新西兰、澳大利亚、日本、中国香港和冰岛①。

为更好地迎接信息时代的机遇与挑战，在知识海洋中学习有用的信息，各国都重视培养学生的信息素养。韩国国民中学的英语、科学、社会三科将使用电子教科书，使学生主动、积极、认真地学习，而且有助于提升学生自学与日常生活所需核心能力。日本通信部已于 2010 年开始在日本的小学进行电子课本的试用计划。参与试验学校的小学生每人配给一台平板电脑，同时还在教室中安装互动式黑板。法国《共和国学校重建导向与规划法》提出让教师、学生和家长能够轻松地在网络上找到自己需要的教育资源和软件，从而使学生真正地学习掌握多媒体，具备未来公民必备的这一能力，同时促进学校教育走进数字化。2013 年新学期开始，法国的学校为学生提供了 11 项必要的数字化服务②。

---

① 唐科莉：《OECD 公布〈PISA2009 年结果：在线学生〉报告》，《基础教育参考》2012 年第 3 期。

② 陶西平：《涌动的潮流——关注当代世界教育改革的动向》，《世界教育信息》2014 年第 2 期

第 6 章　高等教育研究

6.1　大学的产生与发展

在人类发展的历程中，大学的存在与发展有着悠久的历史。大学是时代的产物，它的起源可以追溯到中国的先秦时代以及西方的古希腊与古罗马时代。早在古希腊、古罗马就存在着研究和传播高深学问的教育机构，如占希腊的雅典大学，古罗马的亚历山大里亚大学、罗马大学，拜占庭帝国的君士坦丁堡大学等。但从严格意义上讲，这些古典大学尚不是真正意义上的大学，真正意义上的大学产生于中世纪后期的欧洲。

6.1.1　近代中世纪大学的产生

现代意义上的大学产生于中世纪的欧洲并非偶然，而有其政治、经济、文化等方面的原因。在政治上，从公元 10 世纪开始，作为世俗封建势力集中代表的王权与教皇之间的矛盾和斗争趋于激化，教会对世俗社会的控制减弱，产生了各种自治性的行会组织，这就为学者的聚集提供了条件。在经济上，公元 10 世纪和 11 世纪，随着手工业和商业的发展，欧洲出现了早期的中世纪城市。城市的发展增加了对牧师、律师、医生、教师等受过高等教育训练的专业人才的需求，同时也为师生的聚集提供了充足的空间。在文化上，欧洲人的知识视野也因为十字军东征产生的东西文明碰撞而得以扩大，古希腊时期的理性精神开始复苏，探讨高深学问、传播高深学问逐渐成为一种风尚。在这种时代背景下，大学应运而生。应当说，大学的出现是当时社会需要的反映与结果。

最早产生的中世纪大学有意大利的萨拉尔诺大学、波隆那大学，法国的巴黎大学，英国的牛津大学、剑桥大学等。其中最具代表性且影响最大的是萨拉尔诺大学、波隆那大学和巴黎大学，它们有“母大学”之称，当时被欧洲人视为大学的样板，后来的大学大多是以它们为样板建立起来的。

意大利是欧洲中世纪经济较为发达的地区，最早的中世纪大学也首先在这里孕育设立。意大利南部那不勒斯附近的萨拉尔诺（salorno）是一座港口城市，风光旖旎，气候宜人，是地中海沿岸驰名的疗养胜地，也是古罗马医生们公认的理想居所。十字军东征时期，不断有伤员被送到该地疗伤或接受治疗，在那里活跃着一批名医，一些有志学医的青年也纷纷慕名来此。这里原有一所医学院，11 世纪中期，在这所医学院的基础上成立的萨拉尔诺大学成为欧洲有影响的医学教学研究中心。1231 年，弗里德里希二世授予该大学正式资格。

波隆那大学设在意大利北部城市波隆那（.Bologna，又译作博洛尼亚）。该城地处意大利商业要地，往来商旅络绎不绝，贸易纠纷和诉讼案件时有发生。这里原有一所以罗马法为主的法律学校，为满足法学人才培养之所需，1088 年在它的基础上建立了最早的大学——波隆那大学。1158 年波隆那大学正式被政府承认。教会看到波隆那大学发展很快，影响日增，就通过各种途径来控制它，使它为教会服务。12 世纪中期以后，波隆那大学不仅是欧洲研究罗马法的中心，也成为讲授教会法、训练教会管理者的重要机构。

1160 年，法国人创办了在中世纪以神学闻名于世的巴黎大学。其前身原是巴黎圣母院附属的一所天主教学校。欧洲著名的学者阿伯拉尔（Abe。lard）曾在这里任教。最初，圣母院附属学校的校长想把追随阿伯拉尔而来的青年人控制在手，但受到教师和学生的共同抵制，他们自行组织起大学。1200 年法国国王把大学交给教区主教管理，大学师生对此不满，向教皇申诉，教皇趁机插手，宣布巴黎大学受教皇保护，巴黎主教无权过问。之后，教皇把他宠信的教士、学者大批派往巴黎大学任教，使巴黎大学成为欧洲正统神学理论研究的中心。1208 年巴黎大学得到教皇英诺森三世的认可，获得了“学者与师生行会”的资格，取得了合法地位和相应的权利。现代大学的最初原型逐步出现。

中世纪大学是一种教师与学生的组合，具有行会的性质，是教师和学生为了“探讨高深学问”这个共同目的组织起来而形成的一个学习机构性质的团体。最初的中世纪大学可以分为两种基本类型，一种是“学生大学”，另一种是“教师大学”。学生大学由学生来管理学校，包括聘请教授和安排课程。学生几乎决定了大学所有的活动，除了考试，教师没有发言权。这种模式后来扩展到欧洲其他国家，如意大利、法国（巴黎大学除外）、西班牙、葡萄牙等，其典型代表是波隆那大学。教师大学则由教授管理学校，欧洲北部的大学，如英格兰、苏格兰、瑞典和丹麦等地的大学，多属此类，其典型代表是巴黎大学。后来，由于大学生年龄渐小，学生大学遂被教师大学所取代，并最终形成了现代大学的模式。

通过利用教会、世俗政权以及地方当局之间错综复杂的矛盾，中世纪大学争取到许多特权，如内部自治权、免除赋税和免除服兵役权、罢教和迁移权、行乞权等。在中世纪动荡不安的社会环境中，如果没有这些特权的保护，大批师生集团的存在是不可能的，很多师生就是为了享受这种特权才进入大学的。可以说，正是由于这些特权，大学才得以发展繁荣。这些特权也为后来大学县有相对独立的地位奠定了基础。

中世纪森学是西欧社会走向文化繁荣的具体体现。尽管中世纪大学没有摆脱宗教理念的束缚，有的大学甚至为教会所把持，或称为御用的工具和顽固守旧的堡垒。但是，中世纪大学的诞生毕竟动摇了传统的盲目信仰，突破了教会对教育的垄断局面，为教育机会下移，促进欧洲文化、知识交流创造了条件和可能。中世纪大学所体现出来的追求高深学问、探索真理、追求自治和学术自由等传统至今仍然得以继承和保留，并对现代大学的发展产生着深远的影响。

6.1.2 文艺复兴时期大学的发展

文艺复兴是中世纪与近代的过渡时期，从14世纪初到17世纪初历时300年，其实质是整个思想领域的一次革命，目的是为了摆脱中世纪神学的束缚，建立资产阶级的新文化。文艺复兴最初发源于意大利，以后逐渐波及法国、英国、德国、尼德兰、西班牙等地，成为震撼整个欧洲的文化运动。它打破了中世纪神学的桎梏，以“神”为中心的经院主义教育受到批判，以“人”为中心的人文主义教育受到推崇，为欧洲教育史掀开了崭新的一页。

文艺复兴之前，除个别大学是由国王和教皇创建外，很多大学是在原有学校基础上为适应社会发展而自发形成的。文艺复兴以后，由于大学在社会生活中发挥了重要作用，原先由学者们自发形成和组织的大学日益减少，而由国家或教会创建的大学迅速增加。巴黎大学建立后，法国许多城市在原主教学校、法律学校和医学学校的基础上也相继成立了大学。这一时期创办的大学有卡奥大学（1332）、奥朗日大学（1365）、普瓦提埃大学（1431）、南特大学（1461）等。德国大学起步较晚，直到14世纪中叶才建立自己的大学，此前德国学生大多前往意大利和法国上大学。德国境内创办最早的大学有布拉格大学（1349）、海德堡大学（1385）、科隆大学（1388）、艾尔富特大学（1392）、莱比锡大学（1409）等。随着文艺复兴运动的发展，15、16世纪，德国又出现了弗莱堡大学（1457）、杜宾根大学（1477）、法兰克福大学（1506）等第二批大学。15世纪的苏格兰也先后建立了3所大学，加上英格兰的牛津大学和剑桥大学，15世纪英国共有5所大学。上述大学都是以当时公认的巴黎大学为榜样，如海德堡大学最初的文件规定：“将完全按照巴黎大学的学校法规和管理方法对海德堡大学进行组建、领导和管理。”[①]

由于国家和教会的积极参与，意大利、奥地利、西班牙等欧洲其他国家也相继出现了一些大学。据统计，13—15世纪，欧洲主要国家新建立的大学数分别是：意大利17所，法国16所，德国16所，西班牙和葡萄牙15所，英国4所，其他国家6所。[②]在某种意义上说，这些新大学是在文艺复兴时期所倡导的思想文化风格和精神原则指导下建立起来的，它们在许多方面体现和反映了人文主义的旨趣和特征。

---

① 杨萌恩．海德堡大学［M］．长沙：湖南教育出版社，1991：63.

② 黄福涛．欧洲高等教育近代化［M］．厦门：厦门大学出版社，1998：63.

这一时期，取洲大学不仅在数量上增长迅速，而且在地域分布上也发生了较大变化。14 世纪末之前，中欧、东欧和北欧的大学数量很少，之后，欧洲大学的地域分布开始由意大利逐渐向西南欧、中欧和东欧其他地区扩展。根据英国学者拉什代尔的研究，意大利的大学数量基本上呈递减趋势，而法国和德国的大学数量却保持了持续增长，特别是 14 世纪后德国大学数量急速增加。

在 16 世纪，建立大学的热情并未减弱。文艺复兴中大约有超过 30 所大学出现，其中有一些后来在科学方面颇有贡献。如阿拉丁（Aberdeen）、柯尼斯堡（Kōnigsberg）、热那亚（Janua）、莱登（Leyden）、爱丁堡等大学。16 世纪建立的大学有两种类型：一种是人文主义者建立的新教大学，其中最早的是建于 1527 年的马尔堡（Marburg）大学；另一种是耶稣会建立的大学，如由伊格纳提·罗耀拉（Ignatius Loyola）建于 1547 年的梅西那（Messina）大学，还有建于 1572 年的波阿穆松（Pontà Mousson）大学，该大学位于洛林，是由公爵查理思三世和教皇格力高里十三世授权创立的。

1600—1700 年间，尽管大多数有能力建立大学的城市都有了大学，但还是又产生了 21 所大学，这些大学主要在德国和荷兰。到了 18、19 世纪，在欧洲又有 40 多所大学产生。

至此，大学已在欧洲大陆的许多国家建立起来了。当时欧洲各国大学有许多共同之处，如课程设置、办学目标以及高等教育的精神气质等。但这一时期的高等教育机构呈现出更多的民族性特征，尤其重要的是，民族国家之间的经济竞争、政治纷争和信仰差异，导致大学成为一个竞争的焦点，刺激了大学数量的剧增，使得统一性很强的中世纪大学演变为特色各异的大学，促进了大学的发展。

6.2　各国高等教育概况

6.2.1　美国高等教育

美国高等教育自 1636 年哈佛学院（哈佛大学的前身）创建至今已走过 300 多年的发展历程。在英属殖民地时期（1636—1776），美国大学深受英国传统大学办学模式的影响，主要是仿照英国牛津大学、剑桥大学而设立的；到 1769 年时，已有 9 所殖民地大学。其中最著名的除哈佛学院（Harvard College）外还有建于 1701 年的耶鲁学院（Jale College）；1755 年由富兰克林中学院改组的非列得尔菲亚学院（Philadelpir College），后来又发展成为宾夕法尼亚大学（University of Pennsylvania）；以及 1754. 年建立的纽约皇家学院（King’s College）等。创立这些大学的主要动机也是宗教性质的，目的在于培养具有高深学问的传教士、教会工作者和虔信宗教的政府官吏。9 所大学基本由教会开办，主要课程有拉丁文、希腊文、希伯来文、伦理学、修辞学、初步数学知识以及简明的历史和自然科学知识等。

1775—1783 年的独立战争是美国历史上的重大转折期。独立战争后，英国的殖民统治结束，美国开始建立联邦制资本主义国家，高等教育也向分权化、世俗化、自由化方向发展。原有的 9 所大学皆属教会开设的私立大学，规模小，招生不多，教学内容脱离实际，不能满足独立后经济与政治的新需要，发展新的高校成为重要课题。由于独立战争的冲击和欧洲启蒙运动的影响，殖民地时期旧的高等教育传统观念开始改变，要求政府组建新的更为实用的高等学校的呼声日益高涨。在这种背景下，联邦政府曾试图创建国家大学，但是遭到各州的抵制，最终采取鼓励开办州立大学的办法。到南北战争前夕，美国 27 个州已有 25 个州相继建立了州立大学。与此同时，教会也运用自己手中的特权，建立了许多高等学校。这一时期，美国的一些民主主义思想家和教育家积极尝试打破殖民地学院崇尚的“自由教育”，重视实用知识的教学，增设了自然科学、现代语言及农业、商业等实用课程。

南北战争后，美国高等教育呈现出两种发展倾向。一种倾向是继续讲求实用的原则，努力切合工商业发展的需要，广泛兴办农工学院，为国家经济社会发展服务，向大众开放，从而开启了精英高等教育向大众高等教育过渡的时代。1862 年，国会通过了《莫雷尔法案》（Morrill Act），规定各州凡有国会议员一人，便由联邦政府拨给土地 30 000 英亩，可用其收入作为开办农工学院的基金。这种学院一般修业 4 年，培养发展工农业所需的专业人才。由于它适合当时生产力发展的需要，很快培养出大批人才。莫雷尔法案公布前，美国州立大学不多，法案公布后，州立大学迅速增加，对美国工农业发展起了很大推动作用。另一种倾向，则是在德国大学重视学术研究的影响下，美国也建立以科学研究和研究生教育为主要任务的研究型大学。1876 年，美国仿效德国柏林大学创建约翰·霍普金斯大学，并建立大学研究院，集中精力钻研学术。它的创立标志着美国大学时代的开始，首次把培养研究生放在第一位，使教学和科学研究结合起来。在约翰·霍普金斯大学的榜样作用下，不仅促进了芝加哥大学、克拉克大学等一批新的研究型大学的创立，同时也推动了哈佛、耶鲁、哥伦比亚等著名的传统学院和州立大学向现代大学转型。这一时期，研究型大学数量不断增多，规模不断扩大。据统计，到 1900 年，美国开设研究生课程的学院和大学已达 150 所左右，其中近 1/3 开设了博士课程。

在这两种发展倾向的协调和撞击下，19 世纪末 20 世纪初兴起了初级学院运动。基于集中办好大学三、四年级教育和研究生教育，同时也能使更多高中生有机会进入大学一、二年级学习的考虑，芝加哥大学校长威廉·哈珀（william R. Harper。）于 1892 年率先把该校分为一、二年级和三、四年级两部分，前者称为“基础学院”，后者称为“大学学院”。在基础学院完成两年学习的学生可以获得结业证书。1896 年该校基础学院改称为初级学院，1898年把初级学院的结业证书改为副学士学位。芝加哥大学的这一做法立刻产生了重大的影响，该大学周围地区很快建立起一批初级学院，一些技术学校、农业学校逐步改造为初级学院，还有一些四年制学院改为初级学院，同时也促成了美国第一所公立初级学院的出现。1907年，加利福尼亚州议会最早通过立法，允许州内各中等教育委员会提供大学头两年的教育，并授权各地区建立地方性的初级学院。三年后，该州率先建立了第一所公立社区学院。办学之初，初级学院的主要目的是为社区没有机会或能力进入高等学校的中学毕业生提供大学一、二年级的教育。后来，为了满足社区的需要，初级学院的职能不断扩大，包括提供转学准备教育、职业技术教育、继续教育、补习教育和为社区服务。由于初级学院办学目的的多样性、课程的多样性、提供教育的广适性，使它成为此后美国发展最快的一类高等教育。

由于初级学院的建立，美国创建了由研究型大学、农工学院（州立大学）、初级学院构成的三级高等教育结构，形成了由副学士、学士、硕士和博士构成的四级学位制度，建立了完整的高等教育体系。

第二次世界大战以来，美国高等教育进入了大发展的“黄金时代”。美国政府把高等教育置于国家发展的战略地位，并用法律的形式固定下来。1944年通过了《军人权利法》，资助复员军人接受高等教育；1958年颁布《国防教育法》；1970年又颁布了《高等教育法》。上自联邦政府下至普通民众都意识到，高等教育对国家安全和发展以及个人利益具有重大战略作用，因此举国支持高等教育，大力投资发展高等教育。1945—1970年，高等学校的日常开支增长了近30倍，占国民生产总值的百分比也持续增长。高等教育获得很大发展，不仅就学人数大量增加，精英高等教育发展成“大众高等教育”，同时全力发展研究生教育，培养高级专门人才，为美国提供了前所未有的多样化的智力资源。大学，府别是研究型大学极大地加强了科研，使美国在科学研究和知识创造方面走在了世界的前列。

20世纪80年代以来，由于经济不景气、新的科技革命的兴起以及高等教育质量的下降，美国高等教育不断进行着改革与调整。社会公众广泛关注高等教育，展开教育大辩论，指出教育中存在的问题，并提出改革的建议，不同层次、不同范围、不同方面的教育改革此起彼伏。概括起来，改革的趋势主要体现在：努力提高教育质量，突出文理课程，强调基础知识和基本技能的培养；加强大学的科研活动，促进大学的健康发展；进一步发展高等学校直接为社会和经济发展服务的职能；变革教育观念，加强终身教育。随着高等教育在社会和经济发展中的作用和地位越来越重要，美国政府、产业界乃至整个社会与高等教育的关系越来越密切，高等教育已从社会的边缘逐步走向了社会的中心。

6.2.2 英国高等教育

英国的高等教育始于1168年牛津大学的设立，1209年又建立了剑桥大学。直到

18 世纪，英国的高等教育仍是牛津大学、剑桥大学的天下，接受高等教育的只有统治阶级的后代。当时这两所大学已各自拥有 20 多所专业性的学院，教学大多采用导师制。进入 19 世纪以后，产业革命带来的科学技术的迅速发展，要求大学能研究、教授这些新学科。但牛津大学、剑桥大学仍然固守古典教育的传统，只有上层人士和国教徒才能入学。加上古典大学对非国教派教师的排斥，形成建立新大学的思潮。许多有识之士呼吁对高等教育进行改革，高等教育也相应地发生了变化，主要体现在新大学运动和大学推广运动上。

1828 年，伦敦大学学院成立，后来与国王学院合并为伦敦大学，打破了传统大学垄断英国高等教育的历史，揭开了新大学运动的序幕。这所学院与传统大学不同，它重视自然科学学科，不进行宗教教学。教授内容有语文、数学、物理学、经济学、工程学、历史、法律等科目，尤其重视医学教学，从而揭开了英国高等教育近代化的序幕。伦敦大学的创立打破了传统大学垄断英国高等教育的历史。

19 世纪后半叶，在伦敦大学的带动下，在曼彻斯特（1851）、南安普敦（1862）、纽卡斯尔（1871）、利兹（1874）等城市，纷纷成立城市学院，这些学院都是由地方城市创办，为地方工商业发展培养专门技术人才，重视科学、数学和商业科目。与中世纪传统大学不同，城市学院主要提供职业教育，培养实用人才，直接为所在城市工商业发展服务。城市学院的兴起，改变了英国高等教育的传统。从此，科学步入高等教育的殿堂，高等教育不再是贵族和上层阶级的特权，越来越多的工商业资产阶级子弟进入大学。

到 20 世纪初，英国的资本主义产业革命基本完成，在经济发展与军事力量上都占世界首位。随着工业化和城市化的推进，高等教育规模有所增长，但是与欧洲其他一些国家相比还有较大差距，在数量发展方面落后于其他国家，这也是第二次世界大战后英国加快高等教育规模发展的重要原因之一。1919 年，英国大学拨款委员会成立。作为英国政府与高等教育之间的中介机构，它的建立是英国政治家为解决高等教育面临的问题所作努力的结果，其主要工作就是争取和分配高等教育资金，为资助高等教育提供了一条正常的渠道。自大学拨款委员会成立后，英国政府对高等教育经费的资助逐渐增加，1919 年资助经费为 100 万英镑，到 1936 年，资助经费已达 250 万英镑。[①] 直到 1989 年撤销，大学拨款委员会对英国高等教育发展的影响长达 70 年之久。

第二次世界大战后，科技人才的培养备受关注，英国政府于 1945 年和 1946 年分别公布了《珀西报告》(Perey Report) 和《巴洛报告》(Barlow Report)。这两个报告认为，英国技术教育的数量和质量都存在问题，对科学家的需求缺口较大，强调英国必须加快发展技术教育。在这种背景下，英国开始大力发展科技教育，培养了大批的

---

① Michael Shattoek (ed) . The Creation of a University System [M] . Blackweu Publishe. 1996：31.

专业技术人才。

1936 年至 20 世纪 70 年代末是英国高等教育的大扩展时期。在收集、分析大量资料，并对欧美一些国家的高等教育进行考察的基础上，罗宾斯委员会于 1963 年 10 月公布了《罗宾斯报告》。该报告探讨了英国高等教育如何为社会服务这一重大问题。报告建议应为所有在能力和成绩方面合格的，并愿意接受高等教育的人提供高等教育课程。该建议被称为“罗宾斯原则”，为当时的英国政府和各派政治力量所接受，成为 20 世纪 60 年代高等教育大发展的政策依据。根据该报告的建议，有 10 所高级技术学院于 1966—1967 年改为大学，有 5 所大学学院升格为大学。20 世纪 60 年代中期又兴办了 7 所新的大学。学生人数迅速增长，入学率显著提高。据统计，英国全日制大学生人数 1965－1966 年度有 17.3 万人，到 1980—1981 年度已增加到 30.7 万人。① 18～21 岁青年的大学入学率 1962—1963 年度是 7.2%，到 1982—1983 年度增至 13.5%。② 此外，这一时期还出现了开放大岁，开放大学于 1969 年获得皇家特许状，并于 1971 年正式招生。它主要以成人为教育对象，招生无严格的年龄和学历限制，实行开放学习，采用广播电视录像作为主要的教学手段，教学方式灵活，是英国规模最大的大学。开放大学的成立是 20 世纪 60 年代英国高等教育最具影响的重大革新，为英国高等教育的发展注入了活力，也为许多国家所效仿。

20 世纪 80 年代以后，英国的高等教育改革更加频繁。从 1981 年开始，英国政府公布了一系列的文件、报告和法规，其数量之多前所未有。其中主要有：《贾特勒报告》(Jarratt Report)、白皮书《高等教育：迎接挑战》(Higher Education：Meeting the Challenge)、白皮书《高等教育：一个新的框架》(Highel Education：A New Framework)、1992 年《继续教育和高等教育法》(Futher Education and Higher Education Act) 等。这些政策是英国政府对高等教育高度重视的结果。80 年代中期后，英国高等教育的大众化进程加速，尤其是 1992 年《继续教育和高等教育法》公布之后，高等教育规模空前发展。1985—1986 年度，高等教育学生规模只有 93.7 万，1997—1998 年度，高达 180 万，增长了一倍；适龄青年的入学率也是一路上升，1970—1986 年，21 岁以下的高等教育入学率一直在 15%左右，1990 年上升到 20%，1994 年上升到 30%左右，到 20 世纪末时，入学率已高达 33%。③ 1992 年，英国只有 50 所左右的大学，到 90 年代中期已有 90 所左右。

---

① Maurice Kogan，Stephen Hanney. Reforming Higher Education [M]. Jessica Kingsley Publishers，2000：50.

② W. A. C Stewart. Higher Education in Postwar Britain [M]. The Maemilan Press LTD，1989：278.

③ Maurice Kogan，stephen Hanney. Reforming Higher Education [M]. Jessica Kingsley Publishers，2000：51.

6.2.3 法国高等教育

法国高等教育历史悠久，早在13世纪前后就出现了巴黎大学、土鲁斯大学、蒙柏利耶大学。到1789年大革命以前，法国已经有了至少14所颇具规模的大学。虽然法国高等教育已经有800多年的历史，但其中将近有600年都是在天主教会的控制之下，教育内容与方式深受经院哲学的影响，较少关注时代的变化和社会的需要。直到拿破仑时期法国教育才开始进入国家化时代。1806年拿破仑下令设立帝国大学，1808年3月17日颁布了“大学院组织勒令”，规定大学院隶属内政部，执掌全国的公共教育。通过法律的形式规定高等教育的管理权在国家，高等教育一律由国家开办，自此奠定了法国中央集权的高等教育体制。这个时期高等教育的目的主要是培养国家精英，也就是培养政府、教育以及其他行业的领导人才，这虽然跟经院教育相比向前迈进了一大步，但是仍然忽视了技术应用课程和社会的实际需求。

1860年之后，随着工业化进程的推进，法国高等教育除了培养国家管理和军事人才之外还开始迎合工业化的需求，一方面在现有的机构中开设有关课程，另一方面设立新型高等教育机构，大量开设工科课程，并开始关注教育为地方工商业发展服务。这个时期由于受到德国近代研究型大学的影响，中央集权的管理体制开始有所改善。法国政府曾试图建立综合性大学，但是在行政管理体制、高等教育的基本构造以及教学内容上，拿破仑时期的影响依然非常大。可以说，直到20世纪60年代末期，19世纪中期法国形成的高等教育并没有发生本质变化。

19世纪80年代至20世纪初，由于受法国国内条件变化和国际形势的影响，特别是普法战争之后，一批有识之士强烈呼吁复兴大学，发展科学，重振法国，从而改变了法国高等教育长期不受重视、发展缓慢的状况。1896年7月10日议会通过立法决定，每个学区里的几所学院重组为新的大学，以增强国家的科学研究力量，改变落后的局面。这个举措被认为是法国高等教育发展史上的里程碑、法国现代高等教育的开端，从而改变了长期以来法国“有学院，无大学”的现象。这个时期法国借鉴德国的经验，将大学引向从事科学研究的轨道，加强大学对社会和国家科技发展的参与，授予大学法人资格，扩大了大学的自主权，并增加了大学的办学经费。由于国家对教育的重视，这一时期大学师生人数获得较快增长。

至第二次世界大战前，法国高等教育已经形成了大学与大学校（各类高等专业学校的通称）并行的双轨制教育体系。这两类高等学校由于各自产生的社会和历史背景不同，因而它们的办学方向和培养目标也各不相同。大学主要从事理论教学和科学研究，培养教师和学者；大学校则侧重实用性教学，培养工程师等各种应用型人才。在两次世界大战期间，由于战争和国内政权更迭的影响，法国高等教育的发展时进时滞。总的来看，这期间法国高等教育的发展缓慢而曲折。

第二次世界大战后，由于人口出生率的增长、战后社会经济的恢复和重建、教育和科学研究地位的提高，以及民众对接受教育的热情增加，法国高等教育得到空前的发展。主要表现为教师和学生人数的急剧增加，教育层次的多元化和教育结构日渐合理。在教育管理体制上，战后初期基本上是沿袭战前传统的管理体制，直到 1968 年爆发的“五月学潮”引发了高等教育改革。在“五月学潮”的直接推动下，1968 年 11 月法国议会通过并颁布了《高等教育方向指导法》，也称《富尔法》。这个法案确立了法国高等教育“自主自治、民主参与、多科性结构”三条办学原则。这三大原则，使大学能够在较大范围内自主履行其职责，改变了以往一切由中央政府全权管理大学的传统体制；促进了教师、学生与社会力量和经济力量代表之间的对话，加强了大学与社会的合作，改变了大学长期故步自封的传统；促进了不同学科之间的交流与合作，有利于学科间的交叉与融合。1968 年的高等教育改革，对法国大学旧有的管理体制产生了较大的冲击，使旧的大学有望变成自主的、多学科的、共同管理的新大学。然而，由于立法仓促，在执行中很快暴露出许多问题，甚至有人批评这次改革是一次失败的改革。但是，不可否认的是，这次改革对于转变长期以来过于集中、过于僵化的管理体制，建立新的办学机制起了很大的推动作用。可以说，这次改革对战后法国高等教育的长远发展具有重要的里程碑意义。

20 世纪 80 年代，法国社会几经变革，高等教育也处于不断的变革之中。1984 年国民议会通过并颁布了《高等教育法》，由于负责该法案起草工作的是当时的教育部长萨瓦里（Savary），因此这部新的高等教育法也称《萨瓦里法》。它是战后法国颁布的第二个高等教育大法，重申了 1968 年《高等教育方向指导法》有关自治、参与和多学科性三大原则，规定了高等教育的性质、任务、作用、机构设置、教师队伍等，并规定高等教育改革应在法律范围内进行。这部高等教育法的一个重要特点是强调了高等培训的职业化，变过去的教育与科研单位为“培训与科研单位”，要求大学与职业界加强联系。当年《富尔法》将公共高等教育机构的性质确定为科学文化性机构，其任务是生产和传播知识、发展研究、培养人才。而《萨瓦里法》明确规定，公共高等教育机构是公立的科学、文化和职业机构，应同时进行科学、文化和职业教育。在高等教育性质和任务中添加职业性特征是 1984 年开始的法国高等教育新一轮改革的重要方面。1986 年法国国民议会改选，右派政府开始执政，新上任的高教与科研部长级代表阿兰·德瓦盖（Alan Devacover）拟定了高等教育改革法案，即《德瓦盖法案》，其基本原则是自治、竞争、效率。由于该法案提出的改革措施冲击了传统的入学条件（凭高中会考文凭无需考试就可进入大学），也触及学费和入学机会等社会敏感问题，因此，该法案一经提出就立即遭到广大学生的强烈反对，并宣告失败。虽然这一法案未能获得批准，但它毕竟触及了法国高等教育存在的深层问题。

20 世纪 90 代后，为了保持在欧洲的政治、经济优势，法国进一步提出依靠科技和教育，快速持续地发展经济，努力提高竞争能力，以确保其跨世纪的发展。1990 年，法国召开了“2000 年大学会议”，制定“全国高等教育发展规划”，确定了今后 10 年法国高等教育的发展方向；1996 年 5 月，法国国民议会召开专门会议研究高等教育改革与发展；1997 年 4 月，法国颁布大学教学改革法令，取消了神学，增加科学技术和工程师科学技术两个新的学科群，改变课程结构，在大学第二阶段增加“职业实习学分”和“欧洲大学学期”。在 20 世纪末的 20 年间，通过立法、增加投资、扩大民主化、实行现代化、改革教育体制、改进教学内容和方法等措施，法国高等教育得到了较大的发展。

6.2.4 德国高等教育

19 世纪中期之前，德国高等教育机构主要包括 14 世纪以后模仿巴黎大学建立的中世纪大学、宗教改革期间建立的一些神学院以及 18 世纪建立的哈勒和哥廷根等新大学。19 世纪中期之后，像欧洲许多国家和地区一样，德国也出现了各种传授近代自然科学和技术的高等教育机构，如工科大学、地方技术学院等。总的来看，德国近代高等教育制度的形成主要可以划分为两个阶段：19 世纪 60 年代之前主要是德国近代大学理念的确立与研究型大学的建立时期；1860 年之后为技术型高等教育机构的出现与研究型大学的变化时期。

19 世纪初，普法交战。1807 年普鲁士战败，蒙受割地之辱，并失去了哈勒、哥廷根等大学。为了挽救德意志，一批有识之士希望通过学术上的繁荣和精神上的胜利，洗刷军事上的失利带来的耻辱。因此，教育改革，特别是大学教育改革引起了社会各界的广泛关注。当时，各种改革观点纷繁多样，其中以洪堡（Wilhelm von Humboldt）为代表的新人文主义教育思想影响最大，并在 19 世纪初期成为德国大学改革的基本指导思想。洪堡强调，新大学的本质是“客观的学问与主观的教养相结合”。也就是说，新型大学应该是保证学生通过探索纯粹的客观学问获得教养的机构。他指出，这个习得学问和教养的过程并不是由教师通过传统的讲课方式来传授，而主要是由学生通过学习、研究与纯粹理性认识有关的哲学知识等来获取。在这一理念的指导下，洪堡还强调，在新型大学中必须将教学与科学研究统一起来。为此，他提出了大学“学习自由”和“教学自由”两条基本办学方针。洪堡的办学理念很快成为当时德国大学改革的主导方针，不仅 1809 年创立的柏林大学基本上是按照这一办学理念创立的，各国一些中世纪成立的传统大学也纷纷进行改革。洪堡的办学思想和大学改革使柏林大学成为近代大学的一个典范，它和法国近代高等教育模式共同构成欧洲近代高等教育的两大模式，不仅影响着欧洲高等教育的近代化，而且还影响到世界其他国家。

第一次世界大战后，德国作为战败国不仅丧失了在政治、军事上的优势地位，经济、社会发展也进入了萧条阶段。但是，战后的混乱、通货膨胀、世界经济的恐慌等诸多不安定因素并没有对大学造成太大的冲击，各大学依然维持着帝国时代的保守姿态，无论是学生团体的社会构造，还是大学教职员的政治立场，从本质上讲都并没有发生太大的变化。可以说，魏玛时代的德国高等教育制度并没有发生重大的变化。

1933年，希特勒建立了法西斯独裁政治，宣告了魏玛共和国的终结。纳粹势力掌握政权后，通过制定官吏法、在学生中设立政治组织、实施行政上的中央集权化、推行人种政策等措施，开始了对大学的大规模侵入。一系列大学纳粹化改革政策的颁布和实施，使德国大学所具有的传统和学风遭到了彻底的破坏。然而，尽管纳粹政权给德国的高等教育带来了巨大的损失，但是，由于这一政权仅维持了十几年，因此并没有使具有悠久历史的高等教育制度产生根本性的动摇。

第二次世界大战后，战败之后的德国大学面临着许多严峻的挑战，例如优秀教师的流失、学生人数的锐减，以及学校建筑、实验室和藏书遭到的严重破坏。为了恢复德国大学的光荣传统，德国政府开始了复兴、改造大学的活动，采取措施留住大学教师，并废除了纳粹时期的所有命令规则。自20世纪50年代开始，在人口入学高峰、国民对高等教育需求的增加，以及西德政府推行的高等教育扩大开放政策的影响下，德国高等教育开始进入大规模的扩张时期，入学人数增长迅速。到20世纪80年代，德国的高等教育已经从传统的精英教育阶段跨入了大众化阶段。在高等教育结构上，20世纪70年代初，为了适应高等教育规模不断扩大的趋势，确保高等教育机会的均等，德国出现了综合制大学和高等专科学院两种新型的高等教育机构。此外，技术学校等一些短期高等教育机构也升格为高等专科学院。

20世纪80年代以来，德国高等教育依然保持不断扩大的趋势。以西德为例，1980年高校在校生数占适龄人口（19～26岁）的比率是15.9%，1990年上升到22%，1995年更是超过了30%。从结构来看，高等教育与70年代相比没有发生什么变化。整个高等教育结构主要包括7种类型，分别是：综合大学（即传统型大学，包括工科大学等同等资格的大学）、综合制大学、师范学院、教会大学、艺术学院、高等专科学院和行政管理专科学院。1985年，西德政府完成了《高等教育总纲法》的修订。新的《高等教育总纲法》就高等教育的大学组织形式和管理体制提出了一些新的规定。

虽然大学入学人数在增长，但是高等教育的构造、组织以及大学教师的意识依然停留在精英教育的传统观念上。因此，20世纪80年代末以来改革高等教育结构，重建高质量的高等教育体系的呼声越来越高。1988年德国科学审议会发表了《面向90年代的高等教育政策》，同年，大学校长联席会议也发表了《大学的未来——高等教育政策研究》的改革提案。进入90年代以来，德国又陆续出台了一系列改革提案。如1992年大学校长联席会发表的《关于德国高等教育机构发展的构想》，1993年1月科学审议会发表的《关于高等教育政策的10条提议》，1993年10月联邦教育科学部发表的《教育政策研究的各项原则》。这一系列改革提案内容都大同小异，主要涉及缩短修业年限、明确划分本科和研究生教育阶段、扩充高等专科学院等。此外，从20世纪80年代中期开始，高等教育的评估问题也开始受到普遍关注。进入90年代以后，针对不同范围、层次、对象的各种高等教育评估活动日益增加，特别是对高等学校教学质量的评估已成为高等教育政策讨论的一个核心议题。

由于以洪堡为主的大学改革者们反对在大学开设应用型科学技术课程，19世纪中期之后，为了满足德国工业化的发展需要，在研究型大学之外，工科大学和一些专门学院也迅速发展起来。

6.2.5 日本高等教育

日本现代高等教育开始于1868年明治维新以后，到现在已有140多年的历史。明治政府清醒地认识到教育对一个国家强盛的重要性，为此，他们一方面狠抓基础教育的普及，另一方面建立了新型的高等教育机构，以培养社会急需的专门人才。明治时期，日本高等教育政策有三个显著的特点，即“拿来主义”、“国家主义”、“实用主义”。也就是向西方学习，以西方高等教育为学习榜样和追赶目标；把国家利益放在优先考虑的地位，国家利益至上；重视应用科学的发展，强调高等教育要培养日本实际需要的人才。

日本政府于1872年首次公布《学制》，其中贯穿了“富国强兵”和“殖产兴业”的周家主义观，并以西方个人主义思想为基础。《学制》规定：“大学是教授各种高级专门学科的学校。其学科大体如下：理学、化学、法学、医学、数理学。”[①] 这一时期，高等教育机构的功能主要是专门教育，目标是尽快将西方先进的文化和科学技术传授给学生，培养国家领导人和各领域的骨干。除了文部省管辖的大学和专门学校等高等教育机构外，政府其他部门根据各自工作的需要，纷纷设立了专门的高等教育机构，引进现代制度和技术。此外，这个时期还设立了一些公立、私立的专门教育机构。

1886年，日本颁布了《帝国大学令》，将东京大学改为帝国大学，并规定“设立帝国大学的目的是：根据国家的需要，教授学术技艺，并探讨其奥秘”。这充分显示了这个时期日本高等教育的国家主义倾向。这一时期日本高等教育的功能主要有两个，一个是对学生进行专业教育，另一个是从事科学研究。帝国大学的成立确立了战前日本大学的模式。其后，随着国内经济的发展和对外进行侵略扩张的需要，日本陆续建立了京都帝国大学（1897）、东北帝国大学（1907）、九州帝国大学（1910）和北海道帝国大学（1918）。

第一次世界大战后，日本资本主义经济发展迅速，为了增强国际竞争能力和满足对外扩张的需要，急需各类人才，因此日本政府对明治以后的教育制度进行了改革，促使日本高等教育进入现代发展时期。1918年12月公布了《大学令》，这是日本政府继《帝国大学令》之后制定的第二个大学法令。该法令对大学的目的、设置审批、内部构成、入学条件等作了详细的规定。它提出，“设置大学的目的是：教授国家所需要的学术理论及其应用，并探究其奥秘，同时应注意人格的陶冶和国家思想的培养。”1937—1942年，日本设立内阁总理大臣的咨询机构“教育审议会”，提出以“皇国之

① 吴式颖．外国教育史教程［M］．北京：人民教育出版社，2002：413.

道”作为基本教育目的。1942 年，日本设立“大东亚建设审议会”，提出教育为建设“大东亚共荣圈”的总目标服务，将教育纳入综合国策之中。综而观之，这个时期日本高等教育的目的是灌输“皇国之道”、军国主义和极端国家主义思想。教学围绕对外侵略战争进行调整，强化精神训练、国防训练，科学研究也根据军工生产的需要进行。

第二次世界大战后，以美军为首的联合国军占领当局通过日本政府对日本实行间接统治。日本在占领当局主持下实行了一系列改革。1947 年日本国会通过了《教育基本法》和《学校教育法》。《教育基本法》规定，“教育必须以形成人格，培养热爱真理与正义、尊重个人价值、勤奋而有责任感、充满自主精神、身心健康的国民及和平国家与社会的建设者为目标。”这与战前教育以服从国家需要、培养驯服臣民为目标的教育目的大不相同。根据《学校教育法》的规定，将战前双轨制的高等教育机构改为 4 年制的大学。20 世纪 60 年代，日本政府为了迅速发展经济，积极实施《国民收入倍增计划》，开始将高等教育的发展纳入经济发展计划。这一时期高等教育规模扩张迅速，尤其是短期大学和高等专门学校得到长足发展。高等专门学校于 1962 年创建，其培养目标为“深入教授专门的学艺，培养职业上必需的能力”，所设专业以工业、商船类为主。1964 年又将原来的短期大学通过法律作为一种制度确认下来。短期大学的培养目标是“深入教授、研究专门学术技艺，培养职业或实际生活所必需的能力”。

进入 20 世纪 70 年代以后，日本经济的高速增长阶段已经过去，劳动力市场开始萎缩，大学生的就业也因此受到影响。另外，这个时期日本的产业结构开始出现新的变化，第三产业的振兴带来了对专门人才需求的变化。社会不仅需要各种专业技术人员，而且需要各种受过职业训练的、适应性比较强的实业人才。于是，日本政府一方面开始限制大学和短期大学的发展，另一方面研究进一步发展职业教育的新措施。1975 年，日本国会通过《专修学校法》，1976 年文部省颁布了《专修学校设置基准》，从法律上承认专修学校所开设的“专门课程”具有与短期大学和高等专门学校同样的地位。由于专修学校比短期大学和高等专门学校更能灵活地适应经济和社会对专门人才的需要，所以发展更快，迅速成为日本高等教育系统中的重要一环。

20 世纪 80 年代以来，日本的高等教育又出现了一些新的发展。1984 年成立了一个为期三年的有关教育改革的总理咨询机构——临时教育审议会。1987 年，该审议会提出了一份有关教育改革的报告，以终身教育的观点对战后教育体制提出了总结性反思和批评，提出了教育改革的三个基本观点：重视个性、向终身学习体系过渡、适应社会变化。根据这份报告的建议，日本于 1987 年成立了大学审议会，在其成立之后的 10 余年间，大学审议会就高等教育改革向文部省提出了 22 份咨询报告。20 世纪 90 年代日本出台的有关高等教育改革的政策和措施，都是在大学审议会的咨询报告的基础上形成的。根据大学审议会的建议，1991 年 7 月，文部省修订了以《大学设置基准》为首的一系列高等教育法令、法规。同年，创立学位授予机构，修订《学位规则》，在学士、硕士、博士三级学位之外，为短期大学和高等专门学校的学生设立“准学士”

学位。2001 年 6 月，日本文部科学省提出了三项“太学（国立大学）结构改革方针”，一是推进国立大学的重组合并，二是建亚国立大学法人制度，三是引入政府和大学之外的第三者评价机制，通过竞争将排名前 30 名的日本大学建成世界一流大学。从实施情况来看，目前这三项改革都已取得明显进展。

在大学管理制度的改革上，20 世纪 90 年代的改革在深度和广度上都超过了前两次战后的大学改革，采取了许多具有突破性的改革措施，尤其是大学自我评价制度的建立和大学教师任期制的实施。1991 年大学审议会提出的《关于改善大学教育》的报告提出了两大改革内容：一是大学设置基准的大纲化、简要化；二是大学的自我评价。在 1991 年修订的《大学设置基准》中，也将建立大学自我评价制度列入设置基准。此后，实施自我评价、建立自我评价制度成为各大学管理运营改革方面的重要内容。自 1987 年大学审议会成立后，教师人事制度问题被正式提上了改革的日程。1997 年，日本政府制定并颁布了《关于大学教师等任期制的法律案》。这一法案规定，大学教师的任期制是所谓的“选择任期制”，将实行教师任期制的决定权授予了各大学，各大学自主决定是否实行教师任期制，在哪些部门、哪些岗位实行任期制，以及任期的时间长短。

总的来看，20 世纪 80 年代以来日本高等教育的改革具有以下特点：一是确保国立大学自律性运营；二是引进民间的经营方式；三是教职员的身份向非公务员型过渡；四是引入第三者评价。

6.2.6　俄罗斯的高等教育

18 世纪中期开始，彼得大帝仿照法国和德国，创立了若干传授近代科学技术的专门学院和大学机构。到 1865 年，俄国已经有 7 所大学、14 所专门学院。1865 年之后，在欧洲第二次工业革命的影响下，沙皇俄国各类高等教育机构迅速发展。“十月革命”前的 1915 年，俄国高等教育机构总数增加到 204 所，尤其是各类专门学院和独立学院增加明显。

“十月革命”之前，俄国近代高等教育制度已基本形成，主要表现为以下三个特征：首先，从高等教育机构的创建年代来看，从 18 世纪至 19 世纪初期，政府非常重视大学的发展，主要是学习德国的办学模式，创建一些研究型大学。19 世纪中期之前，俄国近代高等教育的形成主要受到德国研究型大学的影响；19 世纪中期之后，则更多地受到法国近代高等教育模式的影响。因此，“十月革命”之前，俄国近代高等教育的形成过程是由注重纯研究型大学逐步向注重技术学院的转换过程。其次，由于俄国整个高等教育结构包括大学与非大学两大部分，两者在办学目的、人才培养规格等方面存在着明显的区别。根据 1915 年沙皇俄国教育部对大学和专门学院的办学目的的界定，大学的目的是向年轻人传授一种科学的教育，大学是一种集科学研究与教育为一体的机构；而专门学院的主要目的则是，给学生传授知识和技能，这些知识和技能在学生进入某种特定的行业从事未来工作之前是必不可少的。最后，从管理体制来看，与这一时期的法国、德国等绝大多数欧洲大陆国家一样，俄国所有高等教育机构均由国家实行严格管理。其中，大学由俄国公共教育部直接管理，而专门学院则由中央政府其他部门分别管理。

1917 年，俄国十月革命取得胜利，它标志着无产阶级正式登上历史舞台，高等教育也开始进行“苏维埃”化改造：国家对高等教育实行统一管理；将高等教育的私立属性改为完全公立并实行免费入学；把发展以工科类院校为主体的专业学院作为高等教育结构发展的主要方向；改变大学的招生规则，大量招收无产阶级和贫苦农民出身的人进入高等学校；确立“红色专家”的人才标准，大量培养无产阶级自己的高级人才；迅速发展函授与夜校高等教育。这一时期，苏联高等教育向工农敞开大门，使高等教育的数量得到了极大的增长。

第二次世界大战后，随着美苏之间冷战的开始，苏联高等教育紧紧围绕着与美国的争霸而进行，为了发展尖端科学技术而着重培养高素质的科学与技术人才成了这一时期高等教育的国家使命。同时，复员军人的涌人、国民经济的恢复与发展也为苏联高等教育的大发展提供了良好的外部条件。为了培养大量的科学与技术人才，苏联加大了对高等教育的投入。一方面，国家大大提高了国家财政预算对高等教育的拨款，从 1950 年的 7.21 亿卢布提高到 1970 年的 21.88 亿卢布，增长了 2 倍。[①] 另一方面，社会各企业、机构和团体提供经费以及高校自筹资金的比重也大大增加。这使得苏联高等教育在数量和结构上都得到长足的发展。

20 世纪 80 年代至 90 年代初，苏联高等教育仍按前一个时期的基本政策和基本做法在发展。但是，随着 1991 年苏联解体，长达近半个世纪的冷战结束了，俄罗斯联邦共和国成为苏联的主要继承者。在相继而至的政治民主化和经济自由化浪潮中，高等教育所处的生存和发展的背景发生了翻天覆地的变化——从依赖于包揽一切的政府转而直接面对由市场经济主导的、充满竞争的社会，由此带来了高等教育体制的整体性变革。高等教育开始面向市场，接受市场经济的挑战。

在 1992 年《俄罗斯联邦教育法》中，高等教育被纳入职业教育大纲中，而且在整个法律中的用词都是以“高等职业教育”来取代以前的“高等教育”或“高等专业教育”。可见，这个时期俄罗斯政府根据市场经济的需要，把高等教育的范畴归属为“职业性”。在教育管理上，政府也将普通教育、中等教育、职业教育和高等教育统统归一个“普通教育与职业教育部”管理。这也反映了俄罗斯要转变以前高等教育过于专注科学知识的专业学习而忽视社会变化需求的状况，从而使高等教育更注重市场需要的实际。

在规模和结构上，俄罗斯自 1992 年以来一直采取的是扩大招生规模的措施，招生

① 顾明远．战后苏联教育研究［M］．南昌：江西教育出版社，1991：281.

规模在不断扩大。这与经济危机带来的就业压力有关，为了减缓就业压力和由此带来的社会冲击，俄罗斯政府和其他许多国家一样，都采取让年轻人进一步接受高等教育的措施来延缓他们进入劳动市场的时间。此外，苏联解体后高等教育结构也发生了很大的调整，在类型结构上，1996 年《俄罗斯联邦高等和大学后职业教育法》规定，俄罗斯联邦高等院校共分为综合大学、学术学院、专业学院三个类别；在层次结构上，除了军事院校之外，均实行多元主体的办学体制，也就是非单一主体国家办学体制。国家权力机关、地方自治机关、本国和外国各种所有制形式的企业、单位及其联合公司和协会、已注册的各种社会组织和宗教团体、俄罗斯与其他国家的公民等都被纳入高校举办者的范围之列。这使得俄罗斯高校出现了办学形式多样化的局面，出现了国立的（联邦的）、地方的（即各联邦主体的）、非国立的（即私立的）三种形式的大学。在层次结构上，改变了传统的单一人才培养体制，开始实行多级培养体制。根据 1992 年公布的《俄罗斯联邦关于建立高等教育多级结构的暂行决议》，俄罗斯将高等教育划分为三级：不完全高等教育、基础高等教育和完全高等教育。

在管理体制上，由于苏联时期的高等教育是按照计划经济模式来管理，采用的是行政命令的方式，由国家国民教育委员会和各行业部门会对高等院校实行统一管理。这种管理模式不能适应市场经济的需求。为此，俄罗斯政府对高等教育管理体制进行了改革。首先，弱化了行业的部门管理方式，将大多数高等院校由联邦部门转由地方政府管理。由于没有了部门管理的限制，许多学校冲破原来的部门任务限制，改变了单一的培养方向和培养层次。其次，对高等教育管理机构进行分层并确定各自的权限，将中央集中统一和部门条块分割的管理变为“三层”管理，即联邦、联邦主体和地方自治机构三层。因此，国立高校有的归属俄罗斯联邦管辖，有的归属俄罗斯联邦主体管辖；地方高校归地方自治机构管辖；各管理层都有自己的管理权限。

6.3 高等教育发展的问题与变革

6.3.1 高等教育为谁服务——使命问题

任何一个组织为生存都必须确定自身生存的依据、生存的空间和生存的条件，也就是要确定其使命。只有明确使命才能统领全局、放眼未来、确定目标、落实任务。大学使命也就是大学的主要职责和任务，是大学所能承担的社会责任。大学使命既是大学理念的具体体现和外在形式，也是大学基于大学理念所应进行的实践，是大学的重大职责和根本任务。

随着社会的不断变革，大学的使命经历了多次的演变。中世纪欧洲的大学注重教学使命，此后，德国大学推进了研究使命的发展，20 世纪美国大学又提升了大众服务使命的地位。

大学最早出现在中世纪后期的欧洲，此时的大学为罗马教堂、政府和自治地区培养神职人员、行政管理人员、律师、政治家和商业人员，明确地把教学和学问作为大学目的。教学成为大学存在的最重要、最有力的理由和根据之一。19 世纪，纽曼（Newman）从推崇“博雅教育”的立场出发，对“教学是大学的唯一功能”做了强有力的论证。纽曼认为，大学作为传授普遍知识的地方，应为学生和传授知识而设。“假如大学的宗旨是科学上的发明和哲学上的发现，那么我不明白大学要学生做什么。”[①] 从中世纪一直到工业革命兴起的初期，大学的使命都是为社会培养“有教养的人”，是以传授专业知识（文、法、神、医）为主的场所。所以，布鲁贝克说：“中世纪的大学把它们的合法地位建立在满足当时社会的专业期望上。”[②] 可见，大学创立之初是以传递知识和培养人为主要目标的。

研究使命最具有影响力的是 19 世纪和 20 世纪早期的德国模式，尤其以普鲁士新办的柏林大学为代表。在创办柏林大学的过程中，洪堡认为，传授高深知识是大学的基础，但这种高深知识是脱离社会需要、超越社会现实的理念性知识。他主张大学不仅仅是一个教育机构，更应该是一个研究中心。大学的使命不仅是教育人，同时还要成为知识创造的源泉。柏林大学的理念和模式成为后来德国大学的典范，并逐步扩散到美国、英国以至全世界，科学研究成为大学的一项重要使命，尽管今天许多研究是在一些独立的研究机构进行的，但是大学仍然保持了研究的传统。这种传统的形成对全世界的大学产生了不同凡响的影响。例如，美国 1876 年创建的约翰·霍普金斯大学轻而之初就借鉴、采纳了德国大学的研究理念和研究生教育模式。1910 年，研究的理念就已经在美国大学中占据了统治地位。[③] 可见，19 世纪以来，除了教学之外，大学又增添了科学研究的使命。

大学使命的第二次转型是由美国高等教育系统引发的。随着民主理念在美国大学的影响日益扩展，公共服务作为大学的使命正式进入公众的视野。1862 年和 1890 年，美国两次立法通过《莫里尔法案》，以土地赠予的方式资助州立大学，要求大学拓展其在农业和机械科学方面的教学和服务活动，从而开启了美国大学服务社会的历程。1904 年，范·海斯（Fan Hayes）出任威斯康星大学校长。他提出，州立大学的生命力在于它和卅 I 的紧密关系中，即大学的发展必须与社会紧密联系起来，大学只有在服务

---

① ［英］纽曼·J. H. 大学的理想［M］. 徐辉，顾建新，何曙，译. 北京：人民教育出版社，2001：1.

② ［美］约翰·s. 布鲁贝克. 高等教育哲学［M］. 王承绪，等，译. 杭州：浙江教育出版社，2001：96.

③ Veysey. L. R. The Emergence of the American University［M］. Chicago and London The University of Chicago Press，1965：117.

社会需要的基础上，自身才有可能走向兴盛。在他的引领下，威斯康星大学把大学为社会服务的理念发挥到了极致，并将这种办学模式的影响扩展到全美甚至世界其他国家。“威斯康星理念”的提出和践行进一步加强了大学服务社会的使命，使大学在教学和科研之外还被赋予了第三项使命——服务社会。

大学是社会发展的产物，大学使命随着社会的发展不断多元化，大学的功能和作用也随着社会的发展而不断提升。可以说，大学作为一种学术建制的独特机构得以延续到今天，成为我们生活的重要组成部分，得益于大学使命的演变和发展。大学使命“变”与“不变”的交替，是大学永葆生命活力的秘诀。大学使命的每一次演变、发展和创新，都激发了大学的活力，推动了大学从社会的边缘走向社会的中心，确立了大学在人类文明进步中的作用和地位。

6.3.2 高等教育能否回避历史——传统问题

大学自治和学术自由是欧洲中世纪大学的传统，也是高等教育的精神所在，然而，随着时代的变迁、时光的流转，这些传统也发生了深刻的变革。

（一）大学自治

什么是大学自治？美国学者爱德华·希尔斯（Edward Shils）指出：“所谓大学自治是指大学作为一个法人团体享有不受国家、教会及任何其他官方或非官方法人团体和个人，如统治者、政治家、政府官员、教派官员、宣传人员或企业主干要的自由。”[①]英国学者罗伯特·伯达尔（Robet M. Berdahl）把大学自治舀子为两类，即实质性自治和程序性自治。他认为实质性的自治是指大学有决定自身目标和计划的权利，而程序性自治则是指大学有决定通过何种方式去追求自身目标和计划的权利。[②]

欧洲中世纪大学获得的自治权利主要有以下几个方面：（1）免税免役权和司法审判权。大学师生在研习期间免除各种赋税，乃至兵役。许多大学有权设立校内特别法庭，凡外人与大学师生发生诉讼，均由大学审理。（2）颁发任教特许状的权利。（3）罢课和迁校权。大学师生与教会、封建领主或市民发生冲突时，或在教学事务上受到无端干扰时，可以罢课、罢教，直至举校搬迁。

自中世纪大学确立大学自治原则之后，在19世纪之前，这一原则在西方大学中得以保存，即使在工业革命后，资本主义经济迅速发展的条件下，大学自治在一些古老的大学，如牛津大学、剑桥大学中仍然得以保留。然而，布鲁贝克指出：“大学是学术行会，历史会使我们想起，由于行会自行其是，因此很容易带有某些弊端，如散漫、偏执、保守、排斥改革。因此，在19世纪，英国和美国都不得不通过国家立法来打开

① 陈学飞．当代美国高等教育思想研究［M］．大连：辽宁师范大学出版社，1996：76.

② Burton. R Clark，etc. Encyclopedia of Higher Education［M］. Institutional autonomy. 1965：1388.

自治的高等学校的铁门，让新的学科进入课程，其中许多学科与人类利益休戚相关，而学阀们却顽固地将其拒之门外。”[①]

显然，固守象牙塔传统不利于国家的发展，也不利于高等教育自身的发展。英、美等国以立法、经济手段调控高等教育的职能，使得高等教育自中世纪以来的象牙塔式的自治传统发生了巨大的变革，高等学校的自治主要限于校内的事务和财政事务。自治对于高等学校来说成为一个相对的概念。

第二次世界大战后，高等教育日益从社会的边缘走向社会的中心，在国家的发展中发挥着越来越重要的作用。随着高等教育在国家政治、经济、军事、科技竞争中地位的日益加强，国家对高等教育的调控也日益增强。市场调节和社会参与的功能也逐步渗透，形成了高校、政府、市场和社会四者相互依存、相互促进并相互制约的运行机制。传统意义上的大学自治越来越多地受到政府、市场和社会的制约。

从高等教育的发展历程看，尽管象牙塔传统仍然受到人们的怀念，但传统的大学自治在现代高等教育体制中已不能适应社会发展的要求。因此，怎样看待大学的自主性？如何看待政府、社会力量对大学事务的介入？怎样使大学在现代社会中保持其独特的地位？这些问题一直是学术界颇有争议的问题。大学发展到今天，其传统的范式业已发生变化，大学要想继续保持原有的自治传统已变得不现实和不合时宜，大学自治是有限的自治，否则它将是一个抽象的概念。但是，大学的自治作为一种理念和精神是永恒的。对于现代大学来说，大学仍需要自由、独立和自主的机会，以适应新的时代。

（二）学术自由

在大学自治的基础上，中世纪大学还形成了学术自由的传统。根据英国《简明大不列颠百科全书》的定义：学术自由是指“教师和学生不受法律、学校各规定的限制或公众压力的不合理的干扰而进行讲课、学习、探求知识及研究的自由”。从这个定义可以看出，学术自由是大学的一种权利，也可以说是大学和教师享有的一项特权；学术自由的适应范围是学术人员的学术活动；学术自由的主要内容是思想自由、研究自由、教学自由、学习自由、言论自由和出版自由。

实际上，在柏林大学诞生之前，学术自由只是大学内部流传的一种思想、一种约定俗成的观念或一种特许的权利。直到 1810 年柏林大学创立，学术自由才作为一种明确的办学原则与指导思想在大学中确立下来。柏林大学基本上是以洪堡、施莱尔马赫（Friedrich Schleiemacher）和费希特（Johann Gottlieb Fichte）等的自由哲学思想为背景建立起来的。洪堡是新人文主义和自由主义的思想家，早在柏林大学筹建期间，他就撰文提倡大学自治和学术自由的思想。费希特是德国自由哲学的重要代表，他认为，

① ［美］约翰·s. 布鲁贝克. 高等教育哲学［M］. 王承绪，等，译. 杭州：浙江教育出版社，2001：122.

"只有思想自由，只有不受阻碍、不受限制的思想自由，才能建立和巩固国家的幸福。"[①] 在这些自由思想家的领导下，柏林大学将"学术自由"作为办学的基本原则，实行教学自由、学习自由和研究自由，成为西方学术自由思想和实践的策源地。

与大学自治面临的挑战一样，大学由于对政府和社会的依赖日益加强，它的社会责任也越来越大。现代大学在资金、政策方面享受政府的特殊照顾与社会的资助，所以它在提供训练、调查研究、教导以及诸如咨询、技术转让和继续教育之类的服务方面承担越来越重要的责任，学术必须为这些责任服务。从这个角度来说，学术是不完全自由的。回顾高等教育的本质，不难发现，一个国家的政治、经济、文化与这个国家的高等教育有着密切的关系，对学术活动具有制约作用。另外，国家的法律、国际通用准则、学术道德、校内经济状况等都约束着学术活动的开展。这样，学术自由概念的边界就与政治的、法律的、经济的、道德的问题连在一起，使得学术自由概念既不同于政治自由，又不同于哲学认识自由，是一个概念明确但是边界模糊的命题。

6.3.3 象牙塔还是服务站——理念问题

"象牙塔"原是法国19世纪文艺批评家圣佩韦（Sainte-Beuve）批评当时的消极浪漫主义诗人维尼（Vigny）的话，后泛指那种脱离现实生活的文学家和艺术家的小天地——一种与世隔绝、逃避现实生活的世外桃源。早期的西方大学曾经具有与社会保持一定距离，以维护其学术研究和教学自由的历史传统，这一状况被人们称之为处于象牙塔之中。西方大学象牙塔的精神传统为纯洁典雅、高贵神圣之义。"塔"具有内敛性和神秘性的文化内涵，而"象牙"则象征着洁白、高贵、神圣、坚韧等品性。作为一种象征，它提醒人们，大学是探求高深学问、追求真理、关注人类命运的场所，是人类文明进步的精神殿堂，失去这一内涵，大学将失去存在的意义。大学由于重视纯粹学术研究、传播高深学问、远离社会现实，被誉为"象牙塔"。象牙塔给大学的教师和学生提供了自由、宽松的学术氛围，使他们可以不为物质利益所动，不为功名利禄所驱，不为衣食住行而忧，以批判性的思维、独立的见解与卓尔不群的人格追求着真理，不受社会的干扰。

大学都是一定社会的大学，社会是大学的生存之基、立命之本和力量之源。象牙塔需要社会提供不尽的能源支持，同时社会也需要大学不断地释放社会需要的精神和理想，这种精神和理想对于社会来说是一种不可多得的稀缺资源。象牙塔脱离了社会这个基础，也会蜕变为不切实际的"空中楼阁"；只有社会不断向象牙塔输送能量，象牙塔才不会精神枯竭与理想虚幻。然而，随着大学与社会的联系越来越广泛，为经济和社会发展所作的贡献也越来越大，大学对社会的依赖，特别是对外来经费的依赖越来越多，这就迫使大学面临一种艰难的选择——如何既适应社会又崇尚学术，怎样才

---

① 费希特．费希特著作选集（第一卷）[M]．梁志学，编译．北京：商务印书馆。1990：149.

能在为当前的经济和社会发展需要服务的同时保持自己应有的独立品格和价值追求。

正因为如此，近百年来，围绕着如何认识和处理崇尚学术与适应社会之间的相互关系，一直存在着理性与功利、人文与科学、学术自由与文化专制、多元开放与闭关自守之间此起彼伏的、激烈的矛盾冲突和斗争。特别是当前，世界范围内出现的大学精神的衰微现象正引起人们的广泛关注。其突出表现是把大学仅仅当做为当前经济和社会发展需要服务的“服务站”，存在着过度专业化和严重的功利主义倾向，因而在一定程度上失去了大学应有的独立品格和价值追求，使之“附庸化”和“工具化”。

由于人们对“象牙塔”的态度不同，由此产生了不同的派别纷争。其纷争的根源主要来自对象牙塔价值与地位的判断，以及对大学传统之回归、现实状况之认识以及未来走向之预测的不同取向。根据这些取向的不同，可以将这些不同的意见分为重建派和走出派。

重建派面对目前大学的一些发展状况，担心大学在未来因缺乏象牙塔指引而迷失了自己的方向。他们认为象牙塔代表了大学的精神和理想，大学是传授知识、探究学术、追求真理的场所，是应该与世俗保持一定距离的神圣的知识殿堂，反对在大学推行功利主义和实用主义。他们倡导重建大学的精神和理想，维护大学自身的独立和自由。而走出派则关注和强调大学的社会功用，认为大学应该紧密联系社会实际，直接参与社会活动，直接为社会提供服务。他们倡导大学要发挥其服务社会的功能，实行开放式办学。

20世纪90年代以来，人类正在从工业经济社会向知识经济社会迈进，人才和大学在人类社会发展中的地位和使命正在发生着质的变化。时代强烈呼唤大学要走出“象牙塔”，同时又要坚持自己应有的独立品格和价值追求，既要服务社会又要引导社会前进。大学要运用自己拥有的文化、知识和精神的力量，代表“社会的良心”，对现实社会中的不良倾向进行独立的批判，以其新思想、新知识和新文化引导社会前进，拒绝“附庸化”和“工具化”，成为发展人类先进文化的重要力量。这正是大学服务于社会的职能在当代的升华和发展，是一种更高层次的服务。

第 7 章　成人教育研究

7.1　成人教育的历史发展

从国际上来看，“成人教育”尚未形成一个为人们所共同接受的、充分显示“全面性、权威性”乃至“国际通用性”的有关其自身的概念表述。在不同的国家，“成人教育”被赋予的具体内涵不尽相同，但学术界普遍认为，“成人教育”主要是指以社会成人为教育对象，以满足成人的社会发展需求和促进成人的个性发展为目的而开展的各种层次和各种类型的教育培训和教育活动。成人教育的发展大致经历了初创、确立和广泛发展三个阶段。

7.1.1　成人教育的初创阶段

最早的现代成人教育是在工业革命以后产生的。工业革命以后，生产方式的变革需要劳动者掌握读、写、算等基本知识与技能。同时，随着产业工人队伍的壮大，组织起来的工人阶级开始将争取受教育权作为斗争的一部分。此外，政治民主化增强了人们的社会参与意识。于是，在多种力量的作用下，多样的、有组织的成人教育应运而生。

(一) 工人讲习所的创办

工业革命以后，随着机器大工业的发展，工人阶级的队伍不断壮大，以要求提高工人政治和经济地位为背景的政治运动越来越活跃。作为工人运动的一部分，工人教育运动随之兴起。1799 年，具有职业讲习所性质的工人讲习班在英国格拉斯哥创办。1823 年，格拉斯哥的工人又创办了职工讲习所，由工人自己组织和管理。到 1850 年，各种工人讲习所在英国已发展到 610 所，拥有 10 万名以上的会员和 70 多万册图书。

受英国工人教育运动的影响，自 1820 年起，在法国尤其在巴黎地区陆续开办了不少工人讲座班，利用晚间免费为工人补习。这些讲座班主要进行识字教育和读写算的基础教育，并讲授职业所需要的几何、制图、机械等方面的知识。当时盛行互助教育，即在工人讲座班中采取互助教学形式，先教一部分学生，再由这些学生去教其他学生，借以弥补教师的不足。19世纪30—40年代，“理工协会”和由其派生出来的“爱好技术协会”是法国当时最著名的组织讲座的团体。

（二）民众文化运动的兴起

继创办职工讲习所之后，欧洲又出现民众学院、工人学院、民众高等学校、图书馆、博物馆等民众文化运动场所，并以这些场所为基地开展民众文化运动。

1824年，英国教会人士在谢菲尔德（Sheffield）创办民众学院，为工人提供夜间学习机会，所设课程有拉丁语、希腊语、法语、德语、数学、英国文学、逻辑学、演说和绘画等，侧重进行文化知识教育。继民众学院之后，莫利斯（Merlis）于1854年建立伦敦工人学院。学院要求，学员入校需经读写测试。学院开设算术与代数、英文文法、圣经、绘画、几何、政治、地理、历史等专修班级。

民众高等学校是北欧独有的成人教育机构，第一所民众高等学校系由葛龙维（S. Grundtvig）于1844年创建于丹麦。其宗旨是启发学生心灵、发展人性、开阔学生的胸襟，鼓励接受义务教育之后的人把职业经验和社会生活经验带到民众高等学校来，作为大家学习的资源。民众高等学校在丹麦很快发展起来，并传入挪威和瑞典。

在成人教育发展初期，图书馆和博物馆是重要的活动场所。德国资产阶级在刚刚兴起的时候，为了求得解放，曾提出“施教于民众，施教于人民”的口号。1794年，普鲁士允许人们建立俱乐部和社会团体。之后，博物馆经常举办有关自然科学的讲座和讨论会，音乐俱乐部经常主办各种音乐会。基督教会创办俱乐部和图书馆。工匠和农民也建立自己的俱乐部和团体。美国在19世纪30年代开始建立免费开放的公立图书馆。至南北战争发生前，免费开放的公立图书馆已成为美国重要的文化和教育设施。日本早期成人教育也是以图书馆、博物馆为基地进行的。

（三）民间教育团体的出现

工业革命以后，英国市民阶层随着其生活状况的变化，求知欲随之增强，英国各地相继成立向群众广泛普及知识以及促进科学和工艺发展的各种协会。这些协会多系当时的学者和企业家所办。他们创办普及科学知识机构，意在把科学上的发明创造应用于工业和其他产业，提高人们的生活水平。当时英国为普及大众教育而成立“友爱协会”，以青年手艺人和职工为对象，教授读、写、算以及图画、地理、历史、自然、公民、道德等方面的知识①。

19世纪40年代，德国一些知识分子建立工人教育协会，把教育作为工人阶级争取与资产阶级同等社会地位的一种途径。协会组织各类职业培训，争取完善的免费学校教育，争取应有的社会地位及政治权利。19世纪70年代以后，德国基督教也加入为工人组织的成人教育活动。1890年，德国出现“基督教德国民众协会”和“自由大舞台”

---

① 杜以德、姚远峰、李醒东著：《成人教育发展纵论》，中国人民大学出版社2007年版，第19页。

两个成人教育组织。随着工业化的进展，其他各种联合会、协会、小组等成人教育组织也普遍发展起来。

这些成人教育组织通过讲演、读书小组、学习班、旅行学习等活动，对社会地位低下的民众实施一定程度的普通文化教育，使市民了解一些最新的科学知识。

通过以上成人教育发展的事实，可以看出初创阶段的成人教育有如下特点：一是现代成人教育是工业革命的产物，与劳动者的职业活动联系在一起；二是早期成人教育的内容主要是科学知识的普及与读、写、算基础教育；三是图书馆、展览室是最早为成人提供学习条件的设施。

7.1.2 成人教育的确立阶段

19 世纪 70 年代以后，成人教育在世界各国相继兴起，并逐步走向制度化，各国出现各种成人教育机构；各国针对成人教育发展进行立法，使成人教育在一些国家具有与普及教育一样的法律地位；各国建立各种职业训练制度，国家和成人教育组织开始对成人教育活动实施监督。

（一）职工培训的开展

19 世纪初创建的工艺学校、厂内学校和徒工训练学校等形式，在这个时期为各国普遍采用，并得到较大的发展和提高。英国自 1860 年起开始为进入机械学校或类似机构学习的熟练工人举办考试。日本 1881 年《改正教育令》要求“授各种工人以职艺”，并建立东京职业学校等一批职工学校。1920 年以后，日本又扩充实业补习学校，承认农会和同业工会有设置学校培训工人、农民的职能①。1902 年，英国新教育法案把地方教育行政当局合并为 318 个，并赋予其支持技术教育、师范教育和成人教育的权力。第一次世界大战后，英国各大学接受 1919 年《重建成人教育委员会的最后报告》，重新组织校外教育，从而使大学的校外远程推广教育向着满足社会各类教育需求的方向不断发展。

（二）大学推广运动

大学推广运动是成人教育向高层次发展的开端。大学推广运动分为两个方面：一是创建新的大学或学院，二是提供成人大学课程。英国先后在七个重要的工业都市建立学院，兼有日校和夜校。1870 年，剑桥大学为普通市民开设校外扩展课程，它标志着近代大学层次的成人教育的开端。此后，英国许多传统的高等学校纷纷加入，逐步形成大学推广运动。英国大学推广的内容主要是人文科学，强调发展一般公众的思考才能。这一运动到 20 世纪初才发展到社会下层群众。在英国的影响下，美国哈佛大学于 1869 年首创夏季学校，其后许多大学也纷纷仿效。1891 年威斯康星大学和堪萨斯大

---

① ［日］细谷俊夫著，肇永和、王立精译：《技术教育概论》，清华大学出版社 1984 年版，第 140 页。

学成立推广部，1892 年芝加哥大学成立推广部，大学推广教育逐渐普及并形成制度。

（三）成人教育立法

20 世纪初，世界各国用立法确立成人教育的地位，保障成人教育的实施，是成人教育的重大发展。英国于 1924. 年制定《成人教育规程》。德国 1919 年在宪法中明文规定“各州、市都要促进包括成人教育中心在内的大众教育制度”。此后，德国的工会、教会、社会团体纷纷成立成人教育机构。法国于 1925 年制定徒工税法令，规定企业交纳工资总额的 2%作为企业职工教育的经费，保证职工教育的实施。1926 年美国全国成人教育协会的成立，是美国成人教育发展史上的里程碑。1926 年，在卡耐基公司资助下成立的美国成人教育联合会则把关注成人教育的各种力量联合起来，以推进成人教育的发展。这一切都标志着成人教育已被确立为一个社会活动的独立领域。

（四）成人教育的革命变革

1917 年十月革命胜利后，苏联立即发布《告民众书》，宣布劳动人民享有平等的受教育权利，广泛建立成人文化教育机构；此后又陆续颁布关于扫除文盲，成立工农速成中学等法令，为提高劳动者素质，为青年工人农民进入高等学校采取有力措施；1939 年又要求采取各种措施进一步把苏联工人阶级的文化技术水平提高到工程技术人员的水平。苏联的成人教育虽然起步晚，但由于受到新生社会主义国家政权的重视，其发展速度和规模引人瞩目。

20 世纪初，中国出现许多专为成年人举办的通学所、宣讲所、讲堂、夜校等办学形式。在新教育思潮的推动下，清政府于 1904 年颁布《奏定学堂章程》，将“实业补习普通学堂”列入“癸卯学制”系统图。这种“实业补习普通学堂”所招收的学生是年满 16 周岁且已从事农、工、商各业或准备从业的各类成年人。1911 年辛亥革命后，南京临时政府教育部设立社会教育司，推行成人教育。成人教育在其后颁布的几个学制中有所反映，各地进行了试验。此外，“五四运动”前后，接受共产主义思想的知识分子在各地办起工人夜校。中国共产党成立后，十分重视工人教育，在党的第一次代表大会决议中写入了劳工教育问题，随后各地工人学校明显发展。1927—1949 年，中国共产党在根据地和老解放区开办各种训练班、识字班、补习学校、干部学校以及冬学等，形成了为革命战争服务的生气勃勃的群众教育运动。

这个阶段的成人教育有如下特点。第一，各国政府以法律确定成人教育的地位，保障其实施，使成人教育得到稳定的发展。第二，成人教育特别是职工培训有较大的发展，职工学校成为当时的普通形式但培训的内容仍限于初级技术。第三，大学推广运动，从校外讲座发展到大学开放，显示出成人教育向高层次发展的客观需要。

7.1.3　成人教育广泛发展阶段

第二次世界大战后，在新技术革命推动下，社会生产迅猛发展，并导致产业结构、职业领域变化加快，成人教育取得前所未有的广泛发展，成人教育研究机构不断扩展和完善。

（一）各种成人教育机构发展并形成层次

第二次世界大战以后，为了医治战争创伤、发展经济、安排军队转业人员等，各国的教育事业包括成人教育在内都有很大发展，教学机构向多样化、多层次扩展。成人教育不仅在机构上形成了体系，而且在内容上也形成由基础教育、学历教育、职业教育、社会文化与生活教育、环境教育等构成的结构体系。

1. 职业培训体系的完善

二战后各国为发展经济、增强竞争力，都将职工培训、就业前培训作为人力资源开发的重要组成部分，大力推行。一是制定法律和政策，予以保障。二是建立政府统筹协调机构，确立国家、企业和社会团体的责任。三是不断完善培训体系，适应广泛需求。经过半个世纪的努力，职工培训体系日趋完善。

2. 继续教育机构出现

英国《1944 年教育法》首次使用“继续教育”的概念，对超过义务教育年龄、能够又愿意继续学习的任何人，提供有组织的文化教育和训练。之后英国建立起从中央到地方各层次的继续教育机构，被誉为“继续教育之国”。法国在 1951 年就由劳工部与巴黎大学合作设立劳动社会科学研究院，后来又成立劳工研究院，提供多层次的课程和培训。联邦德国于 1956 年由哥廷根大学首创继续教育部，随后此类机构数量增加，于 1968 年成立大学成人教育工作团，研究、计划和协调继续教育工作。

3. 远距离教育的发展

最早的远距离教育是函授，之后随着教学手段的现代化，又出现了广播、电视教育和卫星教育。第二次世界大战以后出现的新型远距离教育机构就是开放大学。英国的开放大学是较早建立的非传统形态的成人教育机构。新的远距离教育形式被称为 20 世纪成人教育的创举，它使成人教育突破时空的限制，革新了成人教育的教学方法，扩大了成人学习的途径。

4. 老年人教育

第二次世界大战以后，经济的发展、科技的发达以及相对稳定的社会环境使得人的寿命普遍延长。在终身教育思想的影响下，许多国家出现以老年人为对象的成人教育机构。虽然欧美一些国家颁布相关法令将 65 岁作为老年人的界定点，但在实际的老年人教育活动中，60—65 岁的人也包括在其中。

5. 综合性多功能成人教育的兴起

第二次世界大战以后，由于成人教育实践的蓬勃发展，出现一些新型的成人教育机构，如日本的公民馆、英国的乡村学院、法国的老年大学等。其特点是具有综合性功能，集教育、娱乐、体育运动于一身。20 世纪 80 年代以来，随着高新技术的发展，经济、科技和教育一体化的互相影响，一些综合的现代化培训中心发展起来。这是跨学科、跨行业、跨地区的组织，兼有成人教育、科学研究、技术开发与推广、生产试验、商业贸易等功能。

（二）教育内容的扩展和多样化

成人教育最早的内容主要是基础文化知识教育，以后逐渐扩展为社会生活教育、公民教育、生计教育、环境教育等。随着社会的发展，人们对地区社会的参与度不断加深，以及社会对人的要求不断变化，成人教育的内容也不断变化，尤其是第二次世界大战以后，成人教育的内容发生如下一些变化。

1. 职业培训体系形成

第二次世界大战后，各国面临迅速恢复和发展经济的任务，这促使职业教育一跃成为成人教育的核心，并得到法律的支持，一些较发达的国家大都形成职业训练体系。由此面向社会的培训和企业内教育在社会经济、科技和社会发展中的作用越来越重要。

日本于1946年颁布《职业安定法》，规定了全国统一的职业训练标准。1958年，《职业训练法》开始实施，该法规定职业训练的目的是发展劳动者的职业能力，以使就业安定、提高劳动者的地位。法国也颁布有关职业教育与职业培训的法规，为成人职业教育提供保障。在1978年的立法中更是明确提出提供成人继续教育是国家的义务。德国于1969年颁布《就业促进法》《职业训练法》《训练促进法》，通过技能训练和技术级别提升来增进工人向上流动的能力。

2. 成人教育的国际交流与合作

成人教育的国际合作与交流是这个时期的一个显著特点。1949年，联合国教科文组织召开第一次国际成人教育大会。其后在1960年、1972年、1985年相继召开第二、三、四次国际成人教育大会，洲际或区域性成人教育会议更加频繁，这一切标志着成人教育进入国际化的新阶段。同时，广播、电视和电子计算机以及其他现代化教育手段，逐渐进入教育领域，打破空间界限，为成人教育的广泛发展提供了强有力的工具。

（三）成人教育理论研究日渐活跃

总体来看，成人教育理论发展落后于实践。不过，随着实践的发展和教育科学理论以及社会科学理论的发展，各国成人教育理论研究也逐渐活跃起来。联合国教科文组织总结其1960年召开的第二次国际成人教育会议的成就时就说："在许多国家里形成了一种探索精神和一连串行动，并导致了许多国家成人教育组织的改善和成人教育作为一个研究领域的形成。"① 自20世纪60年代以来，主要由成人教育研究者先后提出了终身教育论、回归教育论、自主学习论，成为指导世界成人教育发展和改革的基本理论。

这个阶段的成人教育有如下特点。第一，国际经济竞争空前激烈，许多国家的企

---

① ［瑞典］胡森等主编，中国《国际教育百科全书》编委会译：《国际教育百科全书》（第九卷），贵州教育出版社1990年版，第386页。

业认识到经济竞争就是人才的竞争，为企业生存而培训职工被提到突出的地位。大力发展企业职工教育，实行企业办学。第二，随着中等教育的普及，要求大学向成人开放。成人教育向高层次发展。第三，终身教育思想日益为各国所接受，它对于转变人们的教育观念，推进成人教育向终身化方向发展起着重要作用。虽然各国国情不同，成人教育终身化的模式和进程不同，但终身化的方向则是一致的，这也是当代成人教育的重要特点。

综观成人教育的历史发展阶段，进行纵横比较，我们可以得出以下三点基本认识。

第一，现代成人教育是社会化大生产的产物。它的发展与生产力水平有密切联系，但同时也受到社会制度、政治形势、文化背景和教育程度的制约。因此，各国成人教育的发展不一定是同步的，有的还存在明显的差别。

第二，成人教育的发展体现了自身规律。它在职能上逐渐扩大，形成全方位多功能的格局；在层次上由初级到高级，并向大学后延伸；在办学形式上由非正规到正规，并向两者结合发展；在内容上由识字和技艺训练到专业培训，并向全面提高素质深化；在方法上由讲授到有指导的自学，强调学会学习。

第三，终身教育思想对成人教育乃至整个人类教育的影响都是深远的。它为人们思考成人教育的价值和地位、成人教育活动开展的原则、成人教育对个体全面发展的关注、成人教育在整个人类社会生存中的意义等提供了新的空间，也为成人教育实践深入到为个人全面发展服务并成为人们的社会生活方式提供了理论基础。

7.2 成人教育的基本经验

经过长期的历史演变，特别是二战后的广泛发展，世界各国的成人教育积累了一些经验，其中有些经验具有共同性。

7.2.1 重视立法工作，确保成人教育的实施

各国政府重视、建立法规保障是促进成人教育事业发展的重要措施，也是政府干预、管理、控制教育的一个重要手段。在成人教育初创阶段，各国普遍对成人教育立法不够重视。虽然少数工业化国家对成人教育各方面有一些成文的规定或法律条款，但都散见于其他法律条文之中，没有独立的相关法律。在成人教育的制度化阶段，各国成人教育迅速发展，同时各国政府也意识到成人教育在国家政治、经济、文化发展等方面不可替代的作用，于是在积极发展成人教育的同时通过立法的手段使成人教育规范化、制度化、系统化。

1958 年，日本颁布《职业训练法》，规定职业训练的目的是发展劳动者的职业能

力。1978年，日本又公布《职业训练法》修正案，进一步强调企业内职工训练，明确企业内和社会上职业训练各自不同的任务。1988年，日本设立终身学习局，首创了为终身学习体系建设而专门设立国家级行政管理机构。1990年，日本又颁布《终身学习振兴法》。由国会专门制定终身学习的国家法律，这在世界也是首例。自此日本先后颁布了《实业补习学校规程》《徒弟学校规程》《职业训练法草案》《新职业训练法》等一系列法规。目前，日本在所有的都道府县政府都设立了专司终身学习的行政机构。

英国于1988年以法律的形式发表《学习时代》绿皮书；1999年，又颁布《学习成功》白皮书；2000年出台《学习与技能法》，同时设立成人学习督导制度，创办产业大学，开展各项活动。

美国政府对成人教育采取有重点的干预方式，各级政府主要以立法、拨款等形式重点资助有关全局的、福利性的和紧急的培训，但对培训机构的具体运作很少干预。政府和社会各界的重视与参与，形成了有利于美国成人教育发展的外部机制，使得美国成为成人教育总体上最发达、人力资源开发最先进的国家之一，并且吸引了超过1/3的成年人参加学习。

法国政府将发展继续教育作为国家政策，从法律上固定下来。1971年，法国通过《继续教育法》，1978年、1984年又进行重要的修改和补充。法令明确了继续教育的地位和作用，政府、地方、公立和私立教育机构以及职工个人、集体、企业主等各方面的义务和权利。

德国是一个注重法治的国家，其各领域的政策、活动均有完善的法律支撑，在成人教育领域也是如此。德国先后颁布上百部与成人教育相关的法律，通过法律保障成人教育的地位，规范成人教育的各项活动，最终促进成人教育健康有序地发展。从20世纪60年代起，德国陆续颁布多部重要的与成人教育相关的法律法规，主要有《职业教育法》《劳工促进法》《继续教育法》《远距离教育保护法》《教育假期法》等。

1993年，俄罗斯政府颁布《保护夜校普通教育体制法案》，确立了非全日制夜校在成人教育体系中的法律地位。同年，俄罗斯颁布了另一项成人教育法规——《教育中心草案》，决定设立新型的成人教育中心，以最大限度地满足大量退学者、即将离校就业者及成人的特殊教育需求。1997年，俄罗斯联邦主体成员国跨国会议通过俄罗斯第一部较为完善的成人教育法案——《俄罗斯成人教育法》。2001年，俄罗斯杜马通过《俄罗斯补充教育法》，该法将成人补充教育列为国家补充教育的重要组成部分，使成人教育更加规范。

中国随着经济建设的发展，加快成人教育立法的步伐，继1987年《关于改革和发展成人教育的决定》之后，1993年又发布《中国教育改革和发展纲要》，其中肯定“成人教育是传统学校教育向终身教育发展的一种新型教育制度，对不断提高全民族素质、促进经济和社会发展具有重要作用”。1995年，中国公布《中华人民共和国教育法》，作为教育的根本大法，明确规定“从业人员有依法接受职业培训和继续教育的权利和义务”，“国家鼓励学校及其他教育机构、社会组织采取措施，为公民接受终身教育创造条件”。

7.2.2 采取多形式、多规格办学，适应各种社会需求

从总体上看，成人教育的办学机构规模十分庞大。由于各级政府、公办和私立高校、民间团体和企业积极开展成人教育，大大推进了成人教育的发展。在当今成人教育多元化的趋势中，成人教育的办学模式更加丰富多样。传统的成人教育通常是脱产、夜校、函授、半日制、自学等比较单一的教学模式。可到今天已经出现了日校、夜校、周末学校、巡回教学、函授、远程教育、网络教育、长短期职业培训等各种办学模式并存的局面。目前，各国的成人教育正在加强它们内部的联系并形成一体化的制度。现从以下五个方面分别阐述。

（一）学校成人教育

国民教育体系中各级各类学校兼施成人教育，是各国的基本做法。这样可以充分运用学校设施完善、、师资力量雄厚和学科门类齐全的优势，促进成人教育的发展。

成人初等教育：主要是中小学参与扫盲和文化普及工作。

成人中等教育：主要是在普通中学、中等专业学校、中等职业学校的基础上发展起来的。有的采取夜校、函授、部分时间制向成人开放，有的则与地区和企业合办成人中等学校。美国公立中小学成人教育联合会明确指出，公立中小学是由社会维持的、向成人提供教育服务是必不可少的项目。它们既办日课班，也办夜课班，有的还办周末班，成为各种年龄的人的学习中心。社区学院也向成人开设相当于中等程度及其以上程度的职业教育课程。

成人高等教育：由于中等教育的逐步普及和教育民主化的进展，大学向所有的成年人开放已成为世界性的潮流。不仅传统的高等学校向成人开放，而且新型的成人高等教育机构也相继产生，即通常所说的大学开放和开放大学。

继续教育：这些年来，科技工程人员的继续教育（继续工程教育）在欧美成为高等教育的重要组成部分。许多国家将其纳入政府和企业管理，成为政府行政领导与企业管理的重要内容。很多国家还立法予以保障，例如，加拿大的《教育制度法规》明确规定，参加继续教育者每年可免去50个工作日，离职进修学习期间企业仍支付基本工资。很多国家把大学作为继续工程教育的发展基地，如美国的麻省理工学院、加州大学、哈佛大学、斯坦福大学等。

（二）企业职工教育

在激烈的经济竞争中，企业家们普遍认识到人才对企业发展生死攸关。他们大量投资发展企业内教育，竭力在人才问题上掌握主动权，以更新企业职工的技术知识，加速培养高水平的管理人员。各国企业教育都有自己的特色，但也有一些共同的方面。

在对象方面，上至企业领导人，下至徒工都要接受培训。

在目的方面，主要是提高职工专业知识和技术水平，为发展本企业服务。为达到上述目的，他们对各类员工进行有针对性的培训。比如，对不具备普通中等文化程度者，要求他们通过各种方式提高到相应程度，同时结合职业特点进行专业技术培训。日本企业的职工培训有五类：一是对新录用的大学毕业生和初、高中毕业生的培训，二是对新调入职工的培训，三是对即将晋升职工的培训，四是为引进新技术和新设备而实施的培训，五是其他内容的培训。一位英国学者在研究了日本经济发展的经验后指出，日本经济取胜的主要原因是管理、培训和教育的结合，是学习别国的长处为其所用。日本与西方国家最大的不同在于：西方的管理者是官，管理、监督、检查下属的工作，而日本的管理人员不仅是管理者而且是教育者。

在考核方面，各发达国家的企业职工都需要经过培训、考核才能晋级提薪。比如，法国的企业从专业技术工人和质量检验人员中培训出技术员和工段长，又从技术员和工段长中培训出工程师。每次培训结束都要进行考核，其成绩作为晋级提升的依据。

在形式方面，基本上有四种。一是岗位培训，一般是采取边干边学的方法。例如，日本的岗位培训是由企业内顶头上司或长辈职工，通过日常工作，就工作所必需的知识、技能、解决问题的能力、工作态度等，对下属或晚辈职工进行有计划的指导。岗位培训的主要原则是：培训者以身作则，提出有吸引力的奋斗目标；善于激发职工学习的积极性。岗位培训的方法和步骤是：根据企业的岗位规范和工作要求，找出差距，确定目标，制订计划；上司示范指导，职工相互启发，及时进行评价，抓紧个别辅导。二是离职进行短期培训，如办各种研究会、讨论会、学习班、专题会和短训班等。据1992年日本劳动职业能力开发局调查，1991年有职工离岗“教育训练”的企业达70%。英国企业管理协会每年举办专题讨论会达两千多次。这种离职培训一般在企业内进行，在教师的指导下，研究解决企业管理上所遇到的各种难题。三是离职进专门机构或学校接受培训。例如，美国对于“通才”的培养，是把企业中的中、高级管理人员送到著名的大学深造；培养“专才”是在普通大学或职业学校或各大企业的培训中心里进行的。四是企业与大学合作培养人才。例如，通用汽车公司有专职继续教育人员200—300人，与著名大学合作办学，每年开支继续工程教育经费约七亿美元。

在制度方面，许多国家都采用“教育休假制”来实现终身教育思想。教育休假一般是作为工作时间来对待的，在此期间由企业发给全部或部分工资，或由国家给予某种补助。德国从法律上规定了教育休假制度：所有工人在两年内均可享受10天的教育休假。除实行教育休假制度以外，一般国家的企业还建立了职工终身教育体系，着力强化放眼未来发展的企业教育。在美国的环球石油产品公司，当一个职员来到公司工作时，公司就为他制订终身培养计划。此后，企业和职工通力合作逐步实现这份计划。

总的来说，企业职工教育具有反应迅速、针对性强、灵活多样等特点。能适应科技迅速发展的要求，在许多国家备受重视。

（三）成人社会教育

由于人们的文化需求日益提高，成人社会教育发展很快，主要是满足成人学习、休闲、保健等方面的需要。现代社会以其丰富的文化设施为成人社会教育提供方便。

日本的民众教育活动一直受到政府的重视。1949 年颁布的《社会教育法》就明确规定：国家、地方和民众教育团体必须为民众提供接受继续教育的机会，以唤起人们学习的欲望，提高其技能和修养，发扬民族文化传统，提高社会的文化水平。目前，在日本各地拥有各种名称的民众大学，如市民大学、农民大学、自由大学等，其主要目的是广泛开展民间学习活动。这些民众大学举办各种形式的学术讲座，题目涉及哲学、社会学、心理学、科学思想史、日本的前途等方面，也包括技术方面和农业现代化中遇到的各种问题。

俄联邦的社会教育工作，在 20 世纪 90 年代发展迅速，其目的在于沟通家庭教育、学校教育和社会教育，改善人与其周围社会环境的关系，协调并调动一切影响人的个性发展的文化教育因素，提高社区成员生活质量。通过开展多方面的居民社会帮助活动，防止、缓和、减少、消除人与人之间及人与环境之间的种种冲突，挖掘每一个人的潜力，发展每一个人的创造精神，丰富他们的个性，顺利地实现个体的社会化。

美国很早就有利用报刊、图书室（馆）进行成人社会教育的传统，后来这种传统得到发展和完善，形式和内容更加丰富。1973 年，加利福尼亚大学推广部正式利用报纸开设第一个全国性课程，每周刊载国内著名学者撰写的教材，配合专门的辅导资料，安排面授和答疑等。通过读书俱乐部、图书馆、讨论班向公众提供社会教育也很普遍。例如，美国图书馆联合会组织的美国遗产问题讨论小组，美国政治教育基金会组织的世界政治问题讨论小组，在成人教育中颇有影响。社区图书馆也向公众开放，在比较偏僻的农村，设有流动图书馆，用汽车把图书送到居民住宅附近。图书馆的业务不仅包括藏书、借书，还装备了录音机、电影机、多媒体电脑等多种视听手段，成为社区的信息中心。许多图书馆还举办书评组、讨论班和阅读俱乐部。历史、科技、工业、艺术等各种博物馆也举办讲座、研讨班和有组织的旅游活动，从而吸引一大批成年人，提高这些机构的教育价值。此外，天文馆、气象台、植物园、动物园等也都为人们学习自然科学知识提供了学习与观察的场所。

（四）成人夜校

成人夜校是近代以来成人教育的一种常见形式。无论是美国、日本等经济发达的国家，还是发展中国家，夜校几乎是所有国家都采用的一种成人教育形式，其中英国、德国的成人夜校比较典型。

英国的成人夜校具有悠久的历史，在英国的成人教育工作中发挥过巨大的作用。英国的成人夜校最早出现于 18 世纪，在 19 世纪中叶取得较大发展。当时夜校教育的内容以实用知识为主，如写作、阅读、数学、地理等。19 世纪下半叶，英国产业革命要求更多的熟练工人，民间遂兴办了成人职业技术教育。在这种情况下，自 19 世纪末开始，英国的成人夜校课程便以职业技术教育为主。20 世纪上半叶，成人夜校获得蓬勃的发展，到 20 世纪 50 年代，英国全国各地的各种成人夜校达 8 000 余所，仅英格兰和威尔士两地，夜校的学生就达百万之众。

德国的夜间民众学校也是一种采用夜校形式的成人教育。第二次世界大战以后，德国的夜间民众高等学校成为德国公立成人教育体系的核心，遍布全国各地，并形成了一个稠密的成人教育网。民众高等学校在安排教育内容上具有广泛性和群众性，教学方法和课程组织形式具有多样性。

（五）开放大学教育

大学教育的开放既包括向民众开放传统大学，也包括建立新的开放大学。开放大学的形式主要有两种：一是大学举办公开讲座，二是大学设置夜间部和函授部。大学举办公开讲座的目的是为成人提供大学水平的教育，讲座的内容、方法等灵活多样。由于这种公开讲座可以使人们在短期内学得某种新知识和掌握某一学科，所以很受欢迎。英国大学举办公开讲座历史悠久，至今仍兴盛不衰，并受到国家的补助。日本的大学公开讲座，主要由各级教育委员会利用公民馆、图书馆、博物馆和社会教育设施以及在私立大学举办。自 1971 年英国创建开放大学以来，开放大学以其开放的招生方式、以学生为中心的课程设置、以远程的教育方式、以现代化的教学手段和灵活的管理机制，受到世界许多国家的群起仿效，发展相当迅速，现已成为成人高等教育的重要形式。

7.2.3 加强理论研究，使教育适应成人学习特点

长期以来，教育者只是以教育理论的一般原理来解释成人教育的工作。直到 20 世纪初，少数国家方开始探索成人学习的理论。60 年代以后，随着终身教育思想的广泛传播，成人学习理论的研究渐见繁荣。成人学习的可能性、成人智力的发展变化、成人学习的兴趣与动机、成人学习需求等问题成为各国成人教育研究的重要课题。根据他们的研究成果可以得出以下结论。

（一）成人学习能力的增长不因生理成熟而终止

研究表明，人的智力如注意、记忆、思维等能力的发展在成年后并未停止。有的学者将成人智力分为言语智力（以知识、社会为基础的推理活动能力）与操作智力（以抽象推理、操作活动为依据的能力），或分为受人的生理机制、遗传因素制约的流体智力及与知识的积累、经验及环境等因素相关的晶体智力[①]。在他们看来，成人智力总和保持稳定状态，成人学习时，两种智力成分都参加活动，因此，其学习能力并不低于青少年。

---

① 李中亮、焦春林、石建华等著：《新时期成人教育发展研究》，河南大学出版社 2009 年版，第 188—189 页。

（二）成人学习能力不随年龄增长而明显下降

年龄增长与学习能力之间关系的研究证实，成人（20—40 岁）的学习能力并不随年龄增长而降低。生物学家证实，人至成年后，大脑重量达到人脑发育的终止量，神经细胞增至上百亿个，使大脑的高级神经活动技能进一步完善。成人大脑的潜在功能是巨大的，其所用者甚少，未曾利用的潜力高达 90%，成人实际学到的东西比他们能够学到的东西要少得多。虽然生理器官乃至整个机体的衰老将影响人的学习和思维活动，但这更多的是学习效率的降低，而非学习能力的丧失。若教与学能适应成人不同年龄阶段的特点，成人的学习潜力便能得到正常发挥。

（三）学习与训练是保持学习能力的重要因素

智力的训练及持续不断的学习是学习能力得以巩固和发展的重要因素，也是延缓智力衰退的有效手段。研究表明，40 岁以后，人的机械记忆力减退，但理解性记忆力增强；批判能力（批判、思考能力）逐步提高，逻辑思维能力及解决问题的能力日臻成熟。因此，勤于学习、善于思考者将终身保持学习能力。

（四）成人期可能成为创造活动的黄金时期

成人的智力活动更多地受知识的积累、经验及社会的影响，这些影响是补偿机体功能衰退的手段，成人由此可保持终身不变的学习能力。有的学者认为这部分智力即晶体智力正是成人学习的优势所在。成人创造性的研究成果也证实了这一点①。

上述研究成果有助于正确认识成人学习的特点，采取科学的教育和教学方法。成人学习是一种特殊的学习活动，除扫盲外，具有延展性、继续性的特点。成人的学习同社会实践有密切联系，具有鲜明的现实性，因而学习的目的明确，能够形成恒定的学习动机；成人学习的自制力较强，能够产生毅力和决心，克服不利于学习的各种因素；成人的学习是在已有知识经验基础上的再学习，这些经验构成了丰富的学习资源和进行新的学习的基础。

7.2.4 加强师资队伍建设，提高成人教育质量

各国成人教育师资的来源有两个，一是培训专职的成人教育师资，二是聘请兼职教师。

许多国家都重视成人教育师资的培训工作。在美国，每个州至少有一所高等学校对成人教育师资进行培训，开设本科和研究生课程以及多种短期培训班。在北欧国家，除了由与教育有关的团体开设成人教育师资培训课程，有的还设有成人教育系，承担成人教育师资培训工作。日本明确规定成人教育师资必须经过严格的培养和训练。各国成人教育师资培正逐步向正规化、制度化发展。

---

① 毕淑芝、司荫贞主编：《比较成人教育》，北京师范大学出版社 1994 年版，第 223—224 页。

聘请兼职教师也是成人教育的师资来源之一。在各国成人教育工作者队伍中，兼职教师所占的比重相当大。一般来说，实行专职和兼职教师相结合是成人教育的特点，关键是要坚持标准，保持专职教师的适当比例，才能保证成人教育稳定而顺利地发展。

很多国家成人教育的质量能够得到保障，人们参与成人教育能够得到真关瓷滚萄掌觅运产镒浇氲篷箍搦萌移固群蒴桶褥氘欧盟国家对成人教育的宏观调控主要采用立法、拨款、国家考试、宏观规划等手段，对成人教育形成综合的调控效应。各国政府对成人教育的宏观调控均有不同的形式。英国政府于1964年设立“全国学位授予委员会”，其颁发的成人教育证书须经过有关团体或组织的严格考试，以维护成人教育的质量和声誉。法国于1986年设立一种对学习者通过正规教育以外的途径所取得的学习成果予以认可的认证中心。这种认证中心的宗旨在于使正规教育学历以外的知识和技能得到社会的肯定。通过认证中心的资格认证，个人无论是在何种渠道获得的经验、技能都可以被认可。这种中心的目的是使个人的学习成就获得一种永久性的资格认证记录，通过资格认证来帮助个人成功谋职或参与相关的继续教育活动。

7.2.5　社会机构积极参与，协同发展成人教育事业

贯穿于人一生的教育是多学科、多层次、多规格、多形式的，单靠政府的力量是难以实现的。各国的实践证明，各种社会团体和机构都对成人教育的发展起着协调和推动作用。

1926年，美国全国成人教育协会成立，为积极推动成人教育工作的开展做出了很大贡献，被称为美国成人教育史上的里程碑。其后在美国，许多专业联合会，如美国医学联合会、全国制造商联合会、美国报纸编辑学会等全国性的组织以及各种专业性的地方联合会等，都为其成员接受教育提供大量的机会。某些民间团体通过在地方、州和全国性的机构开设成人教育课程。比如，全美大学妇女联合会等妇女团体就经常围绕妇女普遍感兴趣的问题，举办专门课程或开设讲座、研讨班等。又如，家长—教师联合会这类组织也经常开办讲座和课程，还有工会组织通过多种形式，如出版期刊，举办讲座，开设各种研讨班或课程来实施成人教育，这些团体和组织都是主办成人教育的重要机构。

在德国，工商联合会及其各地的基层分会，专门负责职工教育的考核工作。工会组织也通过办成人学校和其他形式开展成人教育。甚至教会也办成人教育。德国的成人教育，包括成人职业教育，有相当一部分是由非官方的社会团体、工会和教会举办的。

许多国家的政府对成人教育主要是负责制定法律和政策，进行监督和管理，而具体事宜则往往交给非政府组织去办理。当然，各种承办成人教育的非政府组织和民间团体不论是否接受政府的资助，都依法接受国家的监督。法国政府主管全国职工培训的是继续教育局，它往往采取纵向和横向的方式与各部委、地区、企业、民间组织签

订协议，以推动继续教育的发展。

7.3 成人教育的发展趋势

当前世界科学技术加速发展、国际经济一体化的格局正在形成，为成人教育提供了广阔的发展前景，同时也提出了严峻的挑战。在新的历史时期，世界成人教育的发展呈现出以下发展趋势。

7.3.1 成人教育向继续化和终身化发展

终身教育的思想在欧洲乃至全世界形成一种重要的国际教育思潮，是从 20 世纪 60 年代开始的。终身教育包括教育的一切方面，指的是人们在一生中所受到的各种培养的总和，在时间上包括从婴幼儿、青少年、中年到老年的正规和非正规教育和训练的连续过程，在空间上包括家庭、学校和社会等一切可利用的教育场所和方式。教育活动被认为是一个整体，所有的教育部门都结合在一个统一和互相衔接的制度中。这个体系并不排斥学校教育，而是把它包括在其中，成人教育也是它的组成部分。

日本政府采纳临时教育审议会 1987 年的“向终身教育体系过渡”的建议，于 1988 年将社会教育局改名为终身学习局。1990 年，日本又颁布《终身学习振兴法》，旨在满足国民对终身学习机会的要求，明确从中央到地方政府各部门的职责和互助协力体制。例如，通商省对工商企业从税制上予以支援，以振兴居民的终身学习事业；劳动省制订终身职业能力开发计划；厚生省根据老龄化社会的需求，为建设新的有活力的长寿社会采取措施。

美国在 1994 年生效的《2000 年目标：美国教育法》把终身教育列为目标之一，它要求“每一个美国成人都识字，并具有在全球经济竞争中所需要的知识和技能；都能正当行使公民权利并尽公民义务；大力加强各企业的职工培训，使所有的工人都有机会获得适应新技术所需要的知识和技能；向家长提供成人教育、培训和终身教育”。

韩国于 1983 年修订宪法时，把“国家提倡终身教育”的条文正式列入。1992 年，韩国修订《韩国教育法》，对实施终身教育做出具体规定。1995 年，韩国又召开全国教育者大会，提出“实现世界化的新教育”的构想，将终身教育列为第一大课题，要求建设一个人人都可以终身学习的社会以保证国民根据自己的意愿在工作单位和学校之间自由进行学习。

中国 2010 年颁布的《教育规划纲要》将“继续教育”单列一章，第一次从国家政策层面系统阐述“继续教育”的概念及内涵、任务，并从国家层面对继续教育进行整体规划，肯定了继续教育在构建终身教育体系中的重要作用，提出发展继续教育的具体措施和保障条件。中共十八大报告中也同样明确："办好学前教育，均衡发展九年义务教育，基本普及高中阶段教育，加快发展现代职业教育，推动高等教育内涵式发展，积极发展继续教育，完善终身教育体系。"

7.3.2 成人教育进一步专业化和制度化

专业化是成人教育追求的核心目标。从宏观上讲，成人教育专业化是指成人教育逐步形成自身的理论体系、成立专业组织、开展学术研究以及获取国家法令保障的过程；从微观上讲，成人教育专业化是指实现成人教育教学人员、行政管理人员和教学管理活动专业化的过程；从外部保障机制上讲，成人教育专业化是指实现办学主体规范化和课程设置科学化的过程。

2011 年，罗马尼亚率先将成人教育工作者专业化体系的建设工作以立法的形式提出。随后，罗马尼亚启动了国家"成人教育工作者专业化体系研究,，项目。该项目由欧盟委员会资助，由罗马尼亚国家教育部、布加勒斯特大学、终身学习发展协会以及罗马尼亚成人教育研究院共同参与推进，旨在探索罗马尼亚成人教育工作者专业化体系的可行方案①。

相比教育的其他领域，德国成人教育受到政府的控制最少，原因是"要最大可能地满足继续教育的迅速变化和复杂要求，就只能通过各种相互竞争的机构来提供服务"。尽管如此，德国普通成人教育还是因其作为一个专业学科领域而日益受到关注，不断向专业化的方向发展②。

另外，随着成人职业教育的深入发展，实行职业资格证书制度已成为制度化进程的一部分。例如，英国、韩国、新加坡和加拿大等国，将建立职业技术考核制度作为职业培训体系的重要组成部分。英国政府从 1986 年开始推行国家职业资格证书制度，成立国家职业资格委员会。

目前，世界上实行的职业资格证书大致有如下几种。①国家职业资格证书。如英国、日本，韩国等，由国家考试发证。②行业职工资格证书。如德国、瑞士等，由行业协会、工商联合考核发证。③民间职业资格证书。如爱尔兰等国教育工会、皇家艺术委员会考核发证。④学校颁发职业资格证书。如法国各类职业技术学校和培训机构，学员毕业授予之证书即是职业资格证书。⑤企业颁发职业资格证书。世界上很多大企业大公司考核职工后，颁发岗位合格证书，即资格证书。

7.3.3 成人教育办学方式和教育形式多样化

从世界范围来看，成人教育已形成多形式、多层次、多序列的教育体系。当今的

---

① 陈辉映：《成人教育工作者专业化体系建设探索》，《世界教育信息》2014 年第 6 期。

② 范明丽、年智英：《德国普通成人教育专业化发展：背景、途径与反思》，《成人教育》2013 年第 6 期。

成人教育已经由过去的扫盲、识字、中小学补偿性的学历教育，发展到本科、硕士、博士等高等学历教育。成人教育在办学主体上也出现多样性，不仅政府和企业直接举办各种成人教育，社会各界也积极参与兴办成人教育。成人教育形式和学习方式灵活多样，教学形成课堂教学、电视教学和网络教学等多种模式，学习形式有业余、脱产、在职进修等。成人教育的层次不断提高，除有扫盲、成人基础教育，还有高等教育、入学后继续教育等。一些大学向成人学员全面开放，允许成人学员与日校学生同堂听课，自由出入、累积学分，实行学分“零存整取”制等更有利于在职人员学习的管理模式①。

英国也已形成成人教育的六大格局，即继续教育、终身教育、远距离教育、业余教育、网上教育和全日制大学成人教育。这体现了办学体制、机制、层次的多元化，多元化的办学格局反映了成人教育的开放性趋势。除此之外，各办学单位只要符合法律和教育行政部门规定的标准，经申请注册登记，取得法人资格即可招生，专业设置随市场变化可以调整，非常灵活。

在德国，成人教育的办学主体涵盖几乎社会上所有的机构、部门，既有国家一级，又有地方一级；既有公立部门，又有私立部门；既有企业，又有协会、行会等非政府组织。办学主体的多元化在一定程度上决定了办学形式的多元化，主要有民众高等学校、远距离教育、高等学校中的成人教育和专科学校等几种。

日本成人教育分为学校、社会和企业三部分。日本成人教育在高校和职业培训有详细的分类且形式多样，主要以提高员工技能为主。高校中包括普通高校，短期大学、高等专科学校、广播电视大学和专修学校在内，对成人教育都表现出积极的态度。而诸如公共职业培训、公务员培训、企业内部培训和企业员工职业平等的相关教育中，大体上都采取成人教育的专业模式。日本企业内办教育非常发达，并且成为企业成功的法宝和促进经济发展的秘密武器。

7.3.4 成人教育手段的现代化和信息化

教育手段的现代化和信息化可以提高成人教育的效率，促进成人教育的普及和发展。成人教育手段和学习方式的现代化为学习者的学习创造了良好的条件。未来信息社会的学习特点会更加体现出成人教育的个性化和多样化的特征，以及注重对学习者的创造能力和开拓精神的培养。在成人的学习方式上，许多国家将成人教育的重点放在发现并满足学习者的学习需要方面。

2000年，欧盟在里斯本召开会议，为在信息技术领域追赶美国，加速欧洲一体化进程，各国政府协调一致、共同合作，提出了10年经济发展计划——“欧洲电子学习行动计划”，该计划的重点是加强新技术的教育和培训。具体目标是：成立专门的教师

① 史芳、张江南编：《成人教育比较研究》，云南大学出版社2005年版，第9—10页。

培训机构，培训出足够的信息技术和互联网方面的教师，对成人开展终身教育，使大部分公民掌握在信息化社会中生活和工作的能力。成人教育手段的现代化和学习方式的革新将使未来社会中的成人教育得到更加普遍的推广和提高，成人教育将更加具有社会效益性。

现代社会已经由工业社会进入到信息社会。“世界已经发展了一种惊人的能力，它能贮存信息并能马上以各种不同形式把它展现给几乎是任何一个人。”[①] 并且，世界正在成为一个巨大的信息交流场。罗伯特·格洛斯在《成年学习者》中也说：“当今世界我们每个人都可获得人类所有的知识、智慧和美的遗产。”因此，在这个“信息爆炸”的时代，发展中国家若能抓住机遇就能迅速缩短与发达国家的差距，则能使其成为一个“黄金发展期”，但若紧闭国门，封闭信息，就会扩大与发达国家的差距，甚至会落后于其他发展中国家。因此，在成人教育领域，中国应该紧跟时代步伐，以一种开放、包容的视角，积极寻求国际合作，发展远程教育，广泛运用现代网络技术，实现成人教育的现代化、信息化和国际化。同时，积极广泛地开展成人教育的合作项目，扩大合作规模和范围，增加合作的深度和广度[②]。

网络大学、网上学习逐渐成为成人教育与学习的主流。网络课程教学以其优越的共享性、交互性、协作性、开放性和自主性，成为教育改革的趋势和方向。网络教学在信息制造、储存和传递方面有特殊的优势，既能克服传统课堂受时空限制的不足，又能克服广电教育师生交流不足的缺点；既能为学生提供完全个性化的学习环境，又能为协作化学习提供强有力的支持。可以利用网络课程，整合优秀师资力量，提供优质教育资源，实现学习活动的时空分离。学习不再和其他活动冲突，随你安排，灵活机动，若有疑问，网上咨询，快速解答。个性化学习，明白的可以不学，不明白的可以再学。全球信息网络化为成人教育改革带来新途径，通过信息资源的共享，能最大限度地满足学员的需要。

---

① ［美］珍妮特·沃斯、［新西兰］戈登·德莱顿著，顾瑞荣等译：《学习的革命》，上海三联书店1998年版，第3页。

② 吴雪萍、马博：《埃及成人教育的发展历程和特征》，《技术教育》2010年第1期。

第 8 章　教师教育研究

教师的培养也已经从最初的师范教育逐渐发展成为教师教育，其含义和内容都丰富了起来。教师教育成为教师培养的主要途径，发达国家都十分重视通过教师教育的改革与发展来推动教师培养质量的提升，并且将系统的职前教师培养和在职教师培训结合起来，寻求教师培养和培训的一体化发展。

8.1　教师教育的理论概述

8.1.1　教师教育的内涵

（一）教师教育的概念

作为教育学术语的“教师教育”概念，产生于 20 世纪 60 年代的欧美，由原来的“师范教育”（Normal Edlucation）概念演化而来，是顺应学校教师培养发展的需要。在英语中，师范为“Normal”，源于拉丁文“NORMA”，原意为木工的“矩规”、“标尺”、“模型”，含义为“规范”。以《中国大百科全书（教育卷）》为代表的各种教育工具书，大都把“师范教育”定义为“培养师资的专业教育”、“培养和提高基础教育师资的专门教育，包括职前教师培养、初任教师考核试用和在职培训”。人们通常把“师范教育”定义为专业的或专门的培养教师的教育。①

随着经济的发展以及知识更新的加速，教育的普及、教师地位的不断提高，要求教师不断更新其知识结构并提高其教育教学水平。西方教师培养出现了职前培养和在职进修并举的情况，“师范教育”这一概念逐步被“教师教育”所取代，其含义也不断丰富和发展。1985 年出版的英文版《国际教育百科辞典》中出现了“教师教育”词条，释义如下：“教师教育或者说教师发展（Teacher Education or Teacher Development），

---

① 黄崴．从“师范教育”到“教师教育”的转型［J］．高等师范教育研究，2001（6）：14—16.

可以从养成、新任研修、在职研修三方面进行认识，这三方面是连续的各部分。”① 从上述概念解释可以看出，教师教育是对教师培养和教师培训的统称，是师范教育与教师继续教育相互联系、相互促进、统一组织的现代体制，是实现教师终身学习、终身发展的历史要求。从“师范教育”发展到“教师教育”是世界教师队伍建设的共同历程。

（二）教师教育包含的内容

教师教育逐渐取代师范教育，并不仅仅是一个概念的简单更替，而是标志着教师培养进入一个新的历史阶段。“教师教育”的内涵非常丰富，在内容上包括人文科学教育、学科教育、专业教育和教学实践；从顺序来看，有职前教育和在职教育；从形式来看，有正规的大学教育和非正规的校本教师教育；从层次来看，有专科、本科和研究生教育。职前层次的内容包括人文学科和自然科学的通识教育、所教学科领域的专门教育以及指导专业实践的学科的专业教育，例如教育心理学以及教育学的专业教育，还有学校情景中的大部分实践。职前教师教育还包括对进入该专业的候选人进行挑选的评价，以及对毕业生的评价（由国家有关机构对合格者颁发教师资格证书）。在职教师教育主要是由工作现场、研讨会议、正规课程、咨询服务等组成，这样就可以保证和发展教师的实践技能。② 可以说，教师教育是职前培养和在职进修的统一，是正规教育和非正规教育的结合，是多层次、全方位、立体式的教师终身“大”教育。

8.1.2　教师教育的发展历史

教师教育的发展是伴随着教师职业的发展而进行的，教师教育可追溯到 1684 年法国在兰斯首创的师资训练学校，迄今已经历 300 多年的发展变革。教师教育经历的历史阶段包括：萌芽时期、定向封闭时期、开放非定向时期、综合化培养时期。教师教育逐步由定向的、封闭式的培养体系走向非定向的、开放式的培养体系。

（一）萌芽时期

17 世纪 80 年代之前，还没有培养教师的专门机构。在这一时期，教师教育处于萌芽阶段，人们强调的是经验的传授、道德的传承。教师职业知识和能力的习得，主要通过有一定文化知识的人在教育实践中模仿和学习前辈的经验，因此，古代教师的培养和教育处于经验模仿阶段，还没有形成系统的教师教育，只是一些思想家和统治者提出了一些对教师的具体要求、选拔标准、从业标准。这些特征在东西方是共同的，教师教育的发展比较缓慢，因为古代教育受到社会发展以及生产条件的限制，发展水

---

① 黄崴．从“师范教育”到“教师教育”的转型［J］．高等师范教育研究，2001（6）：14—16.

② W. Robert Houston，Martin Haberman，John Sikula. Handbook of Research on Teacher Education［M］. New York：Macmillan Publishing Company，1990：3.

平比较低，所以教师的零散式、经验式培养尚能适应当时教育的发展需要。

（二）定向封闭时期

师范教育是特定历史阶段下的自然产物，是教师教育的特定形态和发展阶段。17世纪80年代，师范教育应运而生并不断发展。这是因为文艺复兴后，由于工业革命的推动，市场经济得到了很快的发展，学校教育也呈现出普及化发展趋势，这就需要大量符合职业规范的教师职业人才，才能够适应和满足学校教育发展的要求。当时教师教育发展呈现出来的特点是，普及初等教育推动了中等师范教育的产生和发展，普及中等教育推动了高等师范教育的产生和发展。其中，市场经济的发展以及现代国家的形成是教师教育发展的最重要的社会动力。

从世界范围来看，师范教育最早出现在法国和德国。1684年，法国“基督教兄弟会”神甫拉萨尔（Lassalle）在兰斯首创师资训练学校；1695年，德国的弗兰克（Franek）在哈雷创立了教员养成所。这个时期的教师主要是具有一定文化基础知识的人通过师范教育的专门职业训练培养出来的。[①] 在这一时期，师范教育是一个独立、封闭的体系，师范院校自上而下形成一个体系，普遍实行定向招生、定向教育、定向分配和免交学费等政策。

（三）开放非定向时期

进入20世纪中后期，定向封闭的师范教育开始逐渐过渡到开放非定向的教师教育阶段，独立设置的师范院校逐渐向综合大学发展，教师教育逐步成为本科后教育，大学教育学院、大学教育研究院成为教师教育的主体。传统的封闭型师范教育进行了深刻的改进和变革：第一，师范院校内部设置了一些非师范专业，一方面允许师范生选修有关课程，扩展其知识层面；另一方面也为开设职业技术教育专业奠定了基础，以达到从内部开放的目的。第二，国家允许综合大学设立师范学院，培养具有高新专业技能的师资，以达到从外部实施改革的目的。第三，发展成人教育，扩充师资来源，通过在职教师的继续教育提高师资队伍水平，实施广泛的改革。这样就结束了依靠独立的师范教育体系培养教师的历史，逐步朝着教师教育开放化的方向迈进。

（四）综合化培养时期

这一时期是针对教师教育未来的发展阶段，由定向的、封闭式的培养体系走向非定向的、开放式的培养体系，最终教师教育开始走向一体化进程。教师的专业成长成为一个连续不断的过程，贯穿师资培养和培训的全过程，以保证职前培养、入职培训、职后进修的连续性和一致性。在教师教育体系构建上，建立灵活的多层次的教师教育系统，学历教育与非学历教育相互沟通和促进，既有全日制脱产的大学，又有函授制教育；既有正规的学校系统，又有教育学院，还有开放式学校。在标准拟定上，倾向

---

① 靳娟．教师教育的历史与发展［J］．当代教育论坛，2008（5）：79—80.

于标准化的教师教育管理、教师资格证书颁发、教师教育培养机构、教师教育课程等统一的标准，从而实施规范化管理。在教育质量的保障上，建立以教师资格证书认证、教师教育机构认证、教师教育课程认证等三大块为核心的教师教育认证制度和教师教育质量评价体系。这样，通过多样化教育机构体系的构建，以及教师教育标准与质量的保障，实现教师教育的一体化。

8.1.3 教师教育的培养模式

教师的培养需要有一定的机构作为载体，形成比较系统的培养模式。从世界范围来看，基于各国实际发展情况以及教师培养形成的传统特点，可以将教师的培养模式大致分为三类：第一类是专门的教师培养机构，主要是师范院校来独立承担教师的封闭式培养；第二类是由综合大学的教育学院来培养教师的开放型培养模式；第三类是介于两者之间，既在综合大学里培养，又在师范院校培养的混合型教师培养模式。[①]

（一）师范院校主导型培养模式

师范院校主导型培养模式主要是实行封闭型或定向型的教师培养体制，教师的培养载体是师范院校，不同的教师等级培养对应着不同等级的师范院校，形成自上而下的师范教育体系，这也是一个比较独立完整的体系：最上层为师范大学，中间层次为师范学院，处于基层的是师范学校；每一层级培养着相应的教师，包括从大学助教到中小学教师、幼儿教师。这种师范教育体制与综合性大学以及其他专业学院之间存在着很大的差别，形成了一个完善的封闭式教师教育体系。师范院校的培养模式是一种定向的模式，学生培养的去向已经确定，学生从师范院校毕业后，基本上定向到各级学校担任教师。实施这类培养体制的国家主要包括俄罗斯、朝鲜等，我国很长一段时期也采用这种典型的培养模式。比如在俄罗斯，早在苏联时期就形成了系统并且完善的三层次师范教育体系，确立了师范学院和中等师范学校占主导地位、综合大学师范院系起辅助作用的师范教育体制。苏联解体后，俄罗斯仍然继承了这种师范院校主导型的教师培养体制。

（二）综合院校主导型培养模式

综合院校主导型培养模式是实行开放型或非定向型的教师培养体制，通常综合性大学是学生培养的载体，学生毕业经考核合格之后，经过教师资格认证机构的认证，取得教师资格证书，既可以到学校当教师，也可以谋取其他职业。在这种培养模式中，教师培养的载体是综合性大学的教育学院以及文理学院的教育系，这些都是由原有的师范学校转化而来的。学生在入学之后，接受的是涉及广泛学科的通识教育，最初的两个学年并不确定专业．而是广泛接受文理科专业知识的教育。在接受完上述课程后

① 梁忠义．比较教育专题［M］．长春：东北师范大学出版社，2002：151－152.

会进行分流，进入教育专业的学生就可以接受比较系统的教育专业训练，为将来做一名好教师打好基础。在实行开放型教师培养体制的国家中，比较典型的是美国和德国。德国大多数教师的培养都由综合性大学承担，另外艺术学院、音乐学院和综合学院等艺术性大学也承担着培养教师的任务。美国绝大多数教师的培养都是在综合性大学的教育学院以及文理学院的教育系，在接受完学校教育以后，再通过教师教育机构的认证以及教师资格证书的颁发来保障教师教育的质量。

（三）综合院校和师范院校混合型培养模式

综合院校和师范院校混合型教师培养模式是指教师的培养载体既是综合大学的教育学院，又是专门的师范院校，这两个机构共同担负着教师培养任务。这种教师培养模式的形成和本国历史发展有关：原有的师范教育体系在教师培养中发挥着重要作用，后来为了顺应社会以及学校教育的发展，师范院校模式向综合院校模式过渡，逐渐演变为开放式综合大学培养教师，在保留一些师范院校继续培养教师的同时，将师范院校合并到综合大学中，形成了比较典型的混合型教师培养模式。目前，世界上多数国家实行的是这种混合型教师培养模式，英国和日本是最为典型的。日本在第二次世界大战后引入开放型教师培养模式，教师通过大学来培养，这些机构有教育大学、学艺大学、综合大学的教育学部，还有培养教师的短期大学、大学专科、教师培养指导机构等师范教育机构，构成了比较典型的混合型模式。而英国在 20 世纪 60 年代形成了混合培养模式，教师的培养机构既有教育学院、大学教育系，又有技术教育学院和艺术师资培训中心等。

四、教师教育的培训体制

教师的培养模式针对教师的职前培养，而教师的培训体制针对教师的入职以及在职培训。随着终身教育思想的深入传播以及教师教育研究的新进展，教师的在职培训日益受到重视，各国创造了各种各样的培训模式。从世界范围来看，教师培训体制可以分为三类：第一类是以高一级院校和教师培训机构为主体的教师培训模式；第二类是学校本位的教师培训模式；第三类是远距离的教师培训模式。[①]

（一）以高一级院校和教师培训机构为主体的教师培训模式

这种教师培训模式的载体有两种：一种是以大学、师范院校为培养机构；另一种是以专门的教师进修机构为培养机构，共同组成高校培训模式与培训机构培训模式。在高校本位模式中，各种高等教育机构承担着教师的培训，该模式以教师进修高一级学位课程为主要目的，开设教育学士、硕士以至博士学位课程和各种教育证书课程。在实施过程中有多种形式：既包括长期的脱产、半脱产进修，还有利用寒暑假的非脱产进修；既有学历提高进修，还有只是拓宽能力的进修。大学还开设各学科业余进修班，中小学教师经 2～3 年的业余进修，成绩合格后可获得相应的学位或教育证书。在

① 梁忠义．比较教育专题［M］．长春：东北师范大学出版社，2002：164.

培训机构本位模式中，培养的载体是专门的教师培训机构，比如英国创办的教师中心、日本的教育研修中心、法国的暑假大学、美国的暑期学校等。此种模式的特点主要是提高教师的学历和专项技能，大多以课程为中心，学术性和研究性也比较强。教师接受相应的培训，往往直接关系到自身职位的晋升、提薪。培训机构本位模式具有的优势主要有：时间短、规模小、形式多样、内容丰富，与学校的教育教学实际联系比较紧密。

（二）学校本位的教师培训模式

学校本位的教师培训模式是指由教师所在的学校自主地邀请有关单位共同制订培训计划、目标、内容，并组织实施的教师培训，这种模式的特点是将教育理论与教育实践相结合。学校一般都很重视与当地的大学或教师中心进行合作，请专家学者到学校指导。这种模式在美国、英国、俄罗斯、澳大利亚、日本都很普遍，并形成了各自的不同特色。培训的内容包括教学方法、课堂管理、差异的协调、问题中心的学习以及学习技巧的提高等方面。培训的形式是每所学校派出若干名骨干教师参加初级阶段的在职培训，返回学校后，将所学到的东西传授给同校的其他教师，替代培训机构的作用。这种培训模式作为加强学校管理和促进学校改革的工具，充分地帮助教师发展和完善具有创造性的新教学大纲。比如在美国，各种学校通常会设立教师培训管理小组，为学校配备教师培训联系人，定期举行专题研讨会，建立个别顾问制度，学校之间互通有无，实现资源的共享，大学以及教师培训机构等利用现代教育技术手段向学校提供良好的进修机会和条件。

（三）远距离的教师培训模式

除了传统的教师培训模式之外，在一些国家还兴起了运用远距离通讯手段进行教师培训的模式。广播电视教学、电话教学、计算机网络教学等多种现代教学技术都被广泛应用于教师培训中。许多发达国家也都在采用这种培训模式，英国向教师推广计算机教学工作，美国向教师提供计算机让他们自学，日本也形成了一个远距离教师培训网。联合国教科文组织也扶持了不少远距离教育项目，其中一个项目是为从事特殊教育的教师提供的一项特殊课程，包括教师的自主学习和小组学习，也包括教师小组必须共同完成小组的活动。这种培训不仅包括大学的函授教育等广播电视教育，而且还利用计算机通讯网络让教师进行自我教育。随着现代教育技术的发展，计算机和互联网对教师的职业发展提供了新的方法，课程经由因特网和光盘发布。在有些地方，因特网已经替代了广播和电视，成为一种公共的学习形式，为教师提供在线讨论，使用公告栏、新闻组，及时地提供更多的资料，这些为教师的职业发展打开了新的路径。

8.2 教师教育的当代发展

从世界范围来看，教师教育不断得到加强和强化，各国政府通过颁布政策以及提供各种资助条件以促进教师教育的发展。本节将选取美国、英国、法国、德国、日本以及俄罗斯作为研究对象，揭示这些国家的教师教育发展状况，分别从教师教育的历史沿革、培养模式、资格认证以及最新改革等方面进行探讨。

8.2.1 美国教师教育的发展状况

（一）历史沿革

美国教师教育从 19 世纪初到现在已经有了将近 200 年的历史，先后经历了师范学校、师范学院以及综合性大学中的教育学院三种历史形态。19 世纪之前，美国没有专门从事培养中小学教师的教育机构，教师的培养数量和质量都不能满足当时社会发展的需要。美国在对法国、普鲁士进行考察学习之后，开始引入师范学校的概念。1823 年，佛蒙特州康克德市诞生了第一所师范学校，到 1875 年，全美国已有公立师范学校 95 所，分布于 25 个州，共有学生 23 000 人。19 世纪中后期，随着美国工业化进程的加快，师范学校教育由于自身存在的问题，越来越不适应时代发展的要求，师范学校开始停办而设立师范学院。1882 年，阿拉巴马州师范学校率先改为师范学院，至 20 世纪 50 年代初，美国共有 139 所师范学校改为师范学院。① 这一时期，美国的教师教育主要以师范学校与师范学院为主，由专门的师范教育机构来承担这项职责。

20 世纪中期以来，师范学院由于偏重教材教法，而忽视了普通文化知识的学习，造成了学校教育质量的下降。美国开始着重把学术标准和教育专业训练作为教师培养的重点，开始推动师范学院向综合性大学转变。主要由综合性大学中的教育学院或教育系培养教师，采用“大学＋师范”的模式，新生入学后，先在大学的各院系接受 3～4 年的文理学科教育，然后进入综合性大学中独立设置的教育学院接受 1～2 年的教师专业教育。20 世纪 80 年代以来，美国对教师教育进行了一系列改革。在 80 年代颁布了《国家在危急中》、《准备就绪的国家》报告，掀起了教师教育改革的序幕。霍姆斯小组发布了《明日的教师》、《明日的学校》和《明日的教育学院》三个报告，引起了社会的广泛关注。在 90 年代，全美教学与美国未来委员会相继发表了《什么最重要：为美国未来而教》和《做什么最重要：投资于优质教学》两个报告。② 上述报告对教师

---

① 徐魁鸿．美国教师培养模式的演变及其启示 [J]．现代教育论丛，2006（5）：31—33.

② 赵中建．美国 80 年代以来教师教育发展政策述评 [J]．全球教育展望，2001（9）：72—78.

教育改革提出了一系列宝贵建议，标志着教师教育进入了一个新的阶段，可以说促进了教师教育的发展和更新。

（二）教师的培养模式

目前，美国没有独立于综合性大学之外的师范学院，教师都由综合性大学的教育学院或者教育系培养。教师的培养模式包括职前教育、教育实习以及职后教育三个部分，它们相辅相成，融合成为一体化的培养体系。

在教师的职前教育阶段，承担培养任务的机构包括公立或私立的人文学院、综合性大学、研究型大学等。由于各州对教师的要求不同，各培养单位形成了不同的培养计划，主要包括四年制学士计划、五年制综合计划、第五年研究生计划以及选择性证书计划等。[①] 四年制学士计划由两年的普通教育和两年的专业教育组成，普通教育提供人文基础课程教育和任教学科’教育。专业教育包括专业基础课程、有关人类发展和学习的课程、教育社会学和教育哲学以及教学法等具体专业课程。目前，比较受欢迎的是五年制综合计划，将本科教育计划、专业学习和教育实习结合在一起，实地见习贯穿整个教育计划中。这样的安排能够有效加强教育理论与实践的结合，提高学生的实践能力。第五年研究生计划主要针对延伸研究生学习阶段，将第五年的学习集中在教育专业课程上，专业学习又包括教育理论和实践，教育实习在其中占有相当大的比重。选择性证书计划主要是针对具有一定工作经验、拥有其他学科学士学位且又有志于教师职业的人员而设计。

在教育实习阶段，教学实习长期以来一直是教师培养计划的重要组成部分。许多学校在安排正式的教学实习之前增设了实地见习的环节，并把它作为教学实习的准备阶段，和正式的教学实习一起组成整个教学实习计划。有的学校则将实地见习穿插于日常教学之中，学生一般是在选修教学方法或其他基础课程的同时，在中小学的课堂中理解和观察理论课程中的概念和技巧。大多数州的教师资格证书标准中都增加了有关在各种学校情景中通过见习获得实地经验的规定，从而使教学见习成为申请教师资格的必要条件。此外，大学将学生引入到普通学校中，建立了教师专业发展学校与驻扎计划，学校设立于基层学区之中，旨在为未来的教师或新入职的教师提供有组织、有监督的教学过程以增加他们的实践经验。驻扎计划一般是一年，但这一年的学习不是在大学中，而是在公立学校中进行，所以这些研究生被称为“驻扎教师”。[②] 在公立学校中，这些未来的教师接受所在学校和大学的联合指导，公立学校为驻扎教师提供实习指导教师，与大学的指导教师一起指导学生的学习活动。

在职后教育阶段，美国开展教师职后教育的机构多种多样，有综合大学的教育科研机构、教师专业团体，有广播电视、远程教育机构，甚至是教师供职的中小学。培

---

① 郭志明．外国教育研究史研究［M］．北京：中国社会科学出版社，2004：209.

② 饶从满．美国教育改革——80年代与90年代［J］．外国教育研究，1991（2）：46—51.

训的内容和形式也十分灵活，既有即学即用的短期培训班，也有以获得学位为目的的系统学习；既有传统的针对特定教育教学问题的专题研究，也有直面教育现实的反思性实践和行动研究等。美国在 20 世纪 80 年代中期以后，系统地组合教师职前培养和职后进修的“教师教育一体化”的尝试不断取得进展，其中又以教师中心的发展最为典型。教师中心的发展形式更为多样，其涉及内容也更为丰富。它既为初任教师提供各种入职指导，也为在职教师的发展提供服务，有的教师中心还被某些教师职前教育计划列为培训基地。教师中心围绕“研究型”和“反思型”教师的培养目标，促进教育理论与实践的紧密结合，促进大学与中小学的合作，提高职前与职后教育的一贯性，配合教育的改革与发展。①

（三）教师的资格认证和管理

美国教师一般具有公务雇员的身份，在综合大学完成职前教育的毕业生，还需要得到资格认证，获取教师资格证书之后才能到学校任教。教师资格的审定机构不是教育学院，而是州教育委员会，资格审定的详细要求由州教育委员会组织的专家来制定。教师资格证书包括小学教师认可证、中学教师认可证、特殊教育教师认可证、幼儿教师认可证，也有某一学科教师认可证。若想使从教者通过教师资格审定，教育学院的各系就要根据州教育委员会颁布的审定细则及早安排学生的课程。从时间上看，美国的教师资格证书，有临时证书和长期证书之分。临时教师资格证书有效期只有 6 年，如果想继续从事教育工作，就必须在满 6 年之前重新申请临时教师资格证书，并再次通过考试。要想获得长期教师资格证书，必须达到以下要求：（1）通过临时教师资格审定，具有有效的临时教师资格证书，并相当成功地从事了两年以上的教学；（2）在取得临时教师资格证书以后，又完成了规定课程计划的 27 个学分，同时获得相应学科的硕士以上学位；（3）通过州教育委员会的长期教师资格考核。②

美国对教师的管理非常系统和严密，从教师的聘用到最后进入学校后的日常管理，都建立了比较完整的管理机制。教师的管理制度包含着四个主要阶段：

（1）教师取得必要的资格证书、学位阶段。在美国，从事教师职业的人首先要获得教师资格证书，教师资格证书一般由州教育部门发放。

（2）公开招聘、面试阶段。中小学教师的岗位出现空缺后，学校就会面向社会公开招聘教师。面试时，学校与地方学区代表要组成面试委员会，对候选人进行询问、考核。

（3）签约聘任阶段。通过面试的候选人与地方教育当局相互确认权利义务、产生雇佣关系。中小学教师的聘任合同可以分为定期聘任与终身聘任两种，定期聘任合同

---

① Myon Atkin，James J. Raths. Chaanging Pattem of Teacher Educatlon，New Pattern of Teacher Education and Tasks［M］. Paris：Organization for Economlc Co-peration and Development，1974：48.

② 王俊明．美国教师教育管理制度的分析和探讨［J］．中小学教师培训，2004（12）：61—63.

一般以数年为期，期满后可以续签，终身聘任合同由地方教育当局与拥有永久性教师资格证书的骨干教师签订；

（4）考核管理阶段。美国建立了较为稳定的中小学教师职业阶梯制度，学校对教师的工作业绩、能力进行评定、考核，结合教师的教龄、参加进修等情况来确定教师的续聘、晋职、辞退。

由此可以看出，这一套管理制度非常完善，在实施时也做到了科学有效。

（四）教师教育的最新改革

在教师培养和认证制度方面，美国实行的是一种低标准、高门槛的体制，存在着很多现实的问题。2002年，联邦政府有史以来首次发布了《迎接培养高质量教师的挑战——美国教育部长关于教师质量的年度报告：2002》（Meeting the Highly Qualified Teachers Challenge：The Secretary' s Annual Report on Teachel Quality. 2002），简称《迎接培养高质量教师的挑战》报告，为教师培养与认证制度指明了改革方向，主要包括：第一，教师资格认证将提高学术标准，更加重视学科专业的学位，资格考试重点考查学科专业知识，教师的认证与评价将与学生的学习内容标准相结合；第二，教师资格认证将会出现多元化的模式，各种替代途径将取代原有的单一模式；第三，教师教育课程将随资格认证的要求而变化，学科专业课程将会置于更重要的位置，教育类课程比例相应会减少；第四，教育学院垄断教师培养的局面将会打破，教师培养形式会更加多样化；第五，州政府将不再完全控制教师资格认证，其部分权力将逐渐转向学区和学校；第六，非正式证书将会减少，直至完全取消。[①]

在教育模式改革方面，教师专业发展学校近年来在美国得到了很快的发展，可以说是美国教师教育的突破口与新动力。教师专业发展学校并不是一所专门建立的新学校，而是在原有公立中小学的基础上，加入了与大学教育学院的合作，共同承担对师范生和在职中小学教师进行教师教育的任务。到2002年，教师专业发展学校已达1 000多所，几乎遍及美国的各个州。据统计，在教师培养认证委员会认证的525所大学中有30%都设立了教师专业发展学校。[②] 教育实习融入了新思想，明显区别于传统以观察、模仿为主要手段的学徒式实习方式，使实习生得到双方有经验教师的共同指导，组织研究会、研究小组、示范课、小组教学、集体备课等，并为实习生提供全面系统的教学经历。这些活动主要通过两条途径来实现：一是通过教师在新型的学校接受教育，促使大学在合作伙伴关系中承担角色的转变；二是通过学校文化的转变，强调以学习为中心，增进教师对自己是终身学习者的思想的理解。在这个过程中，加强大学与中小学之间面向实际的互利合作。

① 周钧．美国联邦政府对改革现行教师资格证书制度的政策［J］．教师教育研究，2003（6）：78—80.

② 张婷．教师专业发展学校——美国教师专业发展的新动力［J］．世界教育信息，2007（4）：29—32.

在教师教育标准的拟定方面，美国也采取了一些新措施，主要是为了提升教师教育的质量，探讨大学在改善教师教育中的重要性以及提高教师教育质量方面的作用。2000年5月，美国全国教师教育认定委员会正式公布了《2000年标准》，计划在2001年秋季正式使用新认可的教师教育机构标准，对教师教育的质量提出了进一步的具体化要求。在对原来的“初认教师”和“职称教师”证书标准进行修订的基础上，从六个方面提出了新的标准：候选人的知识、技能和意向；评估系统和机构评价；教学实习；多样性；教师的资格、成绩和专业发展；机构的管理与资源。① 新的教师教育标准强调教师候选人所能展示的学科知识以及将这些知识教授给学生的技能，这比以往的标准只关注教师教育机构做了些什么以及它们的课程安排情况要有所提高。从这一系列改革可以看出，教师教育的标准和质量得到了不断强化，而且能力方面的要求也有很大的提高。

8.2.2 英国教师教育的发展状况

（一）历史沿革

英国师范教育自17世纪末正式产生至今，已有几百年的历史，在经历了多次变革后，逐步形成了自己的发展特色。19世纪之前，学校教师的培养完全是非正规的，采用学徒制形式，教师一般由教会人士或有识之士担任。教师的任命由教会负责，公学或文法学校教师的来源主要是大学毕业生，他们从未接受过专门的师资培训。在这一时期，贝尔（Andrew Bell）与兰卡斯特（Joseph Laneaster）开创的导生制是英国最早的初等教育师资培训制度。19世纪初期，初等教育的师资主要是由这些附设在初等学校的“模范学校”或“导生中心”采用导生制的方法培养的。此外，这一时期还建立了专门的中等师范学校，建立了相关的见习教师制。可以看出，早期的师范教育实际上都是以教学技术为重，类似一种“艺徒制”，其中呈现出很多问题，比如修业时间较短，忽视普通科学文化知识的学习，培养目标为小学教师，中学教师的培养并不受重视等。

从19世纪末到20世纪40年代，英国的教师教育发展基本定型，建立了系统的教师培养和培训体制。随着学校教育的发展，原有培训学院无法满足教师需求的增长，英国开始开办走读师范学院，专门培养合格的小学教师，合格的教师优先供应受补助的学校。各学校有权根据当地培养儿童的实际需要和学校教师条件，自行编制教学计划。1902年，走读师范学院有19所，共有学生2 000名。1911年开始，对学生的训练时间由3年改为4年，前3年读专业学位，第4年实行师范专业培训。此间，政府通过渐进方式推进公立师范教育，地方政府开始建立公立师范学校。1902年，英国形成了

① 邓涛，单晶．近二十年来美国教师教育的改革与发展［J］．外国教育研究，2003（5）：42—46.

由大学附属的走读师范学院、地方教育当局开办的师范学院和地方私立师范学院三种不同性质的现代师范教育体制。1922 年，英国已有 72 所师范学校，其中 22 所由地方教育当局开办，50 所为民办师范学校。①

从 20 世纪 40 年代到现在，英国教师教育在原有的基础上不断发展完善。在 40 年代建立了地区师资培训组织，接受教育委员会监督或大学管理，以处理该地区内有关师资训练事宜。60 年代《罗宾斯报告》颁布以后，各大学都建立了教育学院。在 70 年代，教育学院成为师资培训的主要机构，总共有 160 多所。② 英国自 70 年代开始建立一种职前培养与在职培训相连贯的培养模式，即教师教育一体化的培养模式。对教育学院进行改组，建立高等教育学院，开展教师的继续教育。80 年代之后，英国对教师教育一体化模式进行了发展和完善。在职前培养方面，规范了职前培养课程，提高了教师准入标准，加强了师范生实践环节；在教师在职进修方面，重视以“学校为本位”的师资培训模式，建立新教师入职培训制度，以老教师“帮带”的方式，对青年教师进行培训，使得教师教育体制发展成为一个完善的体系。

（二）教师教育的培养模式

英国的教师教育培养模式具有一体化的特征，包括教师的职前培养、教育实习和准入、在职进修。在教师的职前培养方面，英国形成了师范院校和综合院校混合的培养模式，由综合大学教育学院以及高等教育学院来承担。培养模式包括两种，一种是学科专业学习与教育专业训练同时并进的模式，简称“4＋0”模式，“教育学士学位”课程就是这一类模式的代表，主要培养小学教师；另一种是学科专业学习与教育专业训练先后进行的模式，先获学科专业学士学位，后再接受为期一年的教育专业训练，简称“3＋1”模式，以“研究生教育证书”课程为代表，主要培养中学教师。③ 在课程设置方面，本科生课程主要由教育理论、教学技能、教学实践经验、主要课程四部分构成。研究生课程由学科研究、专业研究与教学实践经验三个相互联系的要素组成。其中，教学实践经验在课程中占有相当大的比重。

在教育实习和准入方面，英国注重教育实习，形成以“学校为基地”的师资培养模式，提高师范生的实际教学能力。教学实践所占的比重很大，如研究生教育证书课程 38 周或 36 周的教学计划中，教学实践活动为 12 周，占 1/3。学士学位课程 4 年的教学计划中，第一至第三学年，教育见习不少于 14 周，第四学年的教育实习为 5～8 周，而且教学实践活动被分散安排在各个学期。④ 教学实践活动形式多样，内容丰富。学生的教育实习活动不仅有听课、讲课，而且还有对中小学学生学习情况的调查和分

---

① 徐辉．郑继伟．英国教育史［M］．长春：吉林人民出版社，1993：264.

② 王承绪．英国教育［M］．长春：吉林教育出版社，2000：573.

③ 黄正平．英国中小学教师的培养及其启示［J］．外国中小学教育，2008（9）：47—50.

④ 丁笑炯．对英国以学校为基地的教师职前培养模式的反思［J］．高等师范教育研究，1998（2）：69—75.

析，对中小学学生进行个别指导，指导中小学学生进行课外活动等。在教师准入上也有严格规定，教育与就业部规定所有由地方政府兴办和补助的学校的教师必须是合格教师，并规定合格教师必须具备以下条件：第一，经教育和科学部本身以及代表教育和科学部的其他单位以书面形式证明的合格教师。第二，修完教育学士学位课程、教师证书课程、研究生教育证书课程之一。此项资格必须由英国大学和国家学历颁发委员会授予，而且师资培训课程必须是教育和科学部认可的课程。第三，所有中小学新任教师必须是既定条件的合格者。

在教师在职进修方面，主要针对获得合格教师资格且第一年参加工作的新教师。这些新教师必须完成 3 个学期或与之相当的入职培训，才能在培训结束后继续在公立和私立中小学中任教。对于培训时间的安排上，为期 3 个学期的培训过程允许间断，不要求连续进行，但是要在培训开始后的 5 年之内完成。① 参与入职培训的机构和人员包括受训的新教师、中小学校长、指导教师、学校董事会和有关机构，主要指地方教育当局。此外，在针对新教师入职培训的形式上，主要以老教师“帮带”的方式，对青年教师进行培训。老教师对青年教师在教学方面的指导，内容非常充实，话题宽泛，涉及非教学方面的指导，如课堂纪律管理技巧、提问技巧、语言技巧、与学生谈话方法、处理偶发事件等，使得年轻教师不仅在教学技能方面得到迅速提高，而且在教师职业意识、职业人格等非教学方面也得到提升，并且对年轻教师的职业认识和职业行为有着很大的影响。

（三）教师教育的管理

英国在教师教育的管理上呈现出系统化和科学化的特征，政府机构的介入比较多。为了强化对师资培训工作的领导和管理，英国在 1992 年成立了教育标准办公室。这是一个与政府相平行的非内阁性的政府部门，是女王首席学校督导官的办公室，独立于教育与就业部，其职责之一是检查地方教育局、高校中的职前教师培养课程及质量等。英国的教师培训工作主要由教育标准办公室与教师培训管理署两个部门相互配合、共同管理。后者是根据 1994 年《教育法》设立的一种非政府部门的执行性机构，负责认证各种教师培训机构的资格，并评估教师培训的质量。

教师培训管理署是认证职前教师培养的机构，并负责分配政府资助资金。教育标准办公室则对培训机构的质量进行检查并评定等级。教师培训管理署根据这些等级来给培训机构分配资金，以求提高优质受训者的比率，同时帮助教师培训机构达到所要求的质量标准，并会对劣质培训机构采取撤销认证的处罚。在职前教师培养机构的管理上，也建立了比较严格的认证制度。教师培训的申请机构要想寻求教师培训管理署的资格认证，必须遵循一定的严格的程序，而且认证不能确保所有被认证课程都受到

---

① 沈莉，陈小英，于漪．“师徒帮带”的教师培训模式——中美英青年教师职初岗位培训比较研究［J］．全球教育展望，1995（5）：56—62.

资助，或者每年都获得受训教师名额分配。[①] 所有新的职前教师培养机构在获得认证后要经常接受检查，教师培训管理署根据教育标准办公室给培训机构评定的质量类别而将其分为不同类别。

（四）教师教育的最新变革

在教师教育新标准的拟定方面，英国学校培训与发展司在 2006 年颁布了新的《合格教师资格标准》，在 2007 年公布了覆盖教师职业发展不同阶段的教师专业标准框架，合格教师资格成为其中的初始标准。修订后的《合格教师资格标准》维持原先的三个一级指标体系的总体结构，但三个一级指标的名称界定发生了较大的变化，分别改为：专业素质、专业知识与理解、专业技能。三个一级指标均包含二级和三级指标。二级指标共计 16 项，是对一级指标涉及范围领域的界定。三级指标共计 33 项，是关于标准的具体说明，是标准体系的核心部分。[②]《新标准与要求》所提出的是所有合格教师资格候选人必须具备的专业素质、专业知识与理解、专业技能，具体表现为新教师的态度、意向、知识、理解和技能等各个方面。至于未来教师是否达到上述标准，主要依据职前教师培养阶段的各种评价，涉及的评价主体包括参与培养的各种人员，如中小学的指导教师、任课教师、大学的导师，甚至是学生本人。

在教师的准入和培训途径方面，教师在任教之前必须接受正规的职前教师教育，这是现代教师教育制度的普遍要求，也是国际上的通行做法。但是，英国政府由于近年来教师极度短缺以及对教师职业与教师教育性质的新理解，开辟了一条新的教师准入途径。英国政府规定：高中毕业联考中数学和英语成绩 C 级以上的毕业生，都可以成为中小学教师。这些人可以直接在需要教师的学校申请工作，并接受初级教师培训。但这类教师不具备教师资格，只能担任课堂助理，从事教学辅助性工作，领取较低的薪金。要成为合格教师就必须满足英国政府教师职业标准，获取教师资格身份。这样，取得教师资格扩展为三种途径：一是本科课程学习途径，二是研究生课程学习途径，三是在职人员学习途径。[③] 这在一定程度上，放宽了教师的准入途径，通过不同的培训方式拓宽教师的培养方式。

在教师教育的管理方面，为确保教育质量的提高，英国教育标准处负责对学校的督导工作。从 1998 年 9 月起，英国政府规定，通过督导发现的没有达到政府规定标准的学校，要在两年时间内，达到国家标准的要求。否则，学校将会被关闭，或由政府派人进行管理。英国的职前教师教育机构也要接受英国教育标准处的督导，督导的结果和排行榜在 1998 年末被首次公布，公布的目的就是让学生和社会能了解更多的信息，激励教师教育机构尽力达到国家标准、提高教学质量。教师培训机构为中小学的

---

① 刘儒德．英国教师培训管理体制与机制［J］．外国教育研究，2002（7）：57—59.

② 许明．英国教师教育专业新标准述评［J］．比较教育研究，2007（9）：74—78.

③ 洪明．英国教师教育的变革趋势［J］．比较教育研究，2003（4）：58—62.

教师培训规定了法定的国家课程，这些课程包括英语、数学、科学、信息与通讯技术，并规定英语、数学、信息与通讯技术等课程从1998年9月起开始实施，小学科学与中学英语、数学和科学的职前教师培养课程从1999年9月起实施。[①] 可以看出，英国加强了对教师教育的管理，尤其在标准的达成以及课程的设置方面，提高了相应的标准，并呈现出统一化的要求。

8.2.3 法国教师教育的发展状况

（一）历史沿革

法国教师教育历史的发展比较悠久，自1681年开始，法国创办了师范训练学校，首开世界师范教育之先河。20世纪90年代以前，法国师范教育一直沿袭着中、小学教师分级培养的传统，中学（初中、高中）教师主要由高等师范学校和综合大学培养；小学教师、幼儿园教师主要由师范学校培养。19世纪上半叶，法国开始兴办师范学校，专门培养教师。师范学校随义务教育制度的建立而系统化，招收初中毕业生，学制三年。第二次世界大战以后，师范学校的学制改为四年，据统计法国共有师范学校96所。[②] 1969年，师范学校改为招收高中毕业生，学制两年，到1979年师范学校的学制再延长一年，学生毕业时，同时获取大学第一阶段两年文凭以及初等教育教师证书。1986年，师范学校改为招收至少受过两年高等教育且获相应文凭者，学制两年，主要进行教师职业培训。师范学校还承担在职小学、幼儿教师的培训工作，在职初中教师培训I则由设在每一学区的地区教育中心负责。此外，法国还有4所高等师范学校，均为重点大学，水平很高，原来主要负责高中教师的培养，现在则主要负责高等学校师资的培养。

1989年，法国颁布《教育方针法》，对师范教育制度做出了重大改革，即专门设立教师培训学院，取消了原有的师范学校和其他培训机构，其主要任务是培养中小学教师，培训在职教师和开展教育科研、教学研究。在教师培训学院的机构设置中，院长为大学教授，由教育部长任命，办学经费由中央政府直接拨付。对教师培训学院的管理通过学区的行政理事会实施，行政理事会主席由学区长担任。教师培训学院统合了学区内原有的各种教师培养、培训机构，将原各省的师范学校和地区教学培训中心等机构进行综合改造，成为教师培训学院的分院或教学中心。采取这种方法可以整合多种教育资源，将教师教育和教学研究功能结合起来，统一负责中小学教师的培养和培训，其招生对象为大学三年级毕业生，获得学士学位者，学制为两年。1990年，教师培训学院首先在格尔诺布尔、里昂和雷姆斯3个学区试办，1991年在所有学区均有设

---

① 赵静．英国教师教育政策的演变及评析——从保守党到新工党［J］．师资培训研究，2005（4）：52—56.

② 李玉芳．法国中小学教师教育制度评介［J］．辽宁教育研究，2006（7）：90—92.

立，据统计法国现共有29所。①

（二）教师培养模式

法国在教师教育模式的建立中，形成了一套完整的体制，包括教师职前培养、教师资格的获得以及教师职后培训。在教师职前培养方面，法国中小学教师的培养主要为两年，总学时在1 000～1 700小时之间，包括普通教育、专业教育和教育实习三个部分。学年之间要进行综合性考试，对学生进行有效筛选，学生要通过学校的理论学习，以及到中小学进行教育实习，最后进行总结性考评。比如，在小学教师的培养上，第一学年主要是校内课程学习，共有50多门课程，包括必修课程和选修课程。除了理论课程，还有6周的实习，分两次到小学做些辅助性的教学工作。第二学年采取校内教学与实习交替进行。校内教学课程主要是法语、数学、新教学技术、教学法、教学技能训练等。实习时间为12周，分3次，第一次到初中，时间为1周，主要了解、体会小学和初中的衔接工作；第二次到小学独立上课，时间为3周；最后是结业实习，时间为8周左右，不仅要全面负责小学一个班的教育教学工作，而且要写出实习报告。② 第二学年学习结束后，还要完成一份专业论文，学院要对每个学生进行评估，合格者予以通过，较差的降一级，太差的被淘汰。

在教师资格的获得方面，法国中小学教师职位属国家公务员，如果要获得教师职位，须经过严格的认定程序。进入教师培训学院的学生在第一学年结束时，要参加国民教育部组织的统一教师聘用会考，考试合格者成为实习教师，由此进入到第二学年进行学习。在第二学年结束时，接受教师培训学院组织的评估，合格者由教师培训学院报学区批准，成为正式教师，具有国家公务员的身份，由政府聘用，可在全国范围内选择执教岗位。对教师的评估内容主要包括三个方面：教学实践、学位论文、课程学习，这三方面同等重要，缺一不可。如果学生没有通过其中的任何一方面，其他方面无论如何优异，也不能获得教师资格。评估合格的实习教师的名单提交给学区评估委员会再次验证，学区的审议会由作为国家招聘委员会代表的学区长主持召开，几个政府任命的学院评估委员参加。审议通过后推荐给教师资格证书授予机构，地区理事会颁发初级教师资格证书，教育部颁发中级教师资格证书。③

在教师在职培训方面，当前法国教师继续教育突出时代性、针对性、实用性，涉及面较为广泛。中小学教学内容一旦出现新的变化，所有教师都必须接受新知识的培训，而且这项培训是强制性的。培训内容既要包括新知识、新技能，又要包括教学方法的改进。从教师继续教育的形式来看，也是多种多样的：在时间上可分为短期（1个月以内）、中期（1～2个月）和长期（4～12个月）。在进修上可分为脱产、半脱产、

① 古立新．法国教师培训学院（IUFM）评介［J］．广东教育学院学报，2004（3）：53—54.
② 李玉芳．法国中小学教师教育制度评介［J］．辽宁教育研究，2006（7）：90—92.
③ 李玉芳．法国中小学教师教育制度评介［J］．辽宁教育研究，2006（7）：90—92.

在职等；从进修内容看，有系统学习、专题研讨、自学、小组研讨、调查访问等。[①] 在培训方式上，教师继续教育注重理论与实践相结合。法国在对教师在职培训的管理上采取省、学区、国家三级管理的模式。中小学教师继续教育不但得到政府的支持，而且得到了社会企业的大力赞助，参加教师培训学院的在职培训一律免费。从这点可以看出，法国对教师培养质量非常重视，注重从多个方面保障培训的质量和效果。

（三）教师教育管理

法国在教师教育管理方面与其公务员制度一样，有着比较细致科学的规定，在教师的晋升和评估上形成了比较完善的制度。倘若某一位教师工作非常出色，不是校长在工资奖金上给予奖励，而是小学教师可以去当中学教师，初中教师可以去当高中教师，如果工作还是很出色，就可以在培训之后当小学校长、中学校长，或者去当学区督学。法国中小学教师也是按照 11 个等级逐级晋升，主要分为小学教师、有中学师资合格证书的教师、高级教师这三类，每一级都有一定数量的指标与其相对应，指标是由政府发布政令定期制定的。教师的晋升依据就是负责本学区的国民教育督学给予的教学评分，教育部门对教师的考核是持续进行的，直到教师退休前一年为止。小学教师要受视察员的监督，而不是由小学校长来监督。中学则不同，中学校长每年为各个教师写一份简短的报告书，并给教师打分，最高分为 40 分。校长没有必要去评定教师的教学水平，这种评定是视察员的职责。学区或国家级的视察员，都要经常去听教师的课，一般都是由教师自己先提出来，视察员再去听课，在视察的基础上为教师评分，最高分为 60 分。[②] 法国对教师的评定和管理具有全面性，并且对教师的激励制度比较新颖，能够充分调动教师的积极性，保证制度的效率和公平。

（四）教师教育最新改革

在教师新使命的拟定方面，知识经济的发展以及学习化社会的理念，促使着法国社会对教师的期望越来越高，教师的使命不仅是传授知识，还要承担许多社会应当共同完成的任务：不断提高教育质量。1997 年，法国教育部以“通报”的方式，确定了教师的使命。学生处于教师思想与行动的中心，教师应将学生视为能够学习与进步的人，并会使他们成为自身培训的活动者；教师要平等地对待学生；教师在尊重学生差异中认识和接受他们，并关心他们的困难；在教育共同体中，教师在与其他教师建立各类团组联系中行使其职责；教师要意识到自己在承担一项复杂而多样性、并在不断变革中的职业。教师也要知道在其整个职业生涯中要继续自身的培训，不断更新自己的知识，不断对自己的职业实践进行思考。[③] 因此，教师承担的职责包括：教师要在法律规定的公共教育服务使命的范围中活动，致力于教育系统的运行与变革。教师要了

---

① 苏文锦．法国教师教育考察综述［J］．中国大学教学，2002（2—3）：55—58.

② 杨跃．法国小学教育考察［M］，南京：南京师范大学出版社，1999：275—282.

③ 王晓辉．法国教师的新使命与教师教育改革［J］．外国教育研究，2006（10）：55—60.

解自己任教的学科，能够构建教学的氛围，能够引导班级的活动。教师要关心学校的特色、资源和运行规则，要参与学校的计划及其实施，教师还要与学生家长和社会合作伙伴保持联系。在新的背景下，法国对于教师的要求明显提高。

在教师教育培养模式的变革方面，法国提出了一种新模式——“3＋2”模式，主要面向21世纪的教师教育。所谓的“3＋2”模式，是指在大学本科第二学年时对那些希望今后从事教育工作的学生进行教师入门指导，并在将要取得学士学位的大学第三学年进行教学体验学习的职前教育。毕业后学生还要在1990年新设的教师培训学院（也称为教师培养大学部，类似于挂靠在综合性大学的教师教育学院）攻读为期两年的教师教育课程。[①] 根据2005年制定的《基本规划法》精神，教师培训学院统合于大学之中。虽说原有的名称没有变化，但从2006年新学期开始，教师培训学院正式组成教师教育新的模式，即教师培训学院由原来与大学区内一所或几所大学的协定关系转变为具有自治性的独立机构。教师培训学院的实施及其不断改善，使得法国教师培养在取得学士学位后进行，中小学教师取得硕士学位变得容易，新教师都有硕士学位成为可能，提高了教师的学位水平。

在教师继续职业化的推动方面，教师的职业化意味着教师从事的是一种由教师自身负责的智力活动，需要经过长期的专门培训才能够胜任。2002年，国民教育督导总局和国民教育与研究行政督导总局在《教师初始培训和继续培训》的联合报告中，对未来的教师培训提出了设想和建议。在报告中指出，教师的知识不能局限于教室的墙壁之内，教师要具备教育目标和课程大纲以及学生评价等方面的知识，教师应以批判的眼光掌握关于学校和教育系统乃至有关教育领域的人文科学方面的知识，教师还要接受关于学校和教育管理方面的培训，并对社会、经济等方面的环境有所了解。教师的培训应当是贯穿教师职业生涯的一条红线，其要点是：教师继续教育应具有一定的强制性；培训应更加个人化；承认经验获得。为了培养未来高质量的教师，国民教育督导总局和国民教育与研究行政督导总局的联合报告建议，将教师资格的录用考试提前至学士毕业之时。这样可以避免师范学院一年级学生对未来前途的担忧，又有利于强化两年的教师职业培训。

8.2.4　德国教师教育的发展状况

（一）历史沿革

德国历来推崇教师教育，十分重视对教师的培养，是世界上开展教师教育较早的国家。其教师教育有着悠久的传统和历史发展，著名的教育家第斯多惠被誉为“德国教师的教师”，也是世界上第一位系统研究教师教育，并致力于教师专业化的教育家。在他的不断努力推动下，德国教师教育在近代得到了飞速的发展，如同西方其他发达

① 陈永明．3＋2——法国教师教育新模式［J］．外国中小学教育。2007（4）：5—12.

国家一样，这些发展都是建立在近代大工业生产的基础上。当时，义务教育在得到普及之后，需要大量教师到学校任教，因此，为了适应普及教育的需要，教师教育得到了迅速发展，主要是培养基础学校所急需的各类师资。德国教师教育缺乏一个独立且封闭的师范学校教育体系，因此没有传统意义上的师范教育，教师的教育与培养主要由大学和教育学院来承担。

20 世纪 60 年代初，现代科学技术的飞速发展，提高基础教育质量改革的蓬勃兴起，终身学习思潮的产生与传播，都需要教师具备多样化和专业化的发展要求。德国对教师教育进行了改革，着力提高师范毕业生的学术水平和教学能力，将由高等师范学校培养师资的封闭性模式转换为由综合性大学培养的开放性模式，并确立了独特且有效的职前和在职教师教育专业化发展体制。20 世纪 80 年代末，德国基本实现了所有教师的培养皆由综合性学院或大学进行的一体化目标，原有培养教师的教育学院作为一种独立的教育机构正在减少、消失，综合性大学成为培养教师的主体。20 世纪 90 年代，德国统一以后，政府开始着手对原东德的教师教育体制进行改革，将继承苏联的师范教育体系归入到综合性大学培养教师的模式中，取消原有的教育专科学校和独立的教育学院，由综合性大学或学院来培养教师。1998 年，德国文化教育部组建了一个由教育行政官员和学科专家为主的教师教育委员会，对当时的德国教师教育进行全面考察和评价。2000 年该委员会公开发表了《德国教师教育展望》报告，充分肯定了现行的教师教育制度及其所取得的巨大成就。

（二）教师的培养过程

目前，综合性大学成为德国教师培养的主要载体，从时间延续的过程来看，教师培养的全过程包括三个阶段：修业阶段、实习阶段和职后培训阶段，三个阶段相辅相成，联系比较紧密。在联邦体制下，各州拥有一定的自主权，教师培养从具体方面上可能呈现出差异，但是在大体上仍然遵循着相同的模式。

在修业阶段，主要是在综合性或者学术性大学中进行培养。为了保障教师教育的生源质量，这些学生都是来自完全中学。进入大学的教师教育专业后，学生将接受系统的学术性教育，掌握作为教师应具备的学术基础知识，这些知识分为学科知识和教育理论知识。该专业的课程设置覆盖面比较广，包括教育科学、专业学科和专业教学论三个领域的课程，教育科学包括教育学、社会学、心理学等，以及课程要求的教育实习。这个阶段的教育实习时间比较短，以了解学校教学的基本过程、掌握一些方法为主。修业期限在每个州都不一样，同时跟以后担任哪个阶段的教师有关，比如担任小学、初中教师的培养时间一般为 3 年，高中教师的培养一般都在 4 年以上。学生在完成课程和实习后，可以申请参加第一次国家考试，考试内容包括毕业论文、书面考试、口试以及教育实习，实习包括听课、观摩、批改作业。通过考试后，学生才被准许进入第二阶段即实习阶段进行学习。

在实习阶段，主要是在研修班和实习中学进行学习和实习，实习者是通过第一次

考试后取得相应资格的学生，该阶段以培养学生作为教师应具备的实践能力为主。实习教师在研修班进行心理学、教育学等理论学习，学习的主要形式是研讨，在实习中学进行教育和教学实践活动，将所学知识应用于实践之中。第一年为引导和试教阶段，由见习开始，4 周以后，才在指导老师的指导下试教，到第二学期甚至第二年才开始独立承担一个班的教学。在实习期限的规定上，各个州的规定不一，最短为 16 个月，最长为两年半，一般为 18 个月。实习结束之后，学生准备参加第二次国家考试，考试内容包括上公开课、当堂撰写教育理论文章、主辅修专业口试、政治法律口试等。① 考试合格后才能领取教师资格证书，成为一名正式教师，从而取得国家终身公务员的身份。

在职后培训阶段，其目的是使教师拥有适应社会急剧变化的能力，负担起教育改革和革新的任务，也是对上述教师职前教育的延续和发展，该阶段包括教师的自主学习和学校派出培训。政府和教师团体经常举办在职教育，使教师了解教育科学与专业学科的新发展、新成果，充实教师关于教育、心理和社会方面的知识，教师在周末、下午或晚上均可自主参加培训。同时，学校经常派教师到相应的师资培训机构进行学习和培训，这种方式更为正式，会使教师获得进一步的培训和发展，获取另一种或更高级的资格。

（三）教师的管理和评估

德国是一个联邦制国家，州政府在整个体制中具有自主权，可以自行处理本州内部的日常事务。在教师教育和管理领域，联邦政府只是负责制定教师培训和工资的框架性规定，各州政府负责教师的录用、安置、工资和督导，掌管教师的培养和进修。教师在获得教师资格证书后，就具备正式的教师身份，成为各州的国家公务员，但是在实际中，有必要对教师进行周期性的评估，保障教师的质量。政府规定每 4 年对每个中小学教师进行一次评价，一般完全中学、实科中学教师的评价主要是由学校校长实施，国民小学、主体中学教师的评价以督学为主、校长参与配合来评定。督学的任务是到学校听课，对每个教师的教学工作进行评价，建立每人一份的教师工作报告表。报告表分两部分：第一部分是教师分管的班级、学生情况，所担负的工作量等；第二部分是教师的教学效果与工作态度等。这些翔实的考核报告经教师本人签字后，存入州教育部门。一般评定结果分七级，一级最好，七级最差，工作时间不长的教师一般评定结果在四级或五级，能评上一级教师的也较少。②

（四）教师教育的最新改革

目前，德国各界对教育进行全面改革达成了共识，并提出了各种优化及改革的方案，在职前教师教育方面也有很多共同的地方。着重改变课程中专业理论比重过大的情况，加大其中教育科学的比重，教师不是专业科学工作者，职业能力和技能才是教

① 祝怀新，潘慧萍．德国教师教育专业化发展探析［J］．比较教育研究，2004（10）：11—16.

② 黄永忠．德国教师教育的特点及其启示［J］．绵阳师范学院学报，2006（6）：97—100.

师职业的重点。将专业学习与教育学、教学法的学习更加紧密地联系起来。实现第一、第二培养阶段的交叉，即加强大学和教师培训机构在教学和研究方面的合作，针对传统课堂教学探索新的课堂教学模式。

2002年，各州文教部长联席会议针对教师教育发布《教师教育引入学士/硕士体系的可能性、课程模块化和教师教育专业流动性的问题》的决议，并于2005年，在此文件的基础上发布了《关于各高校教师教育学士和硕士学位相互认可的要点》的决议。文件确定改制后的硕士学位等同于第一次国家考试，同时对学士和硕士阶段的学习内容及标准、教师的定向培养、教师教育专业的认证等进行了规范。2006年，德国高等学校校长联席会议第206次全体大会提出了《对高等学校中教师教育发展的建议书》，对德国教师教育改革和发展进行了全面的阐述和分析。①

2004年，德国文化教育部颁发了德国教师教育新标准的决议，提出教师教育的新标准将从2005—2006学年起采用，作为全国师范生实习阶段和职业准备阶段专业要求的基本标准。在标准方面主要有五项，分别包括：教师是教学活动的专业人员；教师应明确学校的教养与教学任务并和学校生活联系起来；教师应在教学中以及职前与职中资格颁发时熟练、公正而有责任感地从事评价和咨询任务；教师应不断地开发和使用自身的能力，如在其他职业中接受继续教育；教师应参与学校发展，营造有益于学习的学校文化和激励性的学校氛围。② 在制定的新标准基础上，对教师的具体职能进行规定，包括理论性的职能和在教师教育阶段应该达成的实践性的标准。这些职能主要体现在教师的教学、教养、评价和创新四个方面，在每一个具体方面都作了详细的规定，包含11个具体的职能。

8.2.5 日本教师教育的发展状况

(一) 历史沿革

日本的教师教育起步较晚，但在政府的现代化努力中，其发展非常迅速，取得了很大的成就。19世纪中叶，日本处于明治维新时期，日本政府借鉴外国，尤其是西方各国的经验建立本国师范教育。1873年，文部省向太政官提出建议，要求每一大学区本部设立一所师范学校，以培养小学师资。以东京师范学校为楷模，先在第三大学区的本部大阪和第7大学区的本部宫城设立师范学校。1874年，第二大学区名古屋、第四大学区广岛、第五大学区长崎、第六大学区新泻分别设立了官立的师范学校。这些大学区设立的师范学校修业年限为2年，学生定员均为100人。③ 从官立师范学校的设

---

① 蒋培红．德国职前教师教育体系改革的特点及启示［J］．教师教育研究，2007 (5)：77—78.

② 吴卫东．德国教师教育的新标准及其启示［J］．外国教育研究，2006 (9)：57—62.

③ 粱忠义．日本教师教育制度的演进［J］．外国教育研究，1996 (6)：15—16.

立过程来看，可分为三个时期：第一时期是作为全国师范学校的东京师范学校时期；第二时期是以东京师范学校为楷模设立大阪、宫城师范学校的 3 所官立师范学校时期；第三时期是各大学区都设立 1 所师范学校，官立师范学校作为各个大学区的教育中心时期。

第二次世界大战以后，日本的教师教育发展处于现代时期，从 20 世纪 40 年代到 50 年代，属于美国化时期。在美国占领军的帮助下，日本开始对旧制师范学校体系进行合并和改编，在 1949 年设立新制国立大学，将各级各类师范学校或者合并成以培养教师为主要目的的单科制学艺大学及教育大学，或者编入综合大学中设立教育学部或学艺学部，这标志着开放型的教师培养制度在日本正式确立。所谓的“开放型”教师培养制度，就是当时停办了中等师范学校，将旧制师范学校升格为教育大学或学艺大学，这样就使各级各类学校的教师一律由大学培养，实行不论是公立大学还是私立大学，只要符合标准都能从事师资培养教育。不管是教育大学还是综合大学，抑或短期大学，只要设置文部省大臣所批准的教师培养课程，学生修完所规定课程学分，均可获得教师资格许可证，取得做教师的资格。经这样的改革之后，日本已经不存在师资培养的专门机构。

从 20 世纪 70 年代开始，日本的教师教育开始进入当代发展时期，教师教育的质量得到了提升。“临教审”和“教育职员养成审议会”的咨询报告对如何提高师资质量提出许多建议。首先，改善教育职员许可证制度。文部省于 1983 年颁布《改革教师培养与资格检定制度》，将现行教师资格级别由 2 级扩大为 3 级；提高中小学教师取得证书的专业课最低学分标准；增加教学实习学分，健全实习制度。其次，创设新任教师研修制度。1970 年文部省制定了新任教师研修制度，规定由文部省负责，其研修期由原来的 2～3 天延长到 16 天。1978 年新任教师除小学教师外，又扩展到高中、特殊学校和幼儿园的新任教师，研修期分别为 10 天、10 天和 6 天。1989 年起，将新任教师的实习试用期由过去的半年延长到一年，在学校有经验的教师指导下，边工作边进修。① 最后，对在职教师研修体制进行进一步完善。20 世纪 80 年代后，为了提高教师素质、能力和教学质量，受到当时兴起的终身教育思潮的影响，日本十分重视在职教师研修。日本教师在职研修的方式日益多样化，其中有长期和短期的、有脱产的、有正规和非正规的、有面授和函授的，还有校外和校内的。

（二）教师教育的培养模式

在教师的职前教育方面，日本各级各类学校的教师一律由大学培养，主要是旧制师范学校升格为教育大学或学艺大学。只要设置文部大臣所批准的教师培养课程，学生修满所规定课程的学分，均可以获得教师许可证，取得做教师的资格，这种教师培

---

① 许英美．日本新任教师研修制度的现状——以日本德岛县为个案［J］．比较教育研究，2002（3）：52—57.

养制度具有开放性的特征。在课程结构的设置上，要获得教师许可证，必须学习一定的科目，这些科目包括一般教育科目、共同科目和教育专门科目。一般教育科目含自然科学、社会科学和人文学科，共同科目包含外语、保健体育，教育专门科目含有关学科专门科目和有关教职专门科目。上述规定系一般原则规定，具体开设哪些课程及所需要的学分数，由教师教育机构自主安排。

在教师资格证的获得方面，要取得小学和初中教师的资格证书，都必须取得 5 个教育实习学分，占教职课程学分总数的 12%～19%；要获得高中教师资格，则必须取得 3 个教育实习学分，占教职课程学分总数的 13%。而大学在实际操作的过程中，往往超过了学分的最低限制。在实习的过程中，大学还注意加强与教育委员会及实习合作学校的联系，请中小学在职教师担任实习指导教师，参与教育实习的全过程。[①] 在日本，要成为中小学教师，需要经历一系列过程。首先得进入教师培养机构完成一定年限的学习，修相关课程，取得足够的学分，毕业后认定教师许可证，到都道府县教育委员会领取教师许可证。持有许可证者还得参加任用选拔考试，考试由相关部门受文部大臣委托进行，主要有实用技能考试、面试、小论文模拟教学、制订指导方案、适应性检查等多种方式。选考合格者在派任学校受初任者研修和一年试用，合格者才成为正式的教师。

在教师的职后培训方面，试用期制度是日本教师录用的重要组成部分，取得教师许可证，经过录用考试合格并被录用的新教师，需要经过一年的试用期考核。在考核期间非常重视教师的职后培训。日本教师进修的形式非常多样化，按开办进修的主体来说，有国家办的中央进修讲座，也有地方教育部门办的进修讲座，还有综合大学、教育大学、中小学办的讲座。按进修的领域来划分，有职业指导、教材教法、学校保健、教育行政、电化教育等。从培训的地方来分，有国内进修和国外进修。参加在职进修的教师类型也很多，从新教师到有教职经验的教师，再到学校领导，无不包括在内。新教师参加进修，可以增加做教师的使命感、责任感和光荣感；还能迅速适应教师角色，提高教育与教学的实践能力。有教职经验的教师参加进修，可以总结教学经验，以期改进教学方法，提高教学效果。学校领导参加进修，可以提高学校管理水平，增强管理能力。

（三）教师教育的管理

日本中小学教师均为公务员，国立中小学校的教师为国家公务员，公立中小学校的教师为地方公务员。因此，中小学教师分别要受《国家公务员法》和《地方公务员法》的约束。在对教师教育的行政管理上，根据《文部省设置法》、《教育职员许可法》等法律的规定，国家、都道府县、市町村三级教育行政机构对中小学与教师人事方面进行分层次管理。第一层次为国家。规定有关教职员的各项基准；指定教师培养课程

---

① 王彦力．日本教师“专业化”概述［J］上海教育科研，2004（7）：31—34.

和培养机构等；实施教师资格认定考试；认定社会人员在高等专门学校的任教资格等。第二层次为都、道、府、县。负责对公费教职员，指由都、道、府、县负担经费的教职员的任命、警告、资格认定及去留；对公费教职员服务的监督给予市、町、村教育委员会一般性指示；负责公费教职员的进修；制定公费教职员的编制和工资等工作条件的规则；进行教职员检定，授予教师许可证等。第三层次是市、町、村。对公费教职员的任命、警告、资格认定及去留向都道府县教育委员会提出内部报告；对公费教职员的服务进行监督；对公费教职员的工作成绩进行评定；负责公费教职员的进修。① 可以看出，各层级机构对于教师教育管理的权限与职能都呈现出不一致，体现出专门化和专职化的发展趋势。

（四）教师教育的最新改革

在教师资格终身制改革方面，日本于 2007 年公布了新修订的《教职员资格证书法》和《教育公务员特例法》，并宣布将从 2009 年 4 月 1 日起实施。随着上述新法的颁布与实施，日本教师教育改革又将面临一次大的机遇与挑战。一是教职员普通资格证书及特别资格证书自取得之日起，仅在 10 年内有效；二是教职员在其资格证书有效期内，要通过参加资格证书更新讲座的学习，在两年内达到所规定的 30 小时并通过规定的考核后，原来所获得的资格证书方可更新与有效，如遇不可抗力的灾害事故，原资格证书的有效期自然延长；三是一旦教职员的实际工作业绩与其所获得的教职员资格不符，且不能胜任本职工作，教职员将要受到轻重不等的处分，受到处分的教职员的资格证书将失效。② 从上述变化中，可以看出日本教职员资格证书更新制度的实施就是要打破教师资格终身化。

在教师教育的学历改革方面，2005 年，日本中央教育审议会提出在教师培养中增加专门职研究生院的基本想法，指出在充实、加强本科阶段教师培养的同时，有必要在制度上重新探讨研究生阶段的教师培养和再教育问题。2006 年，日本中央教育审议会在咨询报告《关于今后教师培养・资格证书制度》中提出了创设以教师培养为特定目的的专门职研究生院，培养具有实践性教学指导能力的教师。在进行以在职教师为对象培养学校骨干的同时，从制度上保障具有实践能力教师的培养模式，促进本科阶段教师培养更有效地实施。为此，日本文部科学省修改了研究生院的设置基准，确定教师教育的“专门职研究生院”的名称为“教职研究生院”，标准学习年限为两年，学生毕业必须取得至少 45 学分，并强调其中至少有 10 学分为在中小学等教育机构的实习。③ 可以看出，日本教师教育在向高学历发展，并且这种趋势必将愈演愈烈。

在教师资格证书获取方面，2002 年，日本中央教育审议会在《关于今后教师资格

---

① 张健，等．二战后日本中小学教师教育及启示［J］．内蒙古师范大学学报（教育科学版），2005（8）：73—75．

② 罗朝猛．日本打破教师资格终身制［J］．上海教育，2007（12）：38．

③ 胡国勇．日本教师教育制度改革面面观［J］．上海教育，2007（5A）：40—42．

制度应有状态的报告》中对《教师许可法》进行了修订：(1) 扩充教师资格证书担任的专门学科，即持有初中、高中教师资格证书者可以担任小学的国语、社会、数学、理科等教学科目以及综合课程的教学；持有高中专业教学科目资格证书者，比如情报、工业、商业、福利等，可担任初中的教学科目以及综合课程的教学。(2) 加快有教学经验者取得高一级学校的资格证书。如有三年以上教龄的小学教师，想取得初中学校相应的普通许可证时，一方面可减少其必要性学分；另一方面允许其学习大学或教育委员会开设的课程来修得学分。(3) 修改特别资格证的授予条件和废除有效期限。(4) 强化有关资格证失效和吊销资格证的措施。如受到免职处分者的资格证被宣布失效且三年内不能授予资格证的有效期限从两年延长为三年。[①] 从这些方面的改革中可以看出，日本对教师资格证书的获得在标准上进行了提升，使得标准的拟定更加严格。

8.2.6 俄罗斯教师教育的发展状况

(一) 历史沿革

俄罗斯的教师教育经历了若干历史发展阶段，从沙皇俄国到苏联时期，从苏联解体到俄罗斯联邦共和国的建立，这些历史时期见证了教师教育发展的辉煌历程。从1874年开始，俄国开始实行人民教师的考核制，并创建了正式培养师范人才的学校。20世纪初，俄国师范教育持续发展。1911年，莫斯科成立了师范大学——第一所培养教师的高等学校。1917年十月革命后，苏维埃共和国成立，使得教育得到了真正的普及。一些重要的问题得到了逐步的解决，包括：扫除文盲、消灭流浪儿、普及初等义务教育，然后是普及7年义务教育、创建职业教育体系。苏联在每一个地区中心和很多其他城市开办了师范学院，承担了培养教师的工作。这一时期教师职业做到了真正大众化，并受到了人民的尊重和国家的保护。

20世纪上半叶，特别是在卫国战争和战后重建时期，教师队伍没有遭受灾难性的毁灭。苏联在施行培养五年制教师的师范学院的同时，也在推行保障人才速成化的四年制的教师学院。国家按专业设置的师范学院，给自己的毕业生以高超的教育、心理和学科知识准备。一方面由高校教学、给所有成功大学生的国家助学金、大众可享用的宿舍和食堂、运动场所等来保障；另一方面又依赖于那时的国家分配制度——大学后各专业学生为国家义务工作两年。[②] 苏联解体后，俄罗斯联邦继承了大部分遗产，继续推动教师教育的发展。1992年批准通过《俄罗斯联邦教育法》，将其作为国家基本教育政策之一，要求建立和培养一支素质高、结构合理、数量充足的师资队伍。

在师资培养上，1993年俄罗斯联邦高等教育委员会与教育部在联合召开的会议上，

---

① 龚兴英．日本教师资格制度的特点及其启示［J］．比较教育研究，2004 (5)：14—15.

② ［俄］H. X. 罗佐夫．俄罗斯的教师教育：过去与现在［J］．张男星，译．大学·研究与评价．2007 (4)：69—70.

就师资培养问题讨论了教委直属大学与师范大学的工作。会议指出，必须根据普通与职业教育改革的基本方向，探索改进大学与师范大学教师教育的现状，提出高等职业教育改革的构想与个性为本的师范教育构想。此次会议还对教师的培养和培训等问题做出了6条规定。目前，俄罗斯的师资培养主体是以国立莫斯科师范大学和俄罗斯国立师范大学为代表的20所师范大学和78所师范学院，此外还依托一些综合性大学培养师资。俄罗斯在进入转型期以后，经济衰落，教育事业也受到猛烈的冲击。教师职业威望的下降，导致师资队伍人才大量流失，由此带来一系列问题。

（二）教师教育的培养模式

在教师的培养体制上，俄罗斯历史上已经形成了为中小学培养教师的国民体系，通过许多途径培养学校教师。目前，俄罗斯的高等师范教育分为三个层次：第一层次修业3年，培养目标是初中以下普通学校教师；第二层次在第一层次的基础上继续学习两年，培养目标是高中教师，授予学士学位；第三层次在第二层次的基础上继续修业两年，培养目标是文科中学、私立学校、中等专业学校教师和大学助教。① 小学教师通常由三年制或四年制的中等专业教育机构毕业生承担，主要是中师和师范专科，这些教师还可以边工作边继续自己的教育深造。同时，五年制师范大学的学前教育系也为小学提供了相当数量的教师，初中和高中的学科教师由在师范大学相应学科专业接受了五年培养的毕业生承担。综合大学的一些毕业生也将成为教师，他们需要为获取师范才能接受教育心理学和教学法方面的教育。

在教师教育的课程设置上，俄罗斯十分强调基础课的地位和作用，尽力促进文理渗透，人文与科学教育的融合。20世纪90年代以来，教师教育课程是在“教师一般的和职业方面的连续不断的发展”这一目标指导下设置的。新调整的课程结构包括一般文化的、心理学/教育学的、专门的课程。② 在一般文化课程中，除了一定的思想修养目标外，还具有更为广泛的文化内涵，要求教师必须掌握哲学文化、历史文化和美学文化，对物质和精神文化的历史发展有较深刻的理解。心理学/教育学的课程主要传授心理学和教育学知识，旨在提高未来教师必备的教育交往技巧、管理技能和自我调整能力，培养实施区别化、个性化教学的良好素养。专门课程定位于掌握必需的教学课程材料，组织与所教课程相适应的专业教育活动。在不同层次间课程组合是互不相同的，三大课程板块之间的比例关系可根据所学专业有一定变化。

在教师培训和进修方面，俄罗斯任何一所学校的教师都要定期参加脱产进修课程的学习。为了保障类似这样的中等学校教师的继续教育，俄罗斯建构了地方和中央的教育工作者进修和再培训学院体系。为教师定期安排课程计划，包括相应学科的发展

---

① 吴永忠．俄罗斯教师教育的现状、问题与启示［J］．黔东南民族师范高等专科学校学报，2003（2）：71—73.

② 白美玲．俄罗斯教师教育述评［J］．高等教育研究，2005（1）：24—25.

状况、教育学和心理学、学科教学法以及交流教育经验，了解教育创新、新的教科书和教学资料等。师范大学和综合大学、城市教学法研究室和联合会还要定期为教师组织讲座、讨论和问题答疑、国际会议和教育讲演会，以使教师了解新的教学法著作、优秀教师的经验，吸引教师参加教研室的科学研究和副博士学位论文的写作等。此外，提高教师专业技术水平的不间断远程培训形式也被广泛运用。出版发行了大量针对教师的科学教学法教材、科学普及的读物以及期刊，即使再边远的地区都能得到有关科学、教育理论和教师实践方面的新信息。①

（三）教师教育的最新改革

随着经济的发展以及社会的进步，教师被赋予了更广泛的职责，俄罗斯针对教师教育采取了若干改革措施，从政策上为这些措施的实行奠定基础。这些措施主要包括教师教育标准改革、教育体系改革以及教育质量保障方面。

1. 拟定和实施统一的教师教育标准

为了促进教师教育质量的提升，俄罗斯颁布了一系列关于教师教育的法规，制定了教师教育的相关制度。其中制定和实施的《国家教师教育标准》是教师教育改革的重要举措。1994 年 4 月，俄罗斯颁布了第一代教师教育标准；2000 年 4 月，颁布了目前实施的第二代教师教育标准。1994 年俄联邦政府在《高等职业教育标准》中明确了教师教育的基本要求和具体标准，《高等职业教育标准》要求教师教育内容的创新应与高等学校的发展相适应，为教师教育改革及教学过程中教学法和教学计划研制提供了政策支持和法律依据。从 1998 年开始，在广泛征求意见和局部实验的基础上，俄罗斯教育部重新修订了《高等职业教育标准》的内容。目前实行的第二代《国家教师教育标准》涵盖了教育学的 7 个方向和 59 个教育学专业标准，② 标准的结构和内容不仅反映了教学技术和科研最新成果在教师教育中应用的特点，而且与基础教育的国家标准保持了应有的连续性和协调性。按照《国家教师教育标准》中提出的关于普通文化、教育心理学及具体课程知识和技能的要求，进而构建了相应的三个课程和教学实践板块。

2. 构建连续师范教育的完整体系

俄罗斯继续使用“连续师范教育”的表述，着力打造一个能适应全球化时代格局以及本国社会发展新需要的、连续师范教育的完整体系。从范畴上看是指由中等、高等和高等后师范教育的教师职业教育大纲共同构成的综合体系，包括这三个环节的教育机构以及分校、与各类学校之间的协作网络、国家及地方的师范教育行政管理机构、师资进修及再培训机构，即补充师范教育机构等组成部分。据 2001 年的官方统计，这

---

① ［俄］H. X. 罗佐夫．俄罗斯的教师教育：过去与现在［J］．张男星，译 大学·研究与评价，2007（1）：69—78.

② 杜岩岩．教师教育国家标准的制定与实施：俄罗斯的经验及启示［J］．大学．研究与评价，2007（2）：88—92.

个系统所包含的教育机构超过 670 个。同时，从功能上看，新时期的连续师范教育体系又具有教学—科研—师范教育一体化的特征，它涉及并覆盖学前、小学、中学、大学及大学后教育的各级教育机构。也就是说，连续师范教育系统是在为俄罗斯近 14 万所各种类型的教育机构的 3 507 万各类学生提供师资培训服务。[①] 此外，近年来连续师范教育系统的毕业生进入非教育机构服务的比例日益增大，成为市场经济条件下各类部门录用人才的重要渠道。

3. 教师教育质量保障体系的改革

近些年来，俄罗斯由于一方面受到政治体制、经济体制和教育体制变革的影响，另一方面受制于不间断教师教育体系形成中的固守、僵化，使得目前的教师教育暴露出不少问题。为此，俄罗斯在 2000 年出台了《2001—2010 年俄罗斯教师教育发展纲要》。此纲要按照教育的民族主义原则，目的是为俄罗斯已有的连续教师教育体系的发展创造法律的、经济的和组织上的条件，其任务在于提高不间断教师教育机构的社会地位，在本国传统与现代经验相结合的基础上，更新它的内容与结构，保障职业教学与教育的统一以及国家、社会和个体在不间断教师教育体系中优先地位的平衡。采取的主要措施包括：探索与修正不间断教师教育质量的科学方法及其保障体系，完善不间断教师教育体系和管理，组织国际会议、进修班、工作会议和技能水平提高班，筹备不间断教师教育体系的刊物，运用媒体宣传教师教育的问题。[②]

8.3　教师教育的发展趋势

在未来教师教育的发展中，社会的进步赋予了教师更多的使命，要求教师教育紧随时代发展的潮流，不仅要推动自身的不断发展进步，还要使其培养的教师能够顺应教育发展的需要。从全世界范围来看，教师教育的发展具体表现在教育理念、专业化、一体化以及国际化的发展等方面。

8.3.1　教师教育培养和培训的一体化

从世界范围来看，教师教育培养和培训一体化发展的趋势愈演愈烈，一次性的师资培养已经不能适应时代发展的要求，为了使教师能胜任时代赋予的新职能，必须使教师的培养和培训连续化或一体化，并且应该具有终身的性质。许多国家将教师的职

---

① 肖娃．世纪之交的俄罗斯教师教育改革——打造连续师范教育的完整体系［J］．比较教育研究，2003（4）：37—42.

② 张男星．俄罗斯教师教育发展新动向［J］．高等师范教育研究，2002（2）：77—80.

前培养和在职进修结合在一起，按照终身教育思想的要求和教师教育连续性的观点，在重视提高新任教师的学历层次的同时，努力推进在职教师的进修培训，使两者能够结合在一起。从美国来看，在现实的实践中，教师教育追求实现教师培养和在职培训的统合和一体化，旨在花较长时间培养具有高度专业性的优秀的教师。教师专业发展学校近年来在美国得到了很快的发展，追求教师培养和培训体制的一体化发展，可以说是美国教师教育的突破口与新动力。法国这方面也做得比较突出，寻求将教师职前教育和在职进修一体化发展思路，在 20 世纪 90 年代初，成立了教师教育大学院，分布于各大学区，这种大学是集教师职前教育和在职培训两种职能于一体的机构。在对教师进行培养的同时，也对在职教师进行学位提升。日本文部省正在综合把握教师的培养、任用和培训，努力完善面向 21 世纪的教师教育体制，提高教师的能力和素养，努力促进教师培养和培训体制的一体化。

8.3.2　教师教育的专业化发展

从世界各国来看，发达国家已经把教师专业化作为教师教育改革的方向，各国试图通过促进教师专业化水平的提高，来提高教师的质量。教师专业化发展成为当前各国教师教育带有共通性的发展趋势，这种专业化是指教师职业趋向于专业的过程，主要是改善教师的社会地位，提高教师的经济待遇，改善教师的工作条件，重新树立教师职业的社会形象，最终达到提高基础教育质量的目的。美国提升了教师教育的标准，在教师资格证书的获得上严格把关，提高了教师的入职门槛；还成立了教师专业发展学校，提升对教师的培养质量；同时注重对教师的职后培训。日本也对教师资格证书的获得提升了标准，并且开始打破教师资格终身制度，成立专门职研究生院，努力提高在职以及职前教师的学历水平，促进教师的专业化发展。英国也开始加强教师专业化发展的力度，扩大教师的准入和培训途径，拟定教师教育新标准，同时成立教育标准局，加强对教师教育的评估和管理。这些类似的措施在其他发达国家也得到了有力的验证，各国开始在不同的路径上加强教师专业化发展力度，力争全面提升教师培养的质量。

8.3.3　教师教育观念方面的新要求

教师教育从原本的师范教育发展而来，教师教育在发展完善的过程中，其内涵也在不断丰富。在当代，世界上很多国家根据本国政治、经济、科技、文化教育发展情况，对教师的素质和能力提出了自己的要求，在现实中出现了很多新型的教师教育观。社会对教师的要求也越来越高，不仅在知识方面，而且在诸多综合能力方面。从世界范围来看，美国自 20 世纪 80 年代以来，教育改革的力度越来越大，在改革过程中出现了比较新型的教师教育观念，最为著名的是复合型教师观，认为合格教师应该是初级教授，是能够承担全面培养学生的教学者，是善于与学生、同行、上级、社会人建立与发展健康交往关系的交往者，是积极参与学校改革的决策者。日本也提出了自身的理解，要求教师具有以下具体的素质和能力：第一，立足于全球视野的素质能力，包括对地球、国家、人类的理解力，具有丰富的人性和在国际社会中所必要的基本素质能力。第二，作为生活在变化时代的社会人应有的素质能力，包括问题解决能力、人际关系能力和适应社会的能力。第三，教师的职责任务所必要的素质能力，包括正确的学生观和教育观、教师职业的归属感，还有学科指导、学生指导能力。法国、英国等也有相应要求，在此不一一列举。

8.3.4 教师教育的国际化发展

伴随全球化的发展趋势，教育也必然走向国际化。谁首先培养和拥有众多面向世界的一流人才，谁就掌握了国际竞争的主动权。教师教育应吸取他国的先进文化和管理经验，在经济全球化的影响下，现代信息技术产生的网络教育、远程教育，加强了各国教师教育的相互交流、联系和合作，使教育资源和信息的交流共享成为现实，不断产生出教师教育的新思维、新体制、新模式、新机制。尽管各国的政治制度、文化传统、地域特点存在着极大的差异，但也有许多共同点，面临着同样的挑战，具有各自的优势和特色，完全应当取长补短，利用他国的教育资源和成功经验来发展本国的教师教育。面对经济全球化大背景、教育国际化和人才质量标准化的挑战，教师教育应树立新的教育观、人才观以及质量观、成才观，着力研讨如何培养具有创新能力的高素质人才的教育新模式，应着力于教育目的、目标、内容、方法和手段的改进和改革，时刻关注国际社会的发展变化，从中受到足够的启发和影响，这对于培养和提高教师教育的质量大有裨益。

第 9 章　教育管理研究

教育管理包括既紧密联系又有所区别的两个方面：一是教育行政，二是学校管理。教育行政是国家权力机构（主要是教育行政部门）为实现特定的教育理念和教育目的，对全国教育事业的组织、领导和管理。学校管理是教育管理的重要组成部分，是学校对本校的教学、科研、后勤和师生员工等各项工作的计划、组织、协调和控制。

9.1　教育管理的历史发展

人类社会一经产生，就有了教育实践活动，也就有了教育管理活动。虽然教育管理古已有之，但现代意义的教育管理则是随着以公共性、世俗性、系统性为主要特征的现代学校教育制度的建立而登上历史舞台的。

9.1.1　教育行政的历史发展

教育行政与公共教育制度是一种唇齿相依的关系。公共教育制度的出现，势必需要对其进行组织和管理，因此公共教育制度是教育行政存在的前提条件，而教育行政是公共教育制度运行的保证。

从 19 世纪初期至 20 世纪 30 年代，世界上相继形成了以英国、法国、德国、美国、日本、苏联为代表的六种现代公立教育制度，相应地也形成了六种各具特色的教育行政体制：英国的中央与地方为伙伴关系的合作制；法国的以中央教育行政机构独揽权力的集权制；德国从中央角度看为分权，从地方角度看为邦集权的有限分权制；美国的以州负有教育领导责任，而地方（学区）负有办学具体责任的较为彻底的分权制；日本的以天皇名义统领一切教育权力的高度集权制；苏联的适合无产阶级专政与计划经济所需的高度中央集权制①。虽然鉴于六国特有的政治、经济、文化等社会背景和历史渊源，使教育行政的形成过程各不相同，但由国家掌控教育并以法治理教育则是贯穿其中的基本主线。

从第一次世界大战结束至第二次世界大战爆发前，由于六国都有较大的国际影响

---

① 曾天山主编：《外国教育管理发展史略》，教育科学出版社 1995 年版，第 31—84 页。

力，每种教育行政体制也被推行到属于各自势力范围的其他国家。在此期间，中央集权制、地方分权制、中央与地方合作制作为教育行政体制的三大类型，成为世界许多国家择一而师从的样板。另外，每个国家的教育行政体制也会随着国际国内形势的变化而时有变更，但最初形成的教育行政体制作为一种历史传统，往往会或多或少地影响到其后的发展。

二次世界大战结束至21世纪初，许多国家在力求国运昌隆、应对国际竞争的历程中深感各级各类人才的重要性，"国家大计，教育为本"成为基本共识，"科教兴国"成为基本国策，从而不断地改革和完善本国的教育制度，也为此进行相应的教育行政改革。出于不同的国情，各国教育行政的改革在重点与内容上不尽相同，但力图实现法制化、民主化、科学化、高效化则为共同方向。就教育行政体制的发展轨迹来说，20世纪50—70年代，各国主要是恢复和维系第二次世界大战前各自的体制，但以美、德式的地方分权制和苏、法式的中央集权制为主流。到80年代，由于中央集权制与地方分权制在实践中已凸显出各自的利弊优劣，且蕴含着相互之间扬长避短的可能，所谓"教育行政均权化"，即实行中央集权制的国家一再放宽地方管理教育的权限，而实行地方分权制的国家逐步加强中央对全国教育的统一管理成为此时各国教育行政体制改革的突出表现。到90年代，随着苏联解体与冷战结束，大多数国家走上政治民主化、经济市场化的发展道路，放松政府管制、实行地方分权、引人市场竞争机制成为各国教育行政改革的指导原则。一项调查研究表明，在129个国家中，高度中央集权的国家屈指可数，而其他国家皆将分权化和私有化作为其教育行政与财政体制的基础①。进入21世纪后，放眼天下，中央与地方合作的教育行政体制比比皆是，目标管理（由国家确定教育发展的方针和目标，地方和学校则有权因地或因校制宜地为如何实现国家目标而各显其能，国家只对地方或学校偏离国家目标的作为进行干预）成为施政的主导模式。

9.1.2 学校管理的历史发展

一般来说，教育行政和学校管理是一种主从关系，教育行政的演变制约着学校管理的演变。不过，因各国政治制度、经济发展水平、文化传统等具体历史条件的不同，教育行政对各级各类学校管理的影响力会有大小强弱的差异。鉴于构成现代学制的主干是公立中小学校及高等学校，在此以学校管理自主权的历史变化为主线，勾勒这两类学校管理的发展过程。

（一）公立中小学校管理的发展

从19世纪到21世纪初，以第二次世界大战的结束为分水岭，各国的教育行政方

---

① w. K. Cummings. The Institutions of Education：Compare，Compare，Compare，*ComparativeEducation Review*，1999（4），p. 431.

式大致由指挥行政逐渐转向指导行政，公立中小学校管理自主权也随着这一进程发生相应的变化。

第二次世界大战前，在教育行政体制上，各国虽然有中央集权制、地方分权制、中央与地方合作制的分别，但对公立中小学校而言，几乎毫无例外地实行指挥行政，即行政当局通过强制性命令对学校进行事无巨细的直接干预。各国学校虽已建立以校长为主或以学校委员会为主的校内管理体制，但实际上并无多少自主权，对行政当局“唯命是从”是其突出共性。甚至连被公认学校自主管理权历来大过其他国家的英国，在此时的基本状况是：皇家督学管控校长，又由校长管控下属职员和教师，再由教师管控学生，有些地方的学校一年内竟受到多达 50 次的皇家督学视察①。

第二次世界大战以后，教育民主化成为世界性思潮，反映在学校管理实践上，各国教育行政机关以非强制性建议取代强制性命令的指导行政日趋流行，学校的校长或校委会也随之具备一定程度的管理自主权。即使是中央集权色彩浓厚的国家，学校在教学事务管理上亦享有举足轻重的话语权和决策权。例如，瑞典实行的是“现代中央集权制”，即国会和内阁决定教育目的、范围和财政，而学校管理则由中央和地方共同负责，国家教育主管部门颁布“课程指南”，规定各种学校活动的目标、指导方针以及适应学校类型和层次的课程表、各学科的教学目标、主要的教学内容、一般的教学法等。这种“课程指南”虽然具有学校必须遵行的法律约束力，但绝不是中央严格控制的手段，而是着眼于使所有学校达到某种教学规范，发展学生的个性，因此往往是确定一个大致的框架，而不损害地方、学校、学生应有的自主性②。自 20 世纪 80 年代起，各国纷纷进行以放松政府管制为特征的教育分权化改革，并且把办学自主权破天荒地下放给以前只是作为行政部门管理对象的公立学校，而适合这种分权改革方向的指导行政更加成为各国的第一选择。在此背景下，各国公立中小学校拥有较为充分的管理自主权，以学校本身作为真正管理主体的校本管理得以普遍实施，形成政府宏观调控、社会广泛参与、学校自主办学的管理体制。

（二）高等学校管理的发展

高等学校和公立中小学校有不同韵历史渊源，教育行政对高等学校管理自主权的影响亦呈现出不同的历史变化。

现代意义的高等学校源自 12 世纪在欧洲建立的大学，如意大利的博洛尼亚大学、萨莱诺大学、英格兰的牛津大学和剑桥大学、法兰西的巴黎大学。在随后的 500 年，欧洲各地陆续建立 100 多所大学。在此期间，虽然大学的创立要得到当地最高执政者的批准或授权，有些大学甚至沦为“国王手中的玩物”③。但“大学自治”——大学本

---

① Harling Paul. *New Directions in Educational Leadership*. The Falmer Press，1984，p. 205.

② ［日］冲原丰主编：《世界教育》，福村出版社 1977 年版，第 107—108 页。

③ ［法］弗朗索瓦·皮埃尔·纪尧姆·基佐著，程洪逵、沅芷译：《欧洲文明史》，商务印书馆 1998 年版，第 190 页。

身拥有管理内部事务的全权——始终是中世纪大学的显著特点之一。

从17世纪中期到20世纪中期，随着欧美民族国家相继确立，体现国家权力的政府开始谋划如何构建大、中、小学连为一体的本国教育制度，高等学校由此逐步纳入国家管理的轨道，中世纪大学那样的自治在各国高校管理中不复存在。一般说来，中央集权的国家直接剥夺了高等学校的自治。例如，法国由一个中央行政机构对全国的大学实行统一管理，按照平等和绩效的原则拨付经费、规定大学的课程设置、安排教学人员、促使大学的办学宗旨服从国家的目的等。而地方分权或有地方分权倾向的国家则通过立法、拨款等手段间接介入高等学校的自治。例如，英、美两国是通过国家立法来打开自治高等学校的铁门，让新的学科进入大学课程①。

第二次世界大战后，各国在发展高等教育的实践中逐渐认识到，政府不能对高等学校的内部事务横加干涉，因为这容易降低高等学校在教学与科研上的活力和效率。而高校自治也应有一定的限度，因为高等教育系统是政府寻求实现国家目标的重要杠杆，对高等学校脱离国家目标的行为有必要予以纠正，不能放任自流。本着上述共识，各国大都进行了协调政府介入与高校自治关系的改革。例如，日本历来对国立大学管得较死，限制了大学本身的创造力，于是在21世纪初期实行国立大学法人化改革，力图提高大学的自治程度，放松对大学的预算、组织结构、人事等事务的管理。改革后，国立大学成为独立的“国立大学法人”，大学校长作为大学的全权代表，对大学事务享有最终决定权并负全部责任，但大学法人仍然冠以“国立”二字，政府仍要确定大学的任务和功能，仍要提供主要的办学经费（但如何使用不像以前那样指定用途，而由每所大学自己决定），管理工作的重点转向制定大学的绩效目标，检查和评估大学实现目标的情况，而将如何实现目标的管理权完全交给大学②。

时至今日，不论实行何种教育行政体制的国家，大都形成了较为一致的政府和高校分工协作的管理机制。政府更多地集中于制定高等教育发展战略和确定发展的优先领域，降低介入高等教育体系日常管理的程度，主要通过立法、拨款、与高校合办教学或科研项目来影响高校事务，使之服从于国家目标，而高等学校则在学术性事务，如教学、科研、聘请教学人员、确定专业设置等方面享有充分的自治权。

---

① ［美］约翰·S. 布鲁贝克著，王承绪等译：《高等教育哲学》，浙江教育出版社1998年版，第32页。

② OECD. *Directorate for Education*, *On the Edge*: *Securing a Sustainable Future for Higher Education*, http: //www.oecd.org/ed/workingpaper, 2007.

9.2 教育管理的基本经验

9.2.1 促进中央集权与地方分权的相互补充

从第二次世界大战结束到 20 世纪 70 年代，多数国家或是实行中央集权制或是实行地方集权制，即使可看作实行中央与地方合作制的英国和日本，前者以地方分权为主，而后者以中央集权为主。中央集权制的国家以法国、苏联、中国为代表，地方分权制的国家则以美国、联邦德国为典型。

中央集权的教育行政也称为“垂直”教育行政，中央与地方的教育行政机构之间存在一种命令与服从的隶属关系。这种体制的根本特征包括：①教育行政权力集中于中央教育行政部门，中央直接干预和领导各级教育事业，地方教育部门只是奉命行事，在一定的授权范围内处理教育事务；②全国有较为统一的教育目标、教学计划、课程设置和评价标准；③教育的基本法律、法规由中央有关部门制定并颁布，并对地方的教育事业有较大的约束力；④教育经费一般实行国家负担制，或由国家承担教育经费中的主要部分。

中央集权制有利于调动中央办教育的积极性，有利于发挥中央的统一领导作用；实行垂直领导和统一教育教学规范，有助于令行禁止，提高教育效率，维持教育质量。但其也有难以避免的缺点，即不利于调动地方的积极性和主动性，强求全国的整齐划一，容易脱离地方实际，中央一旦决策失误会波及全国。

地方分权的教育行政体制也称为“平行”教育行政，中央与地方的教育行政机构之间存在一种平行的对应关系，中央居于监督和辅助地位，将教育行政权力分给地方，由后者在其管辖范围内全权办理教育事务。这种体制的特征主要包括：①中央一级的教育行政部门权力非常有限，中央和地方不存在领导隶属关系，地方自主管理教育的思想占统治地位；②课程设置、教材选择、教师资格等一些最基本的教育事项由地方规定，中央不做统一要求；③教育的基本法律由地方制定；④教育的经费主要由地方承担。

地方分权制有利于调动地方办教育的积极性，有利于因地制宜地发展教育事业，地方的决策失误只影响到当地。但其同样有难以避免的缺点，即不利于调动中央办教育的积极性，缺乏统一规定和统一标准，容易导致各行其是，教育行政效率不同，教育质量参差不齐，教育事业发展不平衡。

从某种意义上讲，中央集权制与地方分权制的利弊相反，而两者的有机结合有可能彼此之间扬长避短。因此，20 世纪 80 年代以来，被称为“教育行政均权化改革”在世界各国此起彼伏，蔚然成风。中央集权制的国家下放部分权力到地方教育行政部门，而地方分权制的国家则加强中央对全国教育的监测、评估，甚至将原属于地方的部分权力上移到中央政府。以下以美国、法国、英国为例进行概述。

美国历来在教育行政上实行较为彻底的地方分权制，由基层教育行政单位——学区担负办理基础教育的实际责任，联邦政府基本上不干涉地方教育。可自 1989 年老布什总统邀请全美 50 个州长召开美国首届教育高峰会议后，就开始由联邦政府来规划全美教育发展的蓝图，确定教育改革的主要内容和主攻方向，对教育发展方案和相关的改革措施完成立法程序并给予专项拨款，而且对联邦政府资助的、各地自愿参加的教育活动，大部分由联邦教育部制定实施规则和承担监管责任。针对中小学教育改革的《不让一个孩子掉队法》实施后，联邦政府通过推进教学问责和评价机制以及增加教育拨款，更是实际主导和管控中小学教育教学改革的方向与进程，而学区却向辅助性、支援性的角色蜕变[①]。虽然联邦政府加强对教育的控制也引起某些人的忧虑，认为会损害地方管理教育的传统，但大多数人对国家教育成就的关注超过了地方管理学校，认为在美国这样一个多样化的社会里，必须有一个掌控教育全局的核心力量，对此联邦政府责无旁贷。

法国第二次世界大战后实行高度的中央集权制，教育的所有事务无论大小，均由教育部长事必躬亲，发号施令，而下级服从上级，各地服从巴黎是不可撼动的铁律。例如，1975—1976 年，为推行以时任教育部长哈比命名的改革（the Haby Reform），教育部竟接二连三地发布 11 项部令、19 项禁令和 20 份通告[②]，中央控制全国教育之严密与烦琐，由此可见一斑。不过，自 1982 年《权力下放法》颁布实施后，法国的国家行政体制改革朝着削弱中央集权、增强地方自治的方向发展。2003 年，法国通过《关于共和国地方分权化组织法》的宪法修正案，更是明确规定只有在领土单位的层面无法实现的优先事项，才涉及国家权力的介入。在此期间，原先由中央管控教育的各项权力也逐渐下移和分散，中央统揽全权的局面已经改观。现在，法国的教育管理虽然仍以中央集权为主，但中央更着眼于把持公立教育正常运作和发展方针的决策权。例如，中央要确立公立中小学的国家教学大纲，设定培养和配置中小学教师的统一标准等；而地方则有了管理本地学校更多的具体责任，比如，在中等教育层次上，教学人员的聘用、除名、退休、解雇、高级教师排名以及派遣等决定权已由中央下放给地方。

英国第二次世界大战以后实行的是一种以地方为主、中央为辅的合作体制。根据英国《1944 年教育法》的规定，教育大臣担负的职责是“促进英格兰和威尔士人民的教育，并确保地方当局在其控制和领导下有效地实施国家政策”，而地方教育当局主要担负提供办学条件的实际责任，如雇用教师、兴建学校、筹措办学经费等，但不干涉

---

① 傅添：《论 NCI 出法案以来美国教育行政管理体制的改革趋势》，《外国教育研究》2012 年第 2 期。

② J. R. Hough. *Educational Policy: An International Survey. St*, Martin's Press, 1984, p. 71.

学校的教学工作。由此，英国在教育管理上“确保子女接受教育是家长的责任，兴办学校使家长履行其责任是地方教育当局的职责，而教育儿童本身则依赖对教什么、如何教有较大自主权的专业教师”①。但自实施《1988 年教育改革法》以来，中央管控教育的实际权限日渐扩大，地方正失去它原有的对当地学校的管理权，逐渐演变成以中央集权为主、地方分权为辅的合作体制。例如，教育部在中小学教育上有权修改课程、教学目标、教学大纲和考试办法，特别是通过实行全国统一课程和统一考试，大大加强对基础教育的约束力，而地方不再直接管理学校，而是趋向于从整体上负责协调本地的教育发展，如制定本地学校的发展目标，掌握部分教育经费的支配权。

许多国家经过“教育行政均权化”的改革，大多实行的是中央与地方合作的教育行政体制。这种体制既非严格的中央集权制，也非绝对的地方分权制，而是介于两者之间，兼具集权制与分权制的特点，具体表现为：①在法律上，中央政府是教育管理的主体，中央政府及其教育行政部门具有管理全国教育事务的权力；②有全国统一的教育行政体系；③地方各地教育行政部门具有相当大的自主权；④中央行政机构与地方行政机构之间不存在实质上的命令与服从的上下级关系。在这种体制下，中央与地方共同合作、共同管理教育事业，两者的权力分配较为平衡，在一定程度上缓解了中央与地方的矛盾，减少了集权制与分权制各自的弊端。不过需要指出的是，从各国“教育行政均权化”的实践看，并不是要中央与地方在权力分配上平分秋色，各自为政，而是追求各自管理权限上的合理分配，即中央与地方都把各自该管的事情管起来并管好，“目标管理”便成为许多国家选择的施政模式。在该模式下，中央有权确定国家教育目标、教育质量标准、教育规范、教育发展方向以及按国家教育目标来检查和监管国家各级各类教育，地方及学校则负责实现教育目标和落实教育政策的各项具体事务。

9.2.2 协调学校与政府、社会和市场的关系

在不同的国家，不同类型的学校与政府、社会和市场的关系存在很大的差异。

从基础教育上看，第二次世界大战以后，世界各国义务教育阶段的公立中小学，都是教育行政部门的下属机构，在经费、人事、教学等方面，受到政府的制约甚至是直接控制。即使在像美国这样高度分权的国家，在教学方面，公立中小学长期以来也是在州或学区允许的范围内才可以自主地开设一些课程；在经费方面，中小学教育经费来自联邦、州和地方（学区）三级政府拨款，并以州和地方学区下拨的经费为主；在人事方面，公立中小学教师具有公务雇员的身份，由学区董事会或地方政府聘任和解聘，解聘程序比较复杂，校方提出的解聘要求必须接受法院的司法审查。而在中央集权制国家，如法国、中国等国，教育行政部门对义务教育阶段的公立中小学的财政、人事和课程体系的管制更多，监控也更为严密。从理论上讲，政府对公立中小学（尤

---

① P. J. Hills. *A Dictionary of Education*. Routledge & Kegan Paul, 1982, pp. 9—12.

其是义务教育学校）的严格管控有其合理性，便于通盘考虑统筹兼顾，迅速集中全国教育资源来实现预定的国家目标。但从实践上看，往往形成政府对公立教育的垄断，使公立学校与社会隔绝，难以满足社会各方的需求，也不易借助社会力量，在实现国家目标方面其实是“欲速则不达”。

从高等教育来看，尽管各国政府对高等学校的管控程度因实行不同的教育行政体制有一定的差异，但总的说来，管理高等教育的行政层次较高，一般是中央或最高级别的地方政府，但管理力度却较弱，多用间接调控方式管理，如立法、资助、合办教学、科研项目等，并不直接干涉高等学校的内部事务管理。另外，第二次世界大战以后，许多国家效仿美国办高等学校的“市场驱动模式”，利用教学和科研为社会服务成为高等学校的重要任务。许多国家相继建立了政府、高等学校、社会都参与其中，并主要靠市场调节的教学、科研、生产一体化的体系。

20 世纪 80 年代兴起的“教育行政均权化”改革，在很大程度上也是寻求协调学校与政府、社会、市场三者关系的改革。不过鉴于上述情况，这样的改革，对高等学校管理来说是继续完善，对中小学管理来说则是实质转变，因而主要反映在中小学管理层面。大多数国家以引入市场竞争机制，借助社会各方力量为战略方针，用来营造学校与政府、社会、市场之间各司其职并良性互动的局面。

（1）引人市场竞争机制。由此相关联的举措首推“家长选择学校”（下面简称“择校”）和与之配套的“学券制”。第二次世界大战以后，大多数国家的公立中小学归地方当局管理，地方当局在辖区划分若干个就学片，原则上住在同一就学片的孩子应在该片的学校上学，即“就近入学”。一个学龄儿童上什么学校，主要是由家庭住址而非家长意愿决定。换言之，家长是无权为子女选择学校的。因此，从教育分权的角度看，择校就是把“指派孩子上什么学校的决策权由地方当局转移到家长”①。择校不是 20 世纪 80 年代才出现的新生事物，过去在许多国家虽不提倡择校但却从未明令禁止择校，都曾有过家长出于某种理由为孩子择校的事例。但此时的择校与以往相比有显著的不同：许多国家以强调市场力量的新自由主义为理论基础，将择校作为改进基础教育的一项基本国策，使之从零星的个人行为转为由国家引导并大力推行的一场蔚为壮观的运动，或者说从由某种或明或暗限制的择校变成择校自由化。为了便于家长择校并使之带有市场竞争机制，往往会推行“学券制”。根据这种制度，政府并不直接向学校拨款，而是向学生家长按就学人头发放可兑现的有价学券，其单位价值相当于一个学额的平均费用，家长将学券交给为子女选择的学校，再由学校到政府的发行机构兑现学券。这意味着政府向每个学生都划拨了一笔可“钱随人走”的教育经费，而其流向哪所学校则要经过家长的“用脚投票”。现在较为流行的看法是，通过家长自行择校和推

① Car Jim. Parental Choice as National Policy in England and the United States. *Comparative Educational Review*, August 1994, p. 294.

行学券这样的制度安排，在基础教育领域，可以打破国家原先对于教育的垄断地位，有助于形成各校进行竞争的教育市场，再经过优胜劣汰的竞争过程，最终在整体上提高基础教育的质量和效率。

（2）借助社会各方力量。与此相关联的主要举措是“家长参与”。家长参与也非新鲜事物，许多国家的中小学中历来就有家长与教师协会，进行家访或召开家长会也是各校的惯例。不过，20 世纪 70 年代以前，家长参与是以家长辅助学校对子女的管教为主。自 80 年代开始，家长参与逐渐演变为某种意义上的“家校合作”，过渡到学校管理层面。近年来，家长参与又扩展为学校、家庭、社区三者之间的合作。政府、社会、家长、学校共同参与学校管理成为一个世界性现象。不少国家的中小学校务管理委员会（其实各国的名称不一，本章简称“校委会”）须由有同等投票权的各方代表组成即是其中一例，参见表 9-1。

表 9-1　若干国家中小学校委会的构成

国家	学校	校委会构成方式
德国	中等教育第一阶段的学校校委会	从德国各州看，以教职员代表、家长代表与学生代表为三方，有以下五种组合方式。 （1）三方人数相等。 （2）三方人数相等，但增加 1 名校长作为教职员代表。 （3）家长代表与学生代表合计为教师代表的半数。 （4）家长代表与学生代表合计为教师代表的总数。 （5）家长代表与学生代表有定额，但该校所有教职员均为代表。
法国	公立高中与初中校委会（600 人以上）	校方管理者代表 4—5 人，必须包括校长、副校长、教务长，并且校长作为校委会主席。 教育行政当局代表 4 人，省代表（在初中）或大区代表（在高中）1 人，学校所在地的市镇代表 3 人。 教职员代表 10 人。 家长与学生代表 10 人：初中为家长 7 人，学生 3 人；高中为家长 5 人，学生 5 人。

续表

国家	学校	校委会构成方式
英国	公立中小学校委会	家长理事，人数在比例上超过1/3。 教职员理事，至少2人，但比例不得超过1/3。 地方教育当局指名理事，比例为1/5。 社区理事，比例为1/5。 合作办学理事，至多2人。 （地方教育当局指名理事多为议会议员、大学教师和其他学校的校长，合作办学理事多为受学校委托办理某些事务的民办企业代表。）
澳大利亚	中小学校委会	家长代表3—7人，校长1人，教职员代表1人，学生代表（仅限中学）1人，由上述各方共同选出的代表（共同选出的代表是为了维护民族与性别平等，或为了履行校委会的职责而选出的代表），其人数不得超过家长代表人数。
韩国	中小学校	家长占40%—50%，教师占40%—50%，居民占10%—30%，校长1人。规模一般7—15人。

有些举措实际将引进市场竞争机制与借助社会各方力量合二为一，属于“教育私有化”范畴的大多可划归此类。例如：兴办私学，由私人或社会团体出资建校并管理学校；公校私营，在不改变公立学校所有权的情况下将学校的经营权交给个人，尤其是私营公司等。

在协调学校与政府、市场、社会之间关系的改革中，四者在基础教育管理，尤其在公立中小学管理上的作用发生了不同寻常的变化：政府从微观干预转向宏观调控，但基本把持着统一课程和统一考试的权力；市场的力量逐步渗透，在如何配置和使用教育资源上发挥着越来越大的作用；社会的力量由弱变强，通过各种渠道直接进入学校管理层面，有了不可小觑的发言权和决策权；学校本身扩大了办学自主权，可因校制宜地办出各具特色的学校。

9.2.3　推进中小学管理的自主化、民主化、规范化

世事无常，要求中小学管理以变应变；国情迥异，要求中小学管理因地制宜。因此，世界上不可能有适合一切时空范围的尽善尽美的中小学管理，但是推进中小学管理走向自主化、民主化、规范化则为中小学管理“不求最好，但求更好”创造了前提条件。

（一）自主化

20世纪80年代以来，各国教育行政均权化改革虽然不能一概而论，但不约而同地

都把权力下放给以前只是作为行政部门管理对象的“学校”，强调学校应有对本身人、财、物、事的自主决策权和管理权，“校本管理”成为一种典型的公立学校自主管理模式。

校本管理的核心是学校享有和行使办学自主权。而学校应享有哪些自主权，应受到何种限制，各国规定有所不同，但也有类似之处，大致包括财务（如何筹措和使用经费等）、人事（如何选聘、配置、培训教师等）和教学（如何开发和选用教材、教法，如何进行教研、教改等）三方面的自主管理权。

由谁来行使自主权，各国通常是成立校委会作为学校最高权力机构，其成员由校长、教师、学生、家长、社会人士和政府官员组成。若按成员的作用划分，校委会有校长主导型、教师主导型、家长主导型、社区主导型四种类型，由谁主导即由谁对各项决策建议有最终的取舍权。若按功能划分，校委会亦有负责型、顾问型、辅助型、协调型四种类型，从某种意义上讲，唯有负责型校委会才算得上名副其实的学校最高权力机构。由于各国国情的差异，校委会的实际权力不尽相同。在发达国家，尤其在美国、英国、加拿大、澳大利亚、新西兰等国家，校委会基本具备上述三种办学自主权。而在发展中国家，校委会主要还是根据中央或上级的指示办事，完全行使三种办学自主权的凤毛麟角，尤其是不具备管理教师的人事权力①。各国建立什么样的校委会，如何均衡参与各方的权力，不得不受制于本国的国情。不过，强调与学校有关各方的参与与合作，加强教师、家长在学校管理上的作用，则是一种世界性的发展动向。

（二）民主化

从近年来各国中小学管理改革来看，加强集体领导与加强各方参与决策成为中小学管理民主化的突出表现。加强集体领导，旨在防范校长滥用权力。世界各国中小学校大都实行校长负责制，并设立校委会之类的机构进行管理。中小学校长的职权范围一般由法律规定。有些国家的规定言简意赅，例如，日本《学校教育法》对各级各类校长的职责规定是：“掌管校务并监督所属职员。”而有些国家的规定则详尽具体，例如，瑞典是按照九年制义务教育学校、高中校长分别规定职责，而且其职责多达十几条。不管各国中小学校长的实际权力是大是小，但校长本身对权力的运作确实可以做到有什么样的校长就有什么样的学校。为了防止校长独断专行，除校委会外还专门设置一些咨询、审议、监督机构，通过加强集体领导来对校长如何运作权力加以制约。例如，日本于 2005 年开始实行学校运营协议会制度，其成员由居民、家长与学生组成，校长所制定的发展学校的教育教学方针，必须得到协议会的批准，协议会也可对学校职员的任用陈述自己的意见②。

---

① 方彤著：《全球化背景下基础教育改革比较研究》，华中师范大学出版社 2007 年版，第 18 页。

② ［日］教育制度研究会编：《教育制度概论》，学术图书出版社 2009 年版，第 204 页。

加强各方参与决策，着眼体现民意办好学校。在各国中小学的领导集体中，可视为学校最高权力机构的校委会均由校内成员和校外成员共同组成，而且两者的来源都比以前有所扩充。虽然各国校委会人员的构成结构不一，例如，德国的校委会没有社区的代表，而英国的校委会缺乏学生的代表，但校内的学生、教师与校外的家长、居民所占比例越来越大则是许多国家的共同现象。加强各方参与决策有利于反映民意，从而提高学校管理的实效。其一，学生、教师、家长、社区对学校有什么特殊需要，只有他们自己最清楚，也只有他们自己才懂得如何满足需要。因此，他们在学校相关事务上的决策能切合实际。其二，虽然各方会有不同的利益诉求，但共同参与决策实际也是一个相互沟通协商的过程。按照少数服从多数的原则，可做出反映基本共识的决策。其三，吸收家长、居民参与管理决策，可激发他们对学校的责任感，愿意在人力、资金等方面支持学校。其四，学校的中心工作是教学，而教师与学生可以说对本校的教学情况最清楚，因而对如何改进教学最有发言权和决策权[①]。

（三）规范化

自 20 世纪 80 年代起，中小学管理规范化与自主化是各国中小学管理的一体两面，始终形影不离，相辅相成，规范化主要表现在建立相应的法律或制度来促使中小学自主办学的健康发展。

首先，用法律赋予中小学自主办学的合法地位。例如，美国的“特许学校”是私营机构可用公款自主地管理公立学校的一种方式，这种办学方式因当时违反美国“谁出资谁管理”的法定办学常规，因此要得到州政府的“特许”。为使特许学校具有合法地位，各州纷纷制定相关法律，1991—2000 年，美国有 36 个州通过了有关特许学校的法律[②]。

其次，用法律划分中小学自主办学的权限范围。例如，中国于 1995 年实施的《中华人民共和国教育法》第 28 条规定，学校可以行使下列权力：“按照章程自主管理、组织实施教育教学活动；招收学生或者其他受教育者；对受教育者进行学籍管理，实施奖励或者处分；对受教育者颁发相应的学业证书；管理、使用本单位的设施和经费；拒绝任何组织和个人对教育教学活动的非法干涉。”

再次，用制度约束或监管中小学自主办学的行为。例如，日本为了加强学校的自律性，不断完善学校评价制度。日本从 2002 年开始在义务教育学校（小学和初中）实施自我检查并必须公布其结果的校内评价制度；2004 年引进了由评价专家进行的校外评价制度；2005 年制定了如何实施校外评价和公布其结果的指导方针；2006 年颁发了学校评价纲领，对学校评价的目的、方法、指标及结果的公布方法做出了详尽的

---

① 冯大鸣著：《美、英、澳教育管理前沿图景》，教育科学出版社 2004 年版，第 146 页。

② Spring Joel. *American Education*. McGraw-Hill，2002，p. 190.

规定①。

9.2.4 坚守与践行“大学自治”的理念

从世界范围看，中小学自治和高等学校自治有不同历史起点。正如有学者对20世纪80年代以来的“教育行政均权化”改革所做的评述：“长期以来，无论是在中央集权制国家还是地方分权制国家，作为基层教育单位的学校都缺乏必要的办学自主权。对大学来说，‘学校自治’可能是一个司空见惯的概念，但对中小学而言还是一个相当生僻且缺乏现实基础的概念。”②

从世界高等教育史来看，欧洲中世纪大学所具有的共同特性，如自治性、专业性、国际性等仍被当今各国高等学校在新的历史条件下所继承和发扬，其中“大学自治”日益成为统领高等学校管理的核心理念。

自从各国确立自己的高等教育体系后，一国高等教育的发展水准往往被视为代表该国文化和科技最高水准的象征，在一定程度上影响着国家地位和作用，尤其是在当前越来越受到知识驱动的全球经济中，高等教育是提高国家综合竞争力的重要因素和强大的推动力量。因此，各国在发展本国高等教育的历程中，国家权力会或多或少地介入高等教育的管理，引导高等教育的发展符合国家利益，但大都通过相关的立法兼顾两者的关系，既规定高等学校要接受政府的监督，亦确定高等学校有自治权。因为，历史经验证明，学术自由是高等学校办出高质量教学、多出高质量科研成果的根本保证，从而为高等院校可持续发展提供源源不断的动力，而“大学自治”又是学术自由的根本保证。各国多是从尊重和保障“学术自由”的角度来理解和确立“大学自治”的，由此取得对“大学自治”的基本共识：高等学校不要屈从某种政治势力、宗教权威或经济压力等外部力量，应该成为一个独立实体，从而自我做主地、自我负责地从事教学与科研。基于这种共识，各国的“大学自治”主要涉及高等学校的内部管理，通过建立相关的法律、制度来落实高等学校在教学、科研、经营三方面的自治权：教学上主要有入学者的选拔权、课程的编制权、学位或资格的认定与授予权等，科研上主要有教师的人事权、研究的自由权、财政的自主权等，经营上主要有校长或院长的选举权、学校设施的管理权、学校规章制度的制定权等③。

“大学自治”至今已有近千年的历史，在各国的际遇亦有所不同。到了当代，高等院校亦要在政府的适度调控、遵守国家法律、参与市场竞争、接受社会监督的前提下才得以享有自治的权力，但总的来说，坚持以“学术自由”为基础的“大学自治”则

---

① ［日］教育制度研究会编：《教育制度概论》，学术图书出版社2009年版，第204页。

② 邬志辉著：《教育全球化——中国的视点与问题》，华东师范大学出版社2004年版，第69页。

③ ［日］教育制度研究会编：《教育制度概论》，学术图书出版社2009年版，第23页。

是始终贯穿其中的主线。

9.3 教育管理的发展趋势

20 世纪 80 年代以来，大多数国家都经历了以重新划分中央、地方、学校权限为中心的教育管理改革。进入 21 世纪后，面临的主要问题是中央、地方、学校如何用好各自的权限，由此出现了以下趋势。

9.3.1 在寻求集权与分权平衡的教育行政体制时，加强法治化、专业化建设

从世界各国教育行政管理的实践来看，中央集权制国家在下放部分权力到地方政府，分权制国家则削弱地方的权力，中央政府的权力有所膨胀。在此基础上，政府对教育事业的治理则进一步加强法制建设，依法行政，根据时代发展的需要，及时调整和修订教育法规，即通过法治途径理清政府与学校之间的职责，促进各级各类学校依法办学，完成国家委托的教育任务。例如，进入 21 世纪后，英国几乎每年都有新的教育法律出台，或者对原有的教育法律进行修订，以适应时代的需要，重要的教育法律有《2000 年教学与高等教育法》《2002 年教育法》《2004. 年高等教育法》《2004 年儿童法》《2005 年教育法》《2006 年教育和督学法》《2007 年教育与技能法》等。美国政府也在基础教育领域颁布一系列的教育法律和相关政策，其中重要的有 2002 年由小布什总统签署后正式实施的《不让一个孩子掉队法》，2009 年入主白宫的奥巴马总统推行的“力争上游”的教育政策等。

专业化建设表现为管理机构专业化和人员的专业化。各国教育行政管理都在维持和加强教育行政部门的适度独立性。有些国家有专设的教育行政区划，如美国的“学区”和法国的“大学区”，因此其教育行政不属于一般行政，不受同级政府的指挥。有些国家在地方行政系统中，教育行政与一般行政之间维持一种比较均衡的关系，通过协商、对话来处理好各自权限范围内的事情。人员的专业化是重视教育行政管理人员的专业训练，近年来，各国教育行政机构的官员基本上由教育方面的专家出任。例如，美国的州和学区教育委员会规定州和学区的教育厅（局）长必须是教育专家，法国的各级教育行政首长均为教育专家。各个国家的高校都开设教育行政、教育领导或者教育管理方面的课程，培养未来的或在职的教育管理人员，促进他们的专业化，提升管理效能。

9.3.2 进一步推进中小学的自主管理、社会参与和适度竞争

进入 21 世纪后，许多国家继续进行放权的教育管理改革，中小学的自主管理仍是

教育管理发展的一大趋势。这体现为教育行政当局只在宏观层面进行监管，在经费预算、人事管理、课程与教学方面适度放权，尤其在课程与教学方面充分发挥学校的积极性，学校可以对课程与教学方面进行校本化改造，力争办出特色和个性。例如，2012 年 4 月，澳大利亚联邦政府宣布，将投入 4.755 亿澳元分两个阶段推进“授权地方学校计划”。该计划的主要目的是授权学校在地方层面做出更多决策，同时支持学校更好地回应学生和所在社区的需求，并为学校提供一些经过设计的服务，以帮助学生取得最佳的教育效果。第一阶段通过联邦政府与各州和地区教育主管部门签订全国合作协议，以及与非政府教育主管部门签订联合经费协议实施。联邦政府给予地方教育主管部门很大的灵活度，地方教育主管部门可以根据各地区及学校的实际情况制订具体的实施计划，着重增强参与学校在以下三个领域的决策权：①管理，如战略规划、学校运行决策的架构，该架构应该包含社区、家长及监护人的参与等；②经费与基础设施，如资源配置、基础设施管理、计划与维护等；③人员，如保持教职员构成多元化、教职员招聘与绩效管理等。第二阶段将在对第一阶段独立评估的基础上，从 2015 年开始实施。

在当代社会，学校与社会的联系越来越紧密，社会各界广泛参与学校的管理和监督工作，尤其在发达国家中，家长参与学校管理所起的作用越来越大。美国的各利益群体，包括家长和社区，也经常使用标准化数据来计算学校的投入和产出，评定学校的绩效和改进状况。在这种以标准化数据为基础的评价环境中，学校面临的社会压力越来越大，公众所能掌握的信息和它们一样多，家长拥有足够的科学依据为自己的孩子做出教育选择。德国的法律规定，家长代表具有参与学校最高决策机构的权利，有的州，如黑森州甚至将家长参与学校管理的权利列入宪法，规定在没有家长和社区参与的情况下制订的课程计划无效，强化了家长参与学校管理的作用。俄罗斯的中小学出现许多校企联合体，由社区协调委员会管理学校。这些直接联系，使社会对学校管理的影响不断加深，通过多种途径来影响学校管理。

中小学引入市场机制，让公立学校适度竞争，以提高办学质量，为社会和家长提供满意的教育。自 20 世纪 80 年代以来，以“择校”为代表的势头长盛不衰。英国《1980 年教育法》在国家层面上正式确立家长在公立学校系统内进行选择的权利，此后《1988 年教育改革法》《1993 年教育法》《1998 年学校标准和组织法》进一步明确择校的范围，家长择校权得到进一步的扩大。美国明尼苏达州在 1988 年通过了全州公立学校的学区内和跨学区并行的开放入学选择权方案，1990 年教育部长卡瓦佐斯的《推进选择制，改革美国教育》更是让择校成为一种现实。在法国，破除“就近入学”，推行择校的政策在 1980 年的一项法案中提了出来①。1984 年，社会党的教育部部长萨瓦里（A. savary）第一个使“就近入学”的政策弹性化，他将天主教学校整合到普通公立教

① ② Patrick Wolf, Stephen Macedo, David Ferrero & Charles Venegoni (eds.). *Educating Citizens*. Brookings Institution Press, 2004, p. 255.

育之中，这种整合导致家长择校一发而不可收，择校逐步拓展到整个公立学校系统[②]。1998 年的教育法案强调择校的规则和目标，既促进社会阶层的整合，也避免学校遭受不公正的评价。俄罗斯教育改革的特点是大力推进私有化进程，而私有化进程也是靠国家发放教育支票来实现的。1992 年 7 月颁布的《教育法》明确规定，在义务教育阶段，学生有选择进入各类性质学校的自由。有些国家采取公校私营的方式，促进公立学校的有效竞争，提高办学质量，美国的特许学校就是其典型。美国的特许学校网将特许学校定义为一种享有传统公立学校所没有的特权、非教会性质的、自治性的、选择性公立学校，特许状作为一种行为合同，包含学校的使命、设立程序、办学目标、服务的学生对象、评价方式，以及办学成效的评价标准。美国已有 41 个州和哥伦比亚特区通过了特许学校法，全美约有 3 000 所特许学校，超过 70 万名学生就读[①]。

9.3.3　实现高等学校自主管理和严格尽责的协调发展

当代高等学校管理改革的基本趋势是依法治教，保持高校自主权力与高校严格尽责相平衡。许多国家的法令在承认大学自主办学、学术自由的同时，也明确规定自主和自由的尺度，使大学自治和学术自由在国家法令允许的范围内活动。各国原先政府干预高等学校管理有强弱之分，目前出现了殊途同归的现象：以英、美等国为代表的高等学校管理改革是通过法律形式使高校从各行其是的“自主化”向国家调控和干预的方向发展，而以法、日等国为代表的高等学校管理改革是以法律形式扩大高校的办学自主权。例如，2004 年，法国政府提出一系列的改革措施，包括“大学自治法律草案”，希望扩展校长对财务和人事的支配空间，允许学校与企业挂钩，建立由企业负责人参加的战略方向委员会[②]。2003 年 7 月，日本国会审议通过《国立大学法人法》等六项法案，自 2004 年 4 月 1 日起，日本所有国立大学转变为“独立行政法人”。国立大学法人化改革，形成了政府适当放权、大学法人适当集权、社会力量适当参与的治理结构。

---

① US *Charter School*. http://www.charterschoolcenter.org/priority-area/under-standing-charter-schools，2014-03-08.

② 范文曜、马陆亭、杨秀文：《法国他意大利高等教育管理体制调研报告》，《理工高教研究》2005 年第 5 期。

第10章　中国教育的改革与发展

10.1　中国基础教育的改革与发展

进入21世纪，全球经济一体化的飞速发展。在各国基础教育改革浪潮的推动下，我基础教育在各领域的改革也加快了步伐。在教育国际化这一背景下，作为世界教育改革的重要组成部分，我国基础教育领域近年来实施的很多改革都折射着国际教育的新进展和新理念。

10.1.1　基础教育管理体制的改革与发展

20世纪80年代初期，我国基础教育管理体制的特征是：第一，权力高度集中于管理系统中上层，政府促进教育事业稳步均衡发展。我国教育管理系统分为学校层次、地方教育行政机构、中央教育行政机构三个层次。其中大政方针和全国教育经费分配由中央教育行政机构掌控；从经费分配、人事任免直至教学领导在内的绝大部分权力集中于地方教育行政机构；学校的事务几乎全部由政府决策，由于缺乏中介机构和非政府的教育组织，学校只能被动接受各级政府的领导，难以对政府教育决策发挥影响。第二，各管理层级普遍采用单一的高效稳定的科层制管理模式，教育系统自我封闭，忽视教育与社会其他系统的联系。第三，实行中央一地方一学校垂直领导，教育活动的协调与控制过分依赖纵向垂直系统。国家教育政策看似公平，其实难以在经济、社会发展水平不同的地区都得以有效实施。①

1985年5月颁布的《中共中央关于教育体制改革的决定》指出："实行九年制义务教育，实行基础教育由地方负责、分级管理的原则，是发展我国教育事业，改革我国教育体制的基础一环。"由此，基础教育实行地方负责，分级管理。基础教育由县教育行政部门直接集中统一管理的体制，改成了"分级办学、分级管理"的新体制。2001年颁布的《国务院关于基础教育改革与发展的决定》做出的权限划分最为明确，提出

① 吴庆华．变迁与趋向：20世纪80年代以来的中国基础教育管理体制改革［J］．辽宁教育研究，2008（3）：49—52.

实行在国务院领导下，由地方政府负责、分级管理、以县为主的体制。国家确定义务教育的教学制度、课程设置、课程标准，审定教科书。中央和省级人民政府要通过转移支付，加大对贫困地区和少数民族地区义务教育的扶持力度。省级和地（市）级人民政府要加强教育统筹规划，搞好组织协调，在安排对下级转移支付资金时要保证农村义务教育发展的需要。县级人民政府对本地农村义务教育负有主要责任，要抓好中小学的规划、布局调整、建设和管理，统一发放教职工工资，负责中小学校长、教师的管理，指导学校教育教学工作。乡（镇）人民政府要承担相应的农村义务教育的办学责任，根据国家规定筹措教育经费，改善办学条件，提高教师待遇。

10.1.2　基础教育课程改革与发展

20 世纪 90 年代以前，我国基础教育课程只有单一的学科课程，课程结构不太合理。主要表现在：教育观念滞后，人才培养目标同时代发展要求不能完全适应；课程内容存在着“难、繁、偏、旧”的状况；课程结构单一，学科体系相对封闭，脱离学生经验和社会实际；课程实施过程基本以教师、课堂、书本为中心，难以培养学生的创新精神和实践能力；课程评价过于强调学业成绩和甄别、选拔功能；课程管理过于集中，难以适应当地经济、社会发展的需求和学生多样发展的需求。[①] 为了适应科技进步的飞速发展，迎接 21 世纪知识经济的挑战，课程改革首先在义务教育阶段展开。原国家教委于 1992 年颁发了新的《义务教育全日制小学、初级中学课程计划（试行）》，并于 1993 年秋季开始执行。该计划确立了由学科与活动构成的课程结构。1993 年，原国家教委着手研究制订与新的义务教育课程计划相衔接的普通高中课程计划，并于 1996 年颁布了《全日制普通高级中学课程计划（试验）》，新的普通高中课程由学科类课程和活动类课程组成。在 20 世纪 90 年代的课程结构改革实践中，一个突出的特点就是：活动类课程被正式列入课程计划。新课程计划确认了活动课程的价值，成为课程结构中必不可少的组成部分。我国的课程设置分成学科类课程和活动类课程两类，由此形成新课程结构的第一结构层次。

到了 2001 年，教育部印发了《基础教育课程改革纲要（试行）》，在课程结构方面，规定自 2001 年起，整体设置九年一贯的义务教育课程。小学阶段以综合课程为主；初中阶段设置分科与综合相结合的课程，学校应努力创造条件开设选修课程；高中以分科课程为主。为使学生在普遍达到基本要求的前提下实现有个性的发展，课程标准应有不同水平的要求。在开设必修课的同时，设置丰富多样的选修课程，开设技术类课程。积极试行学分制管理。各省市综合课程的改革探索，为综合课程设置积累了丰富的经验，有力地推动了我国综合课程的改革。新一轮课程综合化，在课程内容上加强与学生、与现代社会和科技发展的联系，增加终身学习具备的基础知识和技能

---

① 顾明远．中、美、加、英四国基础教育研究［M］．北京：人民教育出版社．2005：34

的学习内容。从课程综合化的角度看，它不但强调了课程内容结构上的综合，而且也强调了方法、功能和目的的综合。走向新世纪课程综合化，是要力图走出传统学科课程只重视书本知识的机械学习，忽视学生的全面发展，以应试学科为中心的教材体系，主张既重视学生对知识的掌握，又重视学生能力的培养，更重视学生品德、个性等方面的全面发展，建立以促进学生全面发展为中心的课程体系。

10.1.3 基础教育师资培养改革与发展

中国新世纪的中小学课程综合化改革，顺应时代和社会发展变化的需要，与现代课程改革强调“以学生发展为本”的精神相吻合，与国际课程综合化进程相适应。中国走向新世纪课程综合化也将从根本上告别旧课程体系的弊端，并将对教师培养提出时代性挑战——从“学科型”到“跨学科型”师资的培养。中国目前的教师教育模式基本上仍未摆脱传统专才教育模式下培养单一学科教师的框框，高师各专业条块分割，界线分明。每个专业都重视自身内容的纵向发展，而忽视了不同学科内容之间的横向联系，致使学生知识面狭窄，基础知识薄弱，难以解决稍微复杂的综合性问题。教师教育课程改革要与时俱进，要用不断发展的眼光看待教师教育课程改革，课程改革内容应紧随时代发展而变化，不能抱残守缺，止步不前。时代的发展决定了教师教育发展的未来方向，课程设计也应更富有弹性，建立灵活、敏锐的变化机制，且要制订长远的课程发展计划，这也是教师教育课程改革的必然方向之一。改革教师教育体系，走一体化道路是教师教育的基本方向。“一体化”的教师教育体系意味着学历教育与非学历教育一体化、中小幼教师教育一体化和教学研究与教学实践一体化。这为教师提高专业素质，促进专业发展提供了制度保障和物质条件。不过，一体化的教师教育必须打破单一的教师培养体系，吸引非教师教育系统的力量，形成多样化的教师培养体系。在我国现阶段，应保持“定向型”与“开放型”两种培养模式并存。因此，师范教育必须开放，必须实现从师范院校向综合大学的转型，以提高师范教育水平。随着我国师范院校的并轨和高等教育大众化程度的进一步提高，以及师资岗位竞争的进一步加剧，在培养模式上可以采用国际上通用的4＋x模式，即4年的本科学习加1至2年的教师专业训练。开放性的教师教育在我国也迈出了坚实的步伐，教师工作的特殊性决定了其自身素质不断更新和发展的必要。因此，在世界各国的基础教育改革中，重要的一条是加强教师的培训，建立教师继续教育体制。

10.1.4 中国基础教育面临的挑战和机遇

(一) WTO与中国基础教育

2000年11月10日，中国加入WTO。WTO将服务贸易分为12大类，教育服务是其中一类。《服务贸易总协定》中第三款第74条“初等教育服务”和第78条“其他

教育”等与基础教育有直接的相关。据《服务贸易总协定》第 13 条规定，除了由各国政府彻底资助的教学活动（如军事院校）以外，凡收取学费、带有商业性质的教学活动均属教育贸易服务范畴。它覆盖基础教育、高等教育、成人教育和技术培训，所有 WTO 成员国均有权参与教育服务竞争。我国加入 WTO 的教育服务承诺的主要内容有：(1) 对包括军事、警察、政治和党校等特殊领域的教育和义务教育，不对外开放。(2) 对于出国留学和培训，接受其他成员国来华留学生没有限制。(3) 对于初等、中等、高等、成人教育及其他教育服务等 5 个项目做出承诺，许可外方为我提供教育服务，允许商业存在，即允许中外合作办学，但不一定给予国民待遇。(4) 对自然人流动，承诺具有一定资格的境外个人教育服务提供者，应中国学校或教育机构聘用或邀请，可以来中国提供教育服务。(5) 对境外教育消费未做任何限制。[①] 加入 WTO，中国的教育市场必将更加对世界开放。西方国家的价值观念对我国传统文化和主流思想的冲击，外国教育资源的进入对我国现行的教育体制产生影响，外国教育机构的介入对我国基础教育的办学模式的挑战，自然人的流动和境外教育消费的不受限制，将使我国部分教育资源缺失。在基础教育方面，将会对价值观念、办学主体、课程设置、教学方法、人才培养目标和模式等方面带来强烈的冲击和挑战。我们必须面对 WTO 给我国基础教育带来的挑战，积极应对，参与竞争。

（二）终身教育思潮与中国基础教育

终身教育的原则反映了它在教育改革和发展方面的基本追求或价值取向。保罗·朗格朗在其所著《终身教育导论》中论及的终身教育的原则有五项：第一，要保证教育的连续性，防止知识过时；第二，要使教育计划和教育方法适应每个社会的具体要求和创新目标；第三，在各个教育阶段都要努力培养适应生活的进步、变化和改革的新人；第四，利用各种训练手段和信息，突破传统教育在形式上的限制，扩充教育的传统定义；第五，在各种形式的行动和教育目标之间建立密切的联系。[②] 终身教育思潮意味着基础教育要采取切实可行、灵活多样的措施。从目前的发展来看，各国利用现代信息技术充实和完善基础教育体系，呈现一种开放性、创造性发展的态势。在课程方面，由于强调终身教育是人的一种生活方式，所以基础教育课程有了三方面明显的变化：第一是基础性，第二是多样性，第三是与生活密切联系。在师生关系方面，教师的传统角色正在悄然变化，教师主要不是知识的供给者，而是学生学习的帮助者和指导者。可以说“终身教育”对现行学校教育体制的影响是全方位、深层次的。而且，这种以构建学习化社会为目标的基础教育改革，目前正方兴未艾。

---

① 李敏文．WTO：中国基础教育的机遇、挑战和对策［J］．教学与管理，2002（7）：6—8.

② 杨玉宝，于伟．终身教育思潮与世界基础教育改革［J］．外国教育研究，2001（2）：28—33.

10.2　中国高等教育的改革与发展

十一届三中全会以来，我国政府开始把迅速发展和完善高等教育系统作为教育部门的优先任务，中国高等教育开始进入了一个新的发展时期。1983 年 4 月 28 日，国务院批转原国家教委、国家计委《关于加速发展高等教育的报告》，要求采取有力措施尽快扭转教育同国民经济和社会发展不相适应的局面，采取多层次、多规格、多种形式加速发展高等教育。1985 年，颁布了《中共中央关于教育体制改革的决定》，其指导思想是按照“教育必须为社会主义建设服务，社会主义必须依靠教育”的方针，充分调动师生员工和社会各方面的积极性，努力增强高等学校主动适应经济建设和社会发展需要的动力和活力，更好地为社会主义建设服务。从这个基本点出发，高等教育改革要从体制改革入手，全面展开。

10.2.1　办学体制改革

我国原来的高等教育办学体制是中央和地方政府单一办学的模式，高等学校依附于政府部门，即由政府包揽一切的大一统的办学模式。一切都按政府部门的计划、指令办理，高等学校缺乏主动性，这种办学体制不利于提高高等学校的办学效益，也不利于调动社会各界办高等教育的积极性。因此，自 20 世纪 80 年代中期以来，我国开始了办学体制的改革。

1985 年 5 月 27 日，中共中央公布了《中共中央关于教育体制改革的决定》，明确规定高等教育实行中央、省（自治区、直辖市）、中心城市三级办学的体制。根据《决定》精神，国务院于 1986 年 3 月 12 日发布《高等教育管理职责暂行规定》，在管理高等教育方面，对原国家教委、国务院有关部门、省级人民政府各自的主要职责和扩大高等教育管理权限做了规定。在《决定》公布和《暂行规定》发布之后，各省、自治区和直辖市积极开展讨论和调研，在此基础上制定了本地区的贯彻方案和措施，加强了对本地区内高等学校的管理。这次办学体制改革调动了各地区和中心城市的办学积极性，扩大了高等学校的办学自主权，拓宽了高等教育筹集资金的渠道。这一时期，社会力量举办的高等学校（即民办高校）开始兴起，并且出现了跨部门、跨地区联合办学的探索，校级之间封闭的围墙被打破，各高校有限的资源得到有效合理的利用。

1993 年 2 月 13 日，中共中央、国务院颁布了《中国教育改革和发展纲要》，制定了高等教育办学体制改革的目标和方针。《纲要》指出：“要改变政府包揽办学的格局，逐步建立政府办学为主体、社会各界共同办学的体制。”“要逐步形成以中央、省（自治区、直辖市）两级政府办学为主，社会各界参与办学的新格局。”“国家对社会团体

和公民个人依法办学，采取积极鼓励、大力支持，正确引导、加强管理的方针。”这次高等教育办学体制改革，主要是要解决政府与高等学校、中央与地方、国家教育与中央各业务部门之间的关系，逐步建立政府宏观管理、学校面向社会自主办学的体制。

1997 年 1 月原国家教委发布《关于转变职能，加强宏观管理，扩大直属高校办学自主权的若干意见》，加强了地方政府对所在地区学校的统筹权。

办学体制改革是高等教育体制改革的关键，主要是改变单一的政府包揽办学的体制，解决好政府、社会之间的关系，逐步建立政府办学为主体，社会各界参与共同办学的新体制。经过多年的办学体制改革探索，我国探索并找到了一套行之有效的调整高校布局结构和优化高校资源配置的办学机制和办学模式：合作、合并、划转（中央部委院校划转到地方政府管理），以及企业和科研院所参与高校办学的模式，充分调动了各方面的积极性、主动性和创造性，激发了办学的活力，提高了办学的效益。

10.2.2　管理体制改革

高等教育管理体制改革主要解决高等学校应由哪些机构来管理，这些机构的管理职能、权限划分，以及不同管理机构之间的关系。20 世纪 80 年代以来，在政府的政策引导下，教育部门和高等学校对管理体制进行了大刀阔斧的改革，并取得了突破性的进展和历史性的成就，基本形成了中央和省两级管理，以省级政府管理为主的新体制。

我国原有的高等教育管理体制形成于 20 世纪 50 年代，是与当时高度集中的计划经济体制相适应的一种高度集中的管理体制。随着我国社会主义市场经济的建立，它的弊端也日益凸显，主要表现在：政府对学校统得过多，管得过死，学校缺乏活力；中央部委和地方政府各自管理自己的学校，导致“条块分割”的局面，不利于高等教育整体效益的提高；教育主管部门的管理手段单一，主要依靠行政手段，缺少经济和法规等手段，科学性和效力不足。

鉴于这些不足，早在 1985 年《中共中央关于教育体制改革的决定》中就提出：“当前高等教育体制改革的关键，就是改变政府对高等学校统得过多的管理体制。”1992 年《中国教育改革和发展纲要》发布以后，在总结前几年管理体制改革经验的基础上，进一步明确了改革的目标，提出：“进行高等教育体制改革，主要解决政府与高等学校、中央与地方、国家教委与中央业务部门的关系，逐步建立政府宏观管理、学校面向社会自主办学的体制。”并在此基础上提出了改革的思路：“在政府与学校的关系上，要按照政事分开的原则，通过立法，明确高等学校的权利和义务，使高等学校真正成为面向社会自主办学的法人实体。”“政府要转变职能，由对学校的直接行政管理，转变为运用立法、拨款、规划、信息服务、政策指导和必要的行政手段，进行宏观管理。”

此后，原国家教委为加速改革进程，提出了从打破高校单一的隶属关系人手，以共建和高校间开展合作办学为主要形式的高等教育管理体制改革，并于 1993 年促成广东省与原国家教委共同建设中山大学和华南理工大学。到 1995 年底，全国已有 40 所中央部属高校实行了“共建”；有 120 多所高校开展了多种形式的合作办学，其中有 70 多所学校合并成 28 所；有 5 所部委所属高校划转由地方管理。1997 年，教育部又在全国 30 个省市自治区、48 个中央部委管辖的 400 多所高校进行了“共建、调整、合作、合并”办学体制的改革，将大多数高校调整为由中央和地方共建，以地方建设和管理为主，实现了资源共享、优势互补、互惠互利、学科交叉、共同提高、协同发展的共建目标。

1999 年颁布的《中共中央国务院关于深化教育改革全面推进素质教育的决定》提出：“今后三年，继续按照‘共建、调整、合作、合并’的方式，基本完成高等教育管理体制和布局结构的调整。”在此阶段，1998 年、1999 年和 2000 年相继进行了三次部属院校管理体制调整，使改革取得了突破性的进展。经过这三次大规模的调整，由行业的业务主管部门举办并直接管理学校的体制基本结束，基本形成了中央和省两级管理，以省级政府管理为主的新体制，标志着我国原有的高教管理体制已发生了历史性的深刻变革。

2001 年 7 月教育部发布《关于印发（全国教育事业第十个五年计划）的通知》，提出目标：全面完成高等教育管理体制改革和布局结构调整，建立、健全中央和省级人民政府两级管理、以省级人民政府管理为主的新体制，进一步理顺学校和政府的关系，依法落实和规范学校的办学自主权，加快学校内部管理体制改革步伐。2004 年 2 月教育部的《2003—2007 年教育振兴行动计划》共分 14 部分 50 条，分别对各级各类教育的办学体制改革及发展目标、要求等作了明确规定。

历经 30 余年，中国高等教育管理体制改革涉及 900 多所高校，597 所高等学校合并组建为 267 所高校；原来国务院有关部门直接管理的 367 所普通高校，改革后只有 100 所左右。教育部直属普通高校从 34 所增加到 72 所（这 72 所是由 125 所普通高等学校、12 所成人高校、4 所中专和 9 个科研单位合并组建而成）；同时，继续负责管理 1 所中央广播电视大学（主要是面向成人的高等教育）。国防科工委、国家民委、公安部、国家体育总局等 10 余个部门管理着 40 所普通高校，原来归属业务部委的三年制专科院校全部划转归地方政府，其他本科院校均实行了省级管理、地方与中央共建的体制。国务院还将高等职业学院、专科学校设置的审批权以及招生计划权授予省级政府，扩大了省级政府统筹本地区高等教育的责权利，基本形成中央和省级政府两级管理、以省级政府管理为主的新体制。①

10.2.3 投资体制改革

高等教育投资体制是高等教育体制的重要方面，是保证高等教育事业必需经费来

① 周满生．中国高等教育发展与改革的政策措施［J］．中国高教研究，2005（5）：5.

源的政策、制度与组织的有机结构体。20 世纪 80 年代以前，我国高校主要是依靠国家单一的预算计划拨款，在上一年分配额的基础上，政府每年根据学校的发展需要以及高等教育的总预算额，相应做些增长性调整。未用经费必须在年底返还给政府。这种经费投资主体单一的国家拨款的体制使得教育投入严重不足，高等学校缺乏积极性和主动性，办学效益不高。因此，80 年代以来，政府在高等教育投资体制上也进行了一些重要的改革，主要方向是：改变教育经费投资主体单一的国家拨款的体制和长期以来教育投入严重不足的局面，解决好国家、社会、学校、集体和个人合理分担教育经费的问题，逐步建立以国家财政拨款为主，其他多种渠道筹措教育经费为辅的体制。

（一）建立多渠道筹集教育经费的制度

1980 年以前，普通高校只有财政性教育经费，1980 年之后开始有了非财政性教育经费。从 20 世纪 80 年代中期到 90 年代初期，中央建立了以财政拨款为主，财、税、费、产、社、基多渠道筹措教育经费的体制。1980—1989 年国家向普通高校累计投入教育经费 692.07 亿元，占普通高校教育经费总投入的比例为 91.77%，非财政性教育经费累计投入 56.99 亿元，占普通高校教育经费总投入的比例为 8.23%。进入 90 年代以后，随着我国经济体制和教育体制改革的逐步深入，进一步推动了高等教育投资体制的改革。《中国教育改革和发展纲要》指出，要“改革和完善教育投资体制，增加教育经费”，“要逐步建立以国家财政拨款为主，辅之以征收用于教育的税费、收取非义务教育阶段学生学杂费、校办产业收入、社会捐资集资和设立教育基金等多种渠道筹措教育经费的体制。通过立法，保证教育经费的稳定来源和增长”。经过多年的改革，我国普通高校的教育经费结构发生了很大的变化，形成了教育经费由政府、社会、个人共同投入的格局。

（二）完善成本分担制度

在 20 世纪 80 年代之前，我国高校的办学经费都由国家负担，学生不缴纳学费和住宿费，并且国家每月还给予生活补贴。这种办学经费的体制对国家财政来说是一个沉重的负担，制约了高等教育的发展。为了缓解人民日益增长的对高等教育的需求与有限的高等教育供给之间的矛盾，从 1986 年开始，我国高校开始招收“委培生”和“自费生”。1989 年，我国教育经济学界的专家提出，在非义务教育阶段建立经常性成本由政府、社会与学生家庭分担机制的建议，这个建议后来逐渐被政府采纳并形成政策。

1994 年开始，我国在 40 余所高校招生中试行按培养成本收取一定比例费用的试点，1995 年发展到 257 所，1996 年又发展到 660 多所，到 1997 年，全国所有高校的新生都实行了收费制度。在此过程中，还相继制定了非义务教育学校培养成本的分担标准和办法，与收费制度相配套，建立起奖学金、贷学金、勤工助学基金，以及对贫困生基于特殊补助、减免学费的“奖、贷、助、补、减”的资助体系。据统计，1993 年全国普通高校的学费收入为 15.96 亿元，占当年普通高校事业性经费比例的 12.13%。

到 2002 年，全国普通高校的学费收入为 390.65 亿元，是 1993 年的 24.48 倍，占当年普通高校事业性经费比例的 34.08%，比 1993 年增加了 21.95%。教育成本分担机制的建立和完善，弥补了教育经费的不足，为高等教育事业的快速发展注入了强劲的动力。

（三）鼓励社会捐资办学

社会捐资办学是本着自愿、量力和群众受益的原则，广泛调动社会力量集资办学。这是我国筹措教育经费的重要途径，其形式主要包括以下几种：（1）鼓励厂矿企业、事业单位、社会团体和个人捐资助学、集资办学，不计征税；（2）设立各种教育“基金”，长期定向支持教育；（3）倡导社会各界人士捐资助学，欢迎海外华侨、港澳台同胞以及外籍团体和友好人士捐资助学。

自 1978 年开始，我国恢复了社会力量“捐资办学”、“集资办学”的做法，但捐资、集资举办的是公立学校，以培训为主，数量很少。党的十三届四中全会以来，我国民办高等教育得到了迅速发展，并成为教育事业的组成部分。1993 年发布的《中国教育改革和发展纲要》指出：“改变政府包揽办学的格局，逐步建立以政府办学为主体、社会各界共同办学的体制。”此后不久，一批经政府正式批准建校，具有独立颁发“学历文凭”的民办高校相继诞生，在一些民办教育比较发达的地区甚至已经形成了公立高校和民办高校并举的新格局。从普通高校社会力量办学的经费来看，1993—2002 年间，这项经费的年增长率达到 53.35%，到 2002 年社会捐资办学的经费已达到 60.96 亿元，是 1980 年 0.24 亿元的 257 倍。社会捐资办学扩大了高等教育资金的筹措渠道，弥补了国家公共教育经费的不足，对于缓解我国教育经费短缺的局面发挥了积极的作用。

10.2.4 评估制度的建立和发展

从 20 世纪 70 年代末 80 年代初恢复和兴起以来，我国高等学校教学评估经过了 30 年的发展，取得了巨大的成绩，基本上建立了我国高等教育评估的制度和规范，形成了我国高等学校教学评估的实践模式，积累了一套行之有效的高等学校教学评估的基本经验，在教育评估的理论研究上也建立了我国的教育评估理论和方法体系。总的来看，我国高等教育评估制度的建立和发展大致经历了以下三个阶段。

（一）启动时期（1978—1985）

拨乱反正以后，在改革开放的新形势下，原国家教委在促进开展高等教育评估的理论研究与实践活动方面做了很多工作。例如，为评选三好学生进行了学生全面质量的评估，配合教师专业技术职务评定进行了教师素质和水平的评估等。1984 年，我国正式参加了国际教育成就评价委员会（简称 IEA），这对于推动我国开展教育评估，有着极为重要的意义。与此同时，原国家教委指定在中央教育科学研究所建立“中国国际教育成就评价中心”，开展了大规模的现状调查和评估研究工作。1983 年原国家教委

在武汉召开的高教工作会议上提出要对重点高校进行评议，随后一部分高校中的教学评估活动开始活跃起来。

（二）发展时期（1985—1995）

《中共中央关于教育体制改革的决定》的颁布标志着我国高等学校教学评估开始进入全面发展的阶段，《决定》第一次明确地使用了“高等学校办学水平评估”这个词，并指明了改革我国高等教育管理体制和在我国开展高等学校教学评估工作的方向。此后，评估试点和研究相继在各地展开。1990 年 10 月，在总结高等学校教学评估研究成果和试点工作经验的基础上，原国家教委正式颁布了《普通高等学校评估暂行规定》，对教学评估的目的、作用、基本形式、组织和程序以及某些政策都做出了规定。它的颁布标志着我国高等学校教学评估开始走上了规范化的道路。1993 年颁布的《中国教育改革和发展纲要》对教育体制改革的目标以及相应的教育评估的地位、作用也做了明确的规定，并指出要建立各级各类教育的质量标准和评估指标体系，要求各地教育部门把检查评估学校教育质量作为一项经常性的任务。

（三）持续发展时期（1995—）

从 1995 年起，原国家教委开始在全国范围内组织实施普通高等学校本科教学工作评估。随后，各个科类的本科教学评估工作全面展开。根据教育部颁发的《普通高等学校本科教学工作评价方案》，本科教学工作评估分为按综合大学、高等工业学校、高等医药学校、高等农林院校、高等财经院校、高等政法院校、高等外语院校等七个类别进行。2002 年教育部又在对 25 所院校进行试点的基础上，下发了《关于印发〈普通高等学校本科教学工作水平评估方案（试行）〉的通知》，在全国各类普通高等学校试行本科教学工作水平评估。经 2003 年试点后，从 2004 年开始对全国所有普通高等学校实施 5 年一轮的本科教学工作水平评估。

高等教育评估制度的建立是中国高等教育改革发展历程中一项重要的制度创新，经过十多年的改革和发展，它不仅强化了高等教育领域的质量意识，促进了高等教育规模、结构、质量与效益的均衡发展，而且还形成了具有中国特色的高等教育质量保障制度，有效地保障了高等教育质量，为构建高等教育质量保障体系建立了坚实的基础。

改革开放 30 年来，我国高等教育经历了从恢复到改革、发展和创新的一系列巨变。除了以上办学体制、管理体制、投资体制和评估制度的改革和发展外，在高等教育的规模和结构、高等学校的内部管理体制、招生就业体制，以及高校后勤社会化改革等方面都发生了巨大的变化。经过 30 年的改革和发展，我国高等教育为改革开放以来的社会经济发展提供了强有力的知识贡献和人才支持，走出了一条适合中国国情的，有中国特色的高等教育发展之路。

10.3 学习化社会——终身教育在中国

终身教育思想虽然最早可以从我国古代的教育思想中找到渊源，但是其作为一种教育思潮在我国得以广泛传播和实践却是近十几年的事。

10.3.1 有关终身教育的政策

自20世纪90年代以来，我国相继制定和颁布的一系列政策法规中都涉及了终身教育的有关内容。1993年中共中央和国务院发布的《中国教育改革和发展纲要》指出："成人教育是传统学校教育向终身教育发展的一种新型教育制度，对不断提高全民族素质，促进经济和社会发展具有重要作用。"第一次将成人教育正式纳入终身教育的范畴。1995年颁布的《中华人民共和国教育法》进一步用法律形式确定了终身教育在我国教育事业中的地位。其中第11条明确规定："国家适应社会主义市场经济发展和社会进步的需要，推进教育改革，促进各级各类教育协调发展，建立和完善终身教育体系。"第19条还规定："国家鼓励发展多种形式的成人教育，使公民接受适当形式的政治、经济、文化、科学、技术、义务教育和终身教育。"1999年《面向21世纪教育振兴行动计划》中指出："终身教育将是教育发展和社会进步的共同要求"，到2010年要"基本建立起终身学习体系"。同年，中共中央、国务院关于《深化教育改革全面推进素质教育的决定》提出："建构与社会主义市场经济体制和教育内在规律相适应、不同类型教育相互沟通、相互衔接的教育体制……逐步完善终身教育体系。"

从这一系列政策文件中可以看出，终身教育已成为我国一个重要的教育改革方向和社会发展目标。进入21世纪以来，随着我国社会的迅速发展和教育改革的深化，终身教育的理念也日益深入人心。2001年第九届全国人大四次会议通过了"十五"计划纲要，确定在今后5年及更长一段时间内"逐步形成大众化、社会化的终身教育体系"的奋斗目标。此后，党的十六大报告又明确提出全面建设小康社会的目标之一是"形成全民学习、终身学习的学习型社会，促进人的全面发展"，并把"加强职业教育和培训，发展继续教育，构建终身教育体系"作为教育的发展目标。在国家和中央政府的推动下，各级政府纷纷制订发展终身教育体系的计划，致力于建设学习型社区、学习型城市、学习型政府，建立学习型企业的呼声也正在成为企业发展的自觉要求。

10.3.2 终身教育的实践

(一) 多样化的办学机构

从终身教育的办学来看，我国终身教育的办学组织呈现多类型、多样化的局面，

主要是政府举办的正规的普通学校、职业学校、成人学校和培训机构，以及在政府统筹规划、综合协调、宏观管理下，行业、企业、事业单位和社会各方面联合办学。如独立学院、网络大学、中外联合办学、教育产业集团、各种成人学校、成人培训机构、企业为了提高员工的素质进行的各种培训、宗教组织和民主党派等举办的各种学校或培训班、私立的小学、中学和大学、私人举办的各种培训机构等。

值得一提的是，除了各级公立学校之外，民办教育在推动我国终身教育中也发挥了日益重要的作用。截至 2001 年底，经各级教育行政部门审批的全国各级各类民办学校和教育机构已达 56274 所，在校生 923 余万人，教师达 42 万。全国民办幼儿园共 44526 所，占全国幼儿园总数的 39.9%；民办小学 4846 所，占全国小学总数的 1%；民办中学 4571 所，占全国中学总数的 5.7%；民办高等教育机构 1202 所，其中，经教育部或教育部授权省（区、市）批准的具有颁发学历文凭资格的学校 89 所，学历文凭考试试点学校 436 所。民办教育的快速发展不仅给整个教育系统注入了活力，而且扩大了教育的机会，不断满足人们享受高等教育的需要，提高了公民的素质，对形成人人学习的社会风气以及终身教育的推进起到了积极的作用。

（二）成人教育的发展

成人教育是我国终身教育的重要组成部分。为了促进终身教育的发展，提高全民族的科学文化水平，政府非常重视成人教育的发展，先后颁布了一系列的政策法规。如 1987 年 6 月，国务院转发原国家教委《关于改革和发展成人教育的决定》；1987 年 10 月，原国家经委、原国家科委、中国科协联合发出《企业技术人员继续教育暂行规定》，同年 12 月，原国家教委、劳动部又和以上部门联合发出《关于开展大学后继续教育的暂行规定》，对继续教育的对象、内容、培训目标、组织实施、政策措施都做了明确规定。1993 年 2 月中共中央、国务院正式公布的《中国教育改革和发展纲要》进一步提出："把大力开展岗位培训和继续教育作为重点，重视从业人员的知识更新。国家建立和完善岗位培训制度、证书制度、资格考核制度和考试制度、继续教育制度。"改革开放 30 年来，在这些政策法规的指导下，制度化、规模化职前职后的经常性的岗位培训和继续教育，成为开发在职人员终身职业能力的基本模式。我国的成人教育事业取得了长足的发展。

在我国成人教育中，最具特色的是高等教育自学考试制度的建立，这可以说是我国终身教育实践的一大创举。1981 年 1 月 13 日，国务院批转了原国家教委的《高等教育自学考试试行办法》，在京、津、沪、辽等地试行自学考试。1988 年，国务院颁布了《高等教育自学考试暂行条例》，对自学考试制度的性质、任务、地位、机构、开考专业、考试办法、毕业生使用等，以国家行政法规的形式作出规定，使我国自学考试工作开始走上法制化轨道。1998 年 8 月 29 日，全国人大通过了《中华人民共和国高等教育法》，确定了自学考试的法律地位和它在我国高等教育体系中的地位。自学考试自开办起就受到社会的欢迎，参加考试的人数呈逐年上升的趋势，已成为我国规模最大的开放式的高等教育形式。截至2007年底，参加自学考试学历教育累计有近5 049万人（不计重复）、1.87亿人次，累计报考科次约4.38亿，累计培养本、专科毕业生799.7万人；参加非学历教育累计3 524万人次，约1 200万人获得各类证书。全国共开考。796个专业，其中专科层次专业347个，本科层次专业499个，全国共有540所高等学校担任主考学校，与26个部委、行业合作开考42个专业。① 可以说，自学考试为众多的求学者提供了在岗进修、学习新专业知识或提高自身素质、调整知识结构的有效途径。

高等教育自学考试在我国高等教育改革中具有独特意义：首先，以国家考试为主，实行宽进严出，通过大规模的社会化考试，有效地扩大了高等教育的开放度，这不仅是我国高等教育发展史的一个创举，也是世界高等教育发展史上成功实现开放办学，合理、充分地利用高校资源的范例。它突破了传统学校教育的时空局限，使教育的空间由学校扩展到社会，使教育的触角伸向社会的每一个角落，使学习的时间延伸到人的生活、休闲时间，满足了人们对知识和受教育的渴求。其次，自学考试为社会成员接受技能培训和证书教育搭建了新平台。自学考试教育与非学历教育并举，既适合公民进行学历进修，也为人们加强职业、技能培训创造了条件，极大地满足了社会日益多样化的教育需求。再次，自学考试推动了社会化网络教育的形成。自学考试强大的激励、整合功能促使遍及城乡的各类教育资源得到统筹利用，普通高校、各类成人高校、广播电大、网络教育、民办高校、行业培训部门，以及地方职业教育、农业推广工作站都纷纷加入自考助学行列，建立起自学考试社会化学习服务体系，从而形成社会化、开放式的教育网络。这不仅丰富了教育的内涵，也为人人学习、终身学习创造了条件。

（三）高等教育的发展

除成人教育和职业教育外，高等教育在推进终身教育实践中发挥的作用也日益凸显。第三次全国教育工作会议的决定指出："高等学校和中等职业学校要创造条件实行弹性学习制度，放宽招生和入学的年龄限制，允许分阶段完成学业。大力发展现代远程教育、资格证书教育和其他继续教育。完善自学考试制度，形成社会化、开放式的教育网络，为适应多层次、多形式的教育需求开辟更为宽阔的途径，逐渐完善终身学习体系。"②

自1999年开始扩招以来，我国高等教育在规模上得到长足发展，到2007年，全国共有普通高等学校和成人高等学校2 321所。其中，普通高等学校1908所，成人高等学校413所。普通高校中本科院校740所，高职（专科）院校1168所。全国共有培

① 潘懋元，覃红霞．高等教育自学考试制度改革的成就与展望［J］．教育与考试，2008（6）：6.

② 中共中央国务院关于深化教育改革全面推进素质教育的决定．深化教育改革，全面推进素质教育——第三次全国教育工作会议文件汇编［G］．北京：高等教育出版社，1999：6.

养研究生单位 795 个，其中高等学校 479 个，科研机构 316 个。高等教育招生数和在校生规模持续增加。2007 年全国各类高等教育总规模超过 2 700 万人，高等教育毛入学率达到 23%。普通高等教育本专科共招生 565.92 万人，在校生 1884.90 万人，毕业生 447.79 万人。成人高等教育本专科共招生 191.11 万人，在校生 524.16 万人，毕业生 176.44 万人。全国高等教育自学考试报考 956.27 万人次，取得毕业证书 54.23 万人。①

高校扩招，为应届高中毕业生和在职人员提供了更多的接受高等教育的机会，推动了我国高等教育大众化的历史进程，加快了高等教育体制的改革和社会观念的创新，适应了经济发展和社会进步以及学龄人口受教育的需要，促进了教育与社会的双向联系，从而加快了终身教育的发展进程。

（四）开放式教育网络的建构

自从 20 世纪 70 年代末以来，我国已经形成一个由中央广播电视大学和各省、市、县电大组成的现代远程教育系统。截至 1997 年底，全国广播电视大学已培养了高等专科毕业生 231.38 万人，约占同期各类高校毕业生总数的 14%。中等专业（含中师）毕业生累计达 100 万人。1996 年全国电大高等教育专科、中专教育在校生总数已超过 100 万人，创历史最高纪录。除这种学历教育外，接受广播电视大学继续教育、岗位培训和其他非学历教育的人数已超过了 3000 万人。另外，有数千万农民收看中国燎原广播电视学校提供的农村实用技术节目。②

除广播电视大学外，全国许多高校也纷纷开始开展现代远程教育。清华大学 1997 年 8 月就初步建成一套数字卫星加密广播系统，截至 1998 年，利用清华大学远程教育系统进修企业管理和计算机技术研究生课程的已达 731 人次。随后，北京邮电大学也成功地完成实时交互远程教学实验；浙江大学与广播电视系统合作，建立闭路电视教学网；湖南大学、湖南师范大学等高校也相继开辟了远程教育网络。③

这种以现代远程教育为依托的开放式教育网络在我国发展势头迅猛，对于我国这样一个人口多、地域广阔、经济欠发达的国家来说，这种教育网络对于构建终身教育、终身学习体系是非常切实而又有效的措施。

（五）社区教育的开展

社区教育是一种为社区内所有愿意接受教育和培训的人提供学习和教育机会的教育模式。它根据社区成员的需求，采取开放办学的方针，为社区成员提供学习和教育

---

① 教育部 . 2007 年全国教育事业发展统计公报［EB/OL］. http://www.edu.cn/jiao_yu_fa_zhan_498/20080901/t20080901_321919.shtml. 2009—04—28

② 韦钰 . 在科教兴国中再创辉煌［J］. 教育研究，1998（4）：5.

③ 李益民、周湘泉 . 构建具有中国特色的终身学习体系［J］. 现代远距离教育，1999（3）：10.

条件。入学不要求具备正规学历和通过资格考试，课程设置多样，学习时间不限，学习和授课方式灵活，广泛采用信息网络等媒体工具。

我国社区教育是从20世纪80年代中期兴起的，其发展经历了三个阶段：最初的社区教育是从教育系统内部引发的，是教育部门为了争取广泛的社区支持，改善自身的生存条件和环境，壮大自身力量的“公关”行为，具有较大的自发性、单独性；同时，学校也希望为青少年健康成长创造良好的社会环境和教育氛围，通过开办家长学校和成立关心下一代协会等方式，动员社会力量关心、帮助青少年健康成长。这一阶段的社区教育近似于青少年的校外教育。其后，社区内的支教实体希望从教育部门获得知识、信息、人才等方面的相应回报，社区政府也意识到教育在社区建设和发展中的巨大作用，于是开始自觉地干预和协调社区教育，在组织社会力量大力支援教育的同时，明确引导社区各级各类教育为社区建设服务，从而，形成双向参与的互惠性的社区教育。在这一阶段，教育的对象从青少年扩大到其他社会成员，教育内容丰富了，教育的功能也扩大了，社区教育向大教育发展。由于以支教、互惠为出发点的社区教育在社区发展中日益显得不足，于是不少地区开始酝酿教育与社区相互融合、相互渗透的社区教育模式。这样，以终身教育为指导思想、以社区全体成员的全程教育为基本思想，力求创建一体化、综合性的教育体系、教育格局，体现教育和社会协调发展的终身性和综合性，社区教育形态便随之轮廓渐显、曙光初露了。[①]

在第十六次全国代表大会报告《全面建设小康社会开创中国特色社会主义事业新局面》中提出：“形成全民学习、终身学习的学习型社会，促进人的全面发展”。随着社会的发展，生产力的提高，人们工作节奏加快，工作时间缩短，闲暇时间增多。与此同时，人们收入逐步增长，生活水平和生活质量不断提高，不仅要求有良好的社区环境，更要求有良好的社区教育，以满足精神的需求和提高自身的素质。目前，建设学习型城市、学习型组织、学习型社区、学习型家庭的活动，已在我国一些发达地区广泛兴起。

构建终身教育体系是一项庞杂的社会系统工程。我国的终身教育事业在短短二十几年的时间里取得了巨大的成就，为终身教育体系的构建奠定了坚实的基础。但是，由于我国教育事业的发展仍存在许多问题，终身教育体系的构建任重而道远。在今后的发展中，还有待进一步转变传统学校教育观念，确立终身学习、终身教育的观念；促进各级各类教育之间的衔接与合作，继续加强学习型组织的建设，完善终身教育的立法，为终身教育的开展提供法律保障。

---

① 傅松涛．教育与社会的协调发展——全国教育社会学研究暨全国社区教育委员会年会综述[J]．教育研究，1995（8）：54.

10.4　中国教育管理体制的变革

教育管理体制的改革对整个教育改革起着引领性的作用，建立完善的教育管理体制可以有效调动各项资源、提高教育改革的效率。在教育管理改革领域，包括宏观的教育行政体制变革与微观的学校管理制度变革，构成了教育管理体制改革的主要内容。教育行政体制变革处理政府和教育的关系，建立自上而下的教育行政体制、集权和分权的体制是其中的两个重要方面；学校管理制度变革处理各项学校管理事务，调动人力和物力因素，着重提高学校教育的效能。

10.4.1　教育管理体制改革的内涵

教育管理体制改革包括宏观的教育行政体制变革与微观的学校管理制度变革。教育行政体制是整个国家政治体制中的一部分，教育行政是国家行政的重要组成部分，是国家通过政府的教育行政部门，包括中央和地方，对教育事业进行领导和管理。教育行政体制是国家组织、领导和管理教育事业的组织体系和工作制度的总称，即教育行政权力的确立与划分、教育行政机构的设置、各级教育行政部门之间的隶属关系、权限划分等方面的体系和规范的总称，是整个教育行政管理的中心和关键。[①] 教育行政体制改革的核心是处理行政机构和学校之间的关系，围绕着集权和分权之间的关系开展。在整个教育行政体制中，自上而下进行权力的分配，对各自的行政权限进行限定。由于受到政治、经济发展的影响，教育行政体制的改革也要随着发展，符合时代进步的要求。在学校管理制度改革上，每个学校都建有自身的学校管理制度，对学校的各项事务进行管理，调动人力和物力因素，提高学校教育的效能。学校管理制度在整个教育制度中，是比较微观的方面，局限于学校层面的具体制度应用，包括组织管理、人事管理、教学管理等方面。对于学校管理体制的改革，就要从这些方面着手，提高学校管理的效能。

10.4.2　教育管理体制改革的历程

改革开放之后，我国教育管理体制改革开始步入比较正常的轨道，管理制度上具有了现代的元素，并且在之后的改革中逐渐走向了成熟，建立起现代化的教育管理体制。在对改革的历程进行回顾时，往往按照时间段来进行划分，这一系列过程包括：全面恢复计划管理体制阶段（1978—1984一），改革计划管理体制阶段（1985—1992），

① 陈孝彬．教育管理学［M］．北京：北京师范大学出版社，1999：131.

深化管理体制改革阶段（1993—2002），科学发展观指导下体制改革阶段（2003—2008）。[①] 在这几个发展阶段中，教育行政管理体制改革和学校管理制度改革交替进行，相互促进和发展。

（一）全面恢复计划管理体制阶段

在这个阶段，教育行政管理体制改革主要是修复文革对教育行政体制造成的冲击，将教育行政体制恢复为统一领导、分级管理。中央政府把权力收归到上面，加强对地方教育的控制，利用行政体制的力量恢复正常的教育秩序。通过这种强制性的制度变迁，使我国教育事业的计划管理体制得到全面恢复，这个时期主要颁布的政策包括：《全日制小学暂行工作条例（试行草案）》、《全日制中学暂行工作条例（试行草案）》、《重点高等学校暂行工作条例（试行草案）》。这些政策涉及小学阶段到高等教育阶段，拟定暂时性的规章制度对学校实行恢复措施，对学校管理提出了具体、明确的要求，恢复了学校正常的教育教学管理秩序，使自上而下的教育行政体制发挥作用，也出现了相应的问题，为后续的改革拉开了帷幕。

学校管理制度在此阶段由于受到文革的影响，学校的工作秩序和管理都陷入了瘫痪，改革开放之初，主要是以恢复学校的日常管理为主。在改革了原有的教育行政体制之后，开始逐步涉及学校具体管理制度的修复，中小学实行党支部领导下的校长分工负责制。在初步明确学校内外管理体制后，全国各地的中小学纷纷致力于恢复、重建、整顿教育教学秩序，彻底改变“停课闹革命”的局面，并努力消除其不利影响。在颁布实施的一系列工作条例中，明确了学校的行政管理机制，同时在学校内部管理制度上，制定科学的管理机制。基本的做法是倡导科学管理，制订工作计划，重视编班排课，建立教学常规，明确岗位职责，提高教学质量。

（二）改革计划管理体制阶段

在这个阶段，教育行政管理体制的改革以《中共中央关于教育体制改革的决定》的颁布为标志，针对前一阶段改革所出现的问题，在上述基础上拉开了全面改革教育体制的序幕。《决定》指出“必须从教育体制入手，有系统地进行改革。改革管理体制，在加强宏观管理的同时，坚决实行简政放权，扩大学校办学的自主权，调整教育机构，相应地改革劳动人事制度”，为教育行政体制改革指明了方向。概括来讲，就是中央放权给地方，地方也逐级放权，直至乡镇，教育领导部门放权给校长。[②] 具体来讲，实行教育由地方负责、分级管理的原则，调动地方政府办学的积极性。将教育管理权划归地方，除大政方针和宏观规划由中央决定外，具体政策、制度、计划的制订和实施，以及对学校的领导、管理和检查，权力和责任都交给地方。

此阶段的学校管理制度改革也以《中共中央关于教育体制改革的决定》为指导，

---

① 褚宏启．我国基础教育行政管理体制改革30年简评［J］．中小学管理，2008（11）：4—8.

② 陈孝彬．教育管理学［M］．北京：北京师范大学出版社，1999：145.

在学校日常管理得到恢复之后，为学校改革明确了清晰的政策导向。学校管理制度改革体现出全面性，并且在有关试点的推动下普及全国。此次改革涉及学校领导体制方面的改革，学校逐步实行校长负责制，明确了校长的职责，调动了校长管理学校的积极性，也被证明具有实效性和合理性。不断进行其他方面的改革，包括完善各项规章制度，如校规、校纪和教职工岗位责任制等，改革学校中层管理体制，建立教职工工作岗位考核评估制度，建立新的劳动人事工资制度等。还出现了一些其他类型的改革，包括校内结构工资制改革、校长选任负责制、教师定编聘任制、教育岗位责任制等，这些改革取得了丰厚的成果。

（三）深化管理体制改革阶段

在这个阶段，教育行政管理体制的改革以《中国教育改革和发展纲要》的颁布为标志，主要基调是将教育行政体制和社会主义市场经济体制相联系，将市场因素介入体制改革中。在教育管理体制方面，上一阶段的放权式改革，使得主要的负担落到乡镇政府和农民身上，而县级以上的政府在推动教育发展上出现缺位现象，上级政府在不断放权中迷失了自身的作用，甚至使自身消失。此阶段改革主要是确立“以县为主”的管理体制，明确县级政府在组织义务教育的实施方面负有主要责任，包括统筹管理教育经费，调配和管理中小学校长、教师，指导中小学教育教学工作等。在 2001 年颁布的《关于基础教育改革与发展的决定》中，确立了农村义务教育“实行在国务院领导下，由地方政府负责、分级管理、以县为主”的体制，逐步撤销了乡级以下政府机构的义务教育管理权限和财政责任。至此，我国教育管理体制已基本发展成熟。

此阶段的学校管理制度改革也以《中国教育改革与发展纲要》为指导，由此拉开了此次全面改革的大幕，关注将微观的学校内部管理改革逐步发展完善起来。在学校领导体制的改革上，全面推行校长负责制，相应的人事、分配等制度改革也相继展开。在校长负责制前提下，进行定编定员，实行岗位责任制、教职工岗位聘任制、工资总额包干制和学校内部结构工资制度改革等。在学校外部管理机制上，也面临着巨大的变革，由于市场经济体制的发展，学校的办学体制开始了多元化发展，具体有私营企业办学、校企联合办学、政企联合办学、中外合作办学、民办公助、教育集团等模式。[①] 公立学校的转制变革，出现了一些既具有公立学校性质又带有民办教育特征的转制学校，对学校的管理发展造成了很大的影响。

（四）科学发展观指导下体制改革阶段

在这个阶段，教育行政管理体制的改革以十六届三中全会确立的科学发展观作为指导思想。在教育部下发的《2003—2007 年教育振兴行动计划》中，要求切实转变政府职能，强化依法行政，建立公共教育管理与服务体系。规范教育行政部门在政策制

---

① 吴志宏，孙锦明．改革开放 30 年来：学校管理改革与实践述评［J］．中小学管理，2008（11）：13—15.

定、宏观调控和监督指导方面的职能，依法保障地方教育行政部门的教育统筹权和学校办学自主权。健全重大决策的规则和程序，建立科学民主决策机制，为基层的教育管理体制改革提供了科学的指导原则。在2007年颁布的新义务教育法中，这种行政管理体制得到了相应的加强，标志着基础教育管理体制已基本发育成熟。在高等教育方面，实行高等学校下放、调整、合并、共建的改革，建立了中央和省两级办学、分级管理、以省为主的高等教育管理体制。这一改革从宏观上破除了中央政府“部门办学”的体制，对于提高教育质量和效益有重要意义，但也出现行政化趋势、官本位倾向严重等问题。

此阶段的学校管理制度改革以《关于基础教育改革与发展的决定》为指导，开始推动改革的加深，要求探索建立现代学校制度，继续深化学校内部管理体制改革，完善学校法人制度。在进一步强化地方政府责任的同时，也开始重视向学校简政放权，学校办学自主权明显增大，校本管理开始成为中小学校管理的主要理念，新课程改革的推行进一步强化了校本理念的意义。同时，学校管理的理念也在发生着变化，涌现出一系列新的发展趋势，以科学管理理念为指导建设现代学校制度，以人本管理理念为指导建设学校文化，以知识经济理念为指导进行学习型学校创建。在管理理念更新的同时，很多学校开始在操作层面上重视制订学校规划、方法、校本教研和培训、学生成长档案袋评价等。近年来，学校管理改革出现很多新的气象，学校各个层面的管理改革也都十分活跃。

10.4.3　教育管理体制改革存在的问题

在对我国教育管理体制改革进行回顾时，可以看出这是一个比较漫长的过程，其中取得了很大的成就，但也带来了诸多问题。我国在逐步完善成熟的教育行政体制，建立了自上而下的组织机构设置以及权力架构体系，学校管理制度也在走向成熟，建立了完善的学校管理机制。但是，其中也存在着很多问题，有其本质上存在的问题，也有随着改革出现的问题。由于受到教育行政管理体制的约束，以及受“官本位”思想的影响，学校管理制度逐渐陷入一种僵化，出现了诸多问题，亟待解决。

（一）教育行政管理体制改革存在的问题

教育行政权力结构划分不明晰。教育行政的权力结构包括中央和地方政府之间教育行政权力分配关系，各级教育行政部门与其他部门，同时也包括教育内部各部门之间教育行政权力的配置，教育行政机关与各级各类学校之间管理权力的划分。中央和地方之间权力划分不明确，尤其是地方的权力不够明晰，地方行政机构不能充分地发挥自身的作用。行政部门之间权力相互衔接方面也出现了严重的问题，出现政出多门的现象，很多部门都对教育进行干涉，各部门之间在各自工作的范围、职责不够明确，工作效率得不到有效的提高。行政部门对学校教育经常进行干预，一则使本身的工作负担逐渐加重，二则影响到学校的自主办学、自主经营和自主创新。此外，教育行政

机构设置日益庞大，机构精简困难，使得人浮于事。

教育行政机构管理和控制幅度不合理。教育行政机构是国家教育行政体制的组织形态，以一定的组织层次、部门设置、职位和职能的限定表现教育行政体制。与任何组织一样，教育行政机构必须随内外因素的变化而不断调整，使之保持应有的活力，满足社会发展的需要。目前，教育行政机构方面存在一系列问题，教育行政机构内部设置的管理层次和控制幅度不合理，各行政部门对自身的职责不明确，也不能有效利用权力进行管理。行政机构不能对自身所处的管理层次进行理解，往往在控制幅度上不是太宽就是过窄，限制了自身机构功能的发挥。在中央和地方行政机构的分配上，中央过多干预地方行政机构的管理，使得地方行政机构在行政管理上有所保留，无法发挥自身的有利作用。此外，教育行政机构人员素质有待提高。

教育行政管理的规章制度和法制建设不完善。教育行政方面的规章制度是不健全的、单一的，主要体现在规章制度数量少，并滞后于教育的发展。教育行政组织机构与相应的规章制度不配套，国家有关的教育行政规章制度相对滞后于教育事业的实际发展，教育改革必然导致教育行政组织机构的重组与变更，这要求教育行政规章制度及时地做出相应的调整，以适应新的教育行政机构正常运转的需要。我国目前的教育法律和法规不完善且发展缓慢，教育法律的制定与实施还存在诸多不足，涉及的教育领域和具体实施细则不够全面，有法不依、执法不严、违法不究的现象严重。现有的教育法律和法规不够完备，尤其是教育法律的制定任务仍很繁重，实施细则出台滞后，教育法规本身的质量有待提高。同发达国家相比，我国在立法体系、立法范围和法律责任方面仍存在着差距。

（二）学校教育管理体制改革存在的问题

学校管理体系的科层化和等级化使得管理者和教师出现对立。学校管理制度的建立基于金字塔式的组织层级模式，自上而下建立一套管理组织架构，校长、副校长、教导主任、教研组长、教师，层级分明。这样一种科层制管理模式，可以有效地实施命令，保证上传下达，而且有利于督促和管理反馈，但是也带来一系列的问题。科层制的建立使得管理者和教师呈现出对立态势，行政人员成为上层，对下发布命令，进行监督和督促，造成上下级关系僵硬，组织气氛紧张。管理人员为了有效地进行管理，通常会建立严密的监控系统，对教师进行严格的考评，可以说在心理层面减弱了教师的积极性，引发教师对学校管理制度的抵触心态。学校各部门之间分工明确，责权明晰，可以进行有效管理，但是部门之间缺乏沟通，横向交流与协作不够，甚至相互阻隔和冲突，使学校整体目标受损。

学校管理过程的程式化和模式化造成效率的低下。学校管理制度的建立深受工业文明和制度文明的影响，主要表现是建立一种程式化的管理模式，把学校工作设计成严密的程序和环环相连的流程。学校的日常管理和教师管理都依靠这套模式来进行，最初可以保证学校工作的秩序，提高工作的效率，管理者在这个过程中也逐渐受程式化的束缚。当程序过于细密并被神圣化后，其弊端便显现出来，过分看中工作程序，把程序本身看成是至高无上的，管理者和教师在繁琐的程序中浪费了大量的时间和精力。在对教师的管理上，程序标准过于细致，对教师都有明确的规范加以约束，限制了教师创造性地开展工作。对管理人员来说，其思维和行为受到管理制度的条框所限制，将管理的模式视为不变的定律，难以创造性地开展学校管理工作。

学校管理受制于行政机关致使自主权的缺失。由于受到教育行政体制的约束，学校管理制度的建立受制于行政部门。作为教育行政部门的下属单位，学校需要接受教育行政部门的指挥，在自主管理上受到一定影响。学校自身管理规章制度的设计和建立，都要依照行政部门的要求，不能与之发生冲突。学校很多管理措施的采用，需要依据行政部门的规定来具体化操作，学校的管理自主权在某些方面呈现缺失状态。在当前的新课程改革中，课程开发管理权下放后，很多校长需要等待教育行政部门的指令，需要领导和专家做指导。校本课程的开发和教师的课程培训，都需要行政部门来牵头，行政部门在具体的实施过程中占据主导地位，本来所具有的校本特色在这个过程中逐渐丧失，学校管理的自主权也就无从谈起。

10.4.4 教育管理体制改革的发展方向

我国在教育管理体制改革中也遇到了很多问题，有些是亟须解决的。针对教育行政体制改革所面临的问题，以及在世界范围内新公共管理理论的兴起，需要对自身的教育行政体制进行改革。学校管理制度的发展不应只注重西方管理理论的作用因素，也要遵循自身的规律，注重人的因素在学校管理中的作用，从而构建自身的发展方向。

（一）教育行政管理体制改革的发展方向

（1）进一步划清教育行政机构之间的权力、职责和权限。以往的教育行政体制改革中，往往出现行政机构间权力、职责划分不清的问题，带来行政管理的低效率。在今后的改革发展中，需要突出解决这类问题，要明确划分中央与地方教育行政机构的职责权限，理顺中央与地方各级教育行政机构的关系，将自上而下的权力线理清，明确各自的职责和权力。建立一个既能加强中央统一领导，又能充分调动地方发展教育积极性的管理体制。在处理行政机构与学校的关系上，要政事分开，简政放权，划清二者的职责和权限。该给学校的职责和权限要下放给学校，使学校面向社会依法办学。行政机构在其中实施宏观管理，主要是进行统筹规划、协调服务、评估调控，对各类教育、各类学校的办学情况进行评估，用政治、经济手段进行调控。在权力明晰、职责明确的条件下，发挥各级机构的有利权限，提高行政管理的效率。

（2）推进教育行政管理的法制化和科学民主化。为改善我国现行的以中央集权为基础的教育行政管理体制，应建立从中央到地方的各级教育行政咨询、审议机构，推进教育决策的科学化、民主化，确保教育事业的健康发展。我国在教育行政体制改革过程中不能忽视法制建设，要从立法、执法、守法、实施与监督等方面完善我国教育

行政法制化的建设，健全、完善的法律体系的建立能确保我国教育行政体制改革的顺利进行。一方面应提高思想认识水平，另一方面应通过加强教育立法工作予以保证。教育行政管理体制改革的重点就是通过教育立法，将国家的教育方针和政策以法律的形式确定下来，保证教育行政管理的各项措施具有稳定性、连续性、权威性，从而保证和促进教育事业的改革和发展。

(3) 引入绩效管理理念以提高行政管理的效率。在各级管理中，最重要的目标是提高效率，意味着各种资源得到了充分的应用，使得相应机构的管理更加卓著。基于新公共管理理论，主张放松严格的行政规制，而实现严明的绩效目标控制，由此而产生了所谓的 3E，即经济（economy）、效率（efficiency）和效果（effect）三大变量。[①] 在教育行政管理中引入绩效管理的理念，订立目标，实施进程，按照结果进行奖励和惩罚。这样一种目标管理的模式，可以明确各部门、各职务的责任。尤其是在私立学校，职位层次灵活、机构和部门精简、一职多能，降低了很多管理成本，不但提高了员工参与工作的积极性，还提高了教育行政管理的效率。在绩效管理的过程中，要建立良好的反馈机制，利用结果进行有效评估，实现优化管理的目标。

(4) 促进教育行政人员专业化的发展。人的因素在教育行政管理的过程中起到至关重要的作用，从世界范围来看，随着教育事业和教育科学的发展，各国都十分注重教育行政管理人员的专业训练。教育行政管理人员不仅应具有专业的知识，而且应具备专业的技能。我国在进行教育行政管理体制改革中，也要重视教育行政人员的专业化建设，各级教育行政管理者要努力成为教育专家。教育行政机构要大量开发教育管理的人力资源，在其属下特设一个行政人员教育科，专门负责推进教育行政管理人员专业教育工作。在各大学也要普遍开设教育行政管理专业，培养教育行政管理方面的专业人员。此外，还要设立完善的在职进修体制，为教育行政人员提供进修的机会。利用这种系统的人力资源开发体制，可以充分推动教育行政人员的专业化发展。

(二) 学校管理制度改革的发展方向

(1) 从强调物本管理转向注重人本管理。人的因素在学校管理的发展中占据重要位置。按照西方式的管理模式，如程式化的制度成为主要的管理要素，人的因素则往往受到忽视。原有的以物本管理为主的模式，在实践中遇到很多问题，造成管理者和教师的对立，需要将“以人为本”的理念贯彻其中。人本管理提倡决策重心的下移，从而打破了决策层、管理层、执行层、操作层泾渭分明的界限，让被管理者参与决策。人本管理主张以服务对象的需求作为工作的依据，而不是以服务者主观的理念或者什么客观标准为依据，来设计产品或服务。人本管理强调人与组织的共同生长，将教师放在首位，还提出“员工第一，工作第二”的口号，突出人的因素在其中的重要作用，

---

① 娄佳．试探我国教育行政体制改革——基于新公共管理理论［J］．当代教育论坛，2008(8)：38—40.

将物本管理转向人本管理。①

(2) 使学校管理具有自身的独立自主性。学校管理制度的建立依赖于教育行政体制，学校的管理自主性在逐步缺失，亟须对这种关系进行改革，让学校管理制度具有独立自主性。教育行政机构应该逐渐减少对学校的直接控制，变指令性管理为指导性管理，逐步向学校放权，使学校有更多的自主权。无论从管理人员、教员的聘用到课程的安排、教材的选定，还是从行政管理到对外合作都充分体现了学校管理的独立自主性。使得学校管理逐步减少对教育行政的依赖程度，越来越突出自身的独立自主性。主要途径是对学校管理人员提出严格的专业要求，严格规定管理人员的任职资格，使学校管理人员专业化。对于已经上岗的学校管理者，需要经过专业性的培训，否则不得直接担任学校管理人员，更不能担任学校领导。通过对学校管理者的专业化培养，使其在管理实践中能够发挥自身的作用，在学校的实际情况中实施管理，突出独立自主性。

(3) 以目标管理方式来构建激励机制。学校在建构自身的管理制度时，需要有明确的发展目标，以宏远的目标作为主干，构建学校管理的目标体系。学校在实施目标管理时，管理者与被管理者共同确定总目标，把总目标转化为部门目标和个人目标，管理者通过目标对所属部门和每个成员进行管理。将目标的实现作为管理的基础，通过对实施过程的管理和成就的评估，促使各部门、各成员自觉地朝着预定的目标努力工作，以实现整体目标。制定的目标是学校进行管理的有效依据，学校在管理上要先确立目标，校长有近期、远期任职目标，每学期有工作目标，各部门有实施目标的具体计划。在此基础上，对实现目标的全过程进行有效的管理，充分发挥教职工的积极性，促使教职工主动实现个人目标。学校内部实行层级管理、各层次落实职责权利，严格管理体系，形成科学管理网络，充分调动各部门的积极性。

(4) 调动社会因素促进学校管理社会化。随着社会的发展，学校不再是单一的个体，而与社会的各种元素相互联系，学生、家长以及社会成员，与学校管理者形成利益的共同体。学校管理制度方面的改革，需要加强与社会的直接联系，学校管理职能在逐步扩大，学校与社会的联系不仅以直接方式进行，而且联系的范围也极为广泛。在学校中引入市场机制，重新确立学校与社会的联系，使以往那种“官学官办”的模式逐步淡化，而代之以互补合作和有偿服务。学校与社会联合组成管理机构，共同管理学校，此外，家长也被纳入学校管理的体制内，更加重视家长的参与作用。为了保障这种关系的稳固，设立全国性或地域性的家长组织，把家长参与学校管理的权利用法律固定下来。② 同时，还可以借鉴国外的一些经验，将社会多种元素纳入学校管理制度中，比如社区等，促进学校管理的社会化发展趋势。

---

① 杨春．新课程改革背景下的学校管理模式［J］．黑龙江教育学院学报，2008 (7)：54—57.

② 李永华．国外学校管理改革的新趋势与我国高校管理改革［J］．西南民族大学学报，2003 (10)：224—226.

第 11 章　全球化比较教育研究

知识经济与全球化毫无争议地成为21世纪的全球话语，频繁见诸于很多国家的政府报告和政策文本中，在一个强调竞争、创新与变革的时代，知识生产与创新成为提高国家竞争力的重要因素。知识生产需要人才，尤其是具有创新能力的研究型人才，而人才培养则依赖教育来完成，通过教育创新促进国家创新，继而成功应对知识经济与全球化的挑战，成为很多国家的重要发展战略。各个国家在努力寻求本国发展的同时，也纷纷将目光投向其他国家，比较教育研究也走向了更为广阔的舞台。

11.1　全球化、知识经济与比较教育研究

知识经济到底为我们带来了什么？这一问题的回答需要我们对知识经济进行界定。目前学者们对这一问题意见不一。最早的正式的定义见于1996年世界经济合作与发展组织（OECD）有关科技和产业发展的报告，该报告认为："知识经济是以知识为基础的经济，知识经济是建立在知识的生产、分配和使用之上的经济。"① 该报告把知识分为四大类，即知道是什么（know—what）、知道为什么（know—why）、知道怎样做（know—how）和知道谁有（know—who）。个别学者还认为，知识应包括"在哪里（know—where）和在什么时候（know—when）"。② 当前学术界普遍认同世界经济合作与发展组织对知识经济概念的界定。各国政要及各界人士也大多持相同看法，如美国作家达尔·尼夫（Dale Neef）在其所著的《知识经济》③ 一书中就采用了知识经济一词。但不管其定义如何，内涵总是一致的，即知识经济是以知识创新、科技创新、制度创新为基础，社会生产力和生产方式产生某种程度的革命性变革，经济形态出现阶段性质变的社会经济发展阶段。

20世纪60年代初，知识经济理论进入第二个发展阶段。美国的赫伯特·西蒙从组织管理的角度分析经济现象，提出了有限理性假说。西蒙认为，人的处理能力是有限

---

① OECD. 以知识为基础的经济［M］. 北京：机械工业出版社，1998：16.

② 吴季松. 21世纪的新趋势——知识经济［M］北京：北京科学技术出版社，1998：16.

③ ［美］达尔·尼夫. 知识经济［M］. 樊春良、冷民，等，译. 珠海：珠海出版社，1998：81.

的，真正的稀缺资源不是资本，而是人的处理能力。[①] 1980 年，未来学家阿尔温·托夫勒（Alvin Toffler）发表了代表作《第三次浪潮》。在此书中，托夫勒提出了“超工业社会”的概念，并指出“我相信我们已处在一个新的综合时代的边缘”。他甚至预言，随着西方社会进入知识时代，社会的主宰力量将由金钱转向知识。

进入 90 年代以来，知识经济的发展进入了一个新阶段。一批有国际影响的著作相继出台。1990 年 10 月托夫勒出版《权力的转移》一书。书中提出了“知识经济”概念和“以知识为基础的经济”的概念，并对这两个概念进行了解释与说明。美国管理学大师彼得·德鲁克（Peter F. Drucker）的《后资本主义社会》一书认为，“知识社会”（他喜欢用比“知识经济”更广义的“知识社会”一词）本质上是“后资本主义社会”，因为经济增长的动力不是传统的投资，而是“知识的运用者与创造者”，知识生产力已成为生产力、竞争力和经济成就的关键，知识已成为首要产业，这种产业为经济提供必要的和重要的生产资源。所有的研究都表明，信息和知识正在取代资本和能源而成为创造财富的主要资产，正如资本和能源在 300 年前取代土地和劳动力一样。在过去的 200 年间，新古典主义经济学家仅仅认识到影响产量的两种因素：劳动力和资本。知识、生产率、教育和智力资本都被认为是外生因素而被排斥在整个体系之外。

新发展理论试图解决影响经济长期发展（传统经济学模型不能解决的问题）的因素，在一些经济学家工作的基础上，罗默（Paul M. Romer）修正了新古典主义经济模式，将知识作为影响经济发展的第三个因素。[②] 技术与知识是目前影响经济发展的关键性因素，知识是资本最基本的形式，经济的发展受知识积累所驱动，而技术可以提高投资回报率，这就解释了为什么发达国家可以保持经济的持续增长，而一些发展中国家尽管有着大量的劳动力和丰富资源，但经济却止步不前。投资可以使技术变得更有价值，反之亦然。罗默认为，这种良性循环可以促使国家的长久进步。为了能够取得技术创新，一个国家需要通过教育来培养足够的人力资本，通过知识创新来实现财富的增长。因而，知识生产与技术创新成为知识经济时代社会发展的核心动力。

11.1.1 全球化与教育竞争

知识经济的重要特征之一是 ICT（Information and Communication Technology）的发展，IcT 被认为是知识创新的工具，这一技术的发展正在缩小各国之间的空间距离，世界各国的联系与依赖从未如此紧密，全球化已成为不可抗拒的历史潮流。一般来说，全球化首先是一个经济全球化的过程。随着国际分工的细密化，商品、资本、

---

① ［美］赫伯特。西蒙．管理决策新科学［M］李柱流，汤俊澄，等，译．北京：中国社会科学出版社．1982：77.

② Ministry of Economic Development. What is the knowledge economy? ［EB/OL］. http://www.med.govt.nz/templates/MultipaperDocumentPage_17263.aspx，2008：12—15.

服务、技术、人才、信息等生产要素在世界范围内的流动日益扩大和深化。经济全球化的迅猛发展，必然波及政治、社会、文化等诸多领域，并按其自身发展的内在规律向前推进，继而引发社会各系统的全球化行为。在经济全球化的影响下，教育全球化是发生在当今世界不以个人意志为转移的客观历史进程，它与政治、经济和社会文化等社会各领域的全球化现象密切关联。全球化对处于不同发展阶段的国家的影响不尽相同，一方面。经济全球化以人力资源的国际化作为支撑，要求培养更多的具有世界眼光的国际型人才。人才市场需求的杠杆必然推动教育向国际化发展。在国际环境全球化的大趋势下，一些发达国家通过为学生提供优厚的奖学金、先进的研究设施以及良好的研究氛围，吸引了世界上最优秀的学生，而毕业后，他们也大多留在了留学国工作；另一方面，一些发展中国家受到了全球化背景下人才竞争的冲击，人才大量流失，在以知识为核心的竞争中处境更为不利。因此，全球化的扩展导致人才市场的竞争更为激烈，尤其是对高层次人才的吸引方面。

11.1.2　创新与国家竞争力

在一个强调知识生产与传播的时代，国家之间的竞争日益体现为以自主创新为核心的综合国力的竞争，各个国家都将创新作为提高国家竞争力的重大战略，其中又把吸引和培养创新型人才作为实现这一战略目标的核心措施。知识经济与全球化是一把双刃剑，一方面，它加剧了国际竞争，甚至作为世界经济发展领头羊的美国也不禁感叹：美国在知识经济时代已经丧失了其竞争的领军优势吗？[①] 这一问题引发美国社会对未来国家科技创新不足的关注。作为提高国家创新力的政策建设，美国于 2007 年通过了《国家创新力法案》，以有意识地增强美国技术、教育与科学优势的法案来应对未来创新不足的担忧；另一方面，知识经济与全球化也为美国的发展提供了难得的历史机遇，必须抓住知识生产与人才培养这一关键环节，积极推动教育变革，促进国家发展。

半个多世纪以来，众多国家都在各自不同的起点上努力寻求实现工业化和现代化的道路。一些国家主要依靠自身丰富的自然资源增加国民财富，如中东产油国家；一些国家主要依附于发达国家的资本、市场和技术，如一些拉美国家；还有一些国家把科技创新作为基本战略，大幅度提高科技创新能力，形成日益强大的竞争优势，国际学术界把这一类国家称之为创新型国家。目前世界上公认的创新型国家有 20 个左右，包括美国、日本、芬兰、韩国等。这些国家的共同特征是：创新综合指数明显高于其他国家，科技进步贡献率在 70%以上，研发投入占 GDP 的比例一般在 2%以上，对外技术依存度指标一般在 30%以下。此外，这些国家所获得的三方专利（美国、欧洲和日本授权的专利）数占全球数量的绝大多数。

---

① The Task Force On The Future of American Innovation. The Knowledge Economy: Is the United States Losing Its Competitiveness? [EB/OL]. www.futureofinnovation.org. 2008—12—14.

目前，我国科技的总体水平同世界先进水平相比仍有较大差距，与我国经济社会发展的要求还有许多不相适应的地方，科学研究实力不强，研究型人才比较匮乏。改革开放30年后，中国的现代化发展进入新的关键时期，缺乏自主创新能力成为制约我国科学技术进一步发展的瓶颈。为了成功应对知识经济与全球化的挑战，提高国家竞争力，创新型国家建设已经成为我国面向未来的战略选择。2006年，中国部署实施《国家中长期科学和技术发展规划纲要（2006—2020年）》，提出坚持走中国特色自主创新道路，推动我国经济增长从资源依赖型转向创新驱动型，推动经济社会发展切实转入科学发展的轨道。“十七大”则提出“优先发展教育，建设人力资源强国”的要求，创新型国家与人力资源强国的建设，归根结底依赖教育。因此，遵循知识经济时代的竞争是知识的竞争，而知识的生产需要创新，创新则依赖具有创新精神的人才这一逻辑，人才的培养必将是国家创新战略的核心。

11.1.3 全球化背景下的人才“战争”

对优秀人才的发现和搜寻在强调知识创新的时代成为了一场没有硝烟的战争，这场起因于知识经济与全球化的战争耗资巨大，但在一个强调竞争的全球背景中，各个国家都执著地投入其中。但从目前来看，一些发达国家，尤其是美国，在这一战争中处于明显优势地位。近50年来，美国从研究生教育改革和科学研究中获益匪浅，研究生院已成为美国教育体系皇冠上的一颗明珠，通过源源不断的研究生项目为学术研究、访学和科学发现等提供资助，吸引了国内外最优秀的学生。现在有140多万研究生在美国学习，其研究生规模比其他任何国家都大。除了规模巨大的研究生教育之外，世界上最优秀的人才被吸引到美国从事博士研究已成为一种历史景观。研究生们所从事的工作对于保持美国经济稳定增长和国家安全有直接贡献。在大学、国家实验室和私人企业中，研究生群体已成为从事基础学科领域开创性研究的主力军。那些毕业后留在美国的学生，推动了美国科学和技术进步，而那些学成归国的留学生则成为本国各领域的精英。

尽管长久以来美国的经济处于世界领先地位，但美国正在滑向信息技术领域的边缘，这对美国保持科学、工程和技术领域的竞争力产生了严重威胁。造成这种状况的关键因素是美国的研究生院在吸引国内外优秀人才方面的能力减弱了。在此之前，美国培养了比世界其他国家和地区更多的科学和工程博士，吸引了比其他国家和地区更多的留学生。但现在这一局面发生了改变，欧洲的科学和工程博士学位的数量已超过美国，中国在不久的将来也会超过美国；在吸引留学生方面，澳大利亚、加拿大等国家也都纷纷制定各种优惠政策，与美国一同竞争世界一流人才，美国吸引并挽留研究生的领先地位正受到挑战。造成美国目前这一局面的原因有二：一是美国国内选择攻读科学和工程（S&E）博士学位的学生数量处于停滞状态；二是美国在科学研究和人力资本培育方面投入不足。一些人认为，如果不能吸引大量优秀学生进入这些重要的研究领域，美国将难以培养出保持 21 世纪经济领导地位和国家安全所需要的创造性人才。

当然，对于一些发展中国家而言，他们遇到的问题和挑战远远比美国更加严峻。一方面，一些优秀的人才被美国优厚的奖学金和研究环境所吸引而投身美国；另一方面，毕业后，这些学生又选择留在美国工作。如何吸引和挽留人才，尤其是高层次人才，是各个国家在“人才战争”中取胜的关键。

11.2 全球化与知识经济背景下比较教育研究的新使命

正如上面所述，全球化和知识经济时代，各个国家面临的问题既具有共性，也有其本土特性，因此，比较教育在这一时期的重要性日益凸显，从借鉴、理解到国际合作，比较教育承担了更多新的使命。

香港中文大学教授马克・贝磊（Mark Bray）在《全球化时代的比较教育：发展、使命、作用》一文中指出，和其他研究领域相比，全球化与比较教育的联系更为紧密，这不仅表现在全球化本身就是比较教育研究的重要内容，同时它也影响了比较教育研究的本质，具体表现在以下几个方面：①

（1）分析框架。学者们应该在更宽泛的框架内定位国与国之间的比较，同时，他们应该注意到全球化的影响是竞争性的、不均衡的，在不同的国家、地区和机构有不同的表现。比较学者们已经在这方面做了很多重要的工作，但是还有更多的工作要做。

（2）分析单元。在传统的世界比较中，所有国家在形式上都是相似的，仅仅根据发展水平这样一个单一的尺度进行分类，这样的分类单元已经很不充分了。它不能够揭示国家之间权利的关系，也隐藏了国家在性质上的差异。全球化需要“一种能够描绘出全球化影响的流程，以及在教育政策和时间中产生的模仿、差异、控制和部署的模式的新地理政治学‘绘图法’”。

（3）集中与跨边境的国际教育。国际教育中跨边境的贸易本身已经成为一个重要的研究对象。这样的贸易引发了关于流动的学生身份以及对教育者、教育机构和教育体系的要求等方面的问题。次一级的研究主题包括教学实践和国家文化之间的矛盾引致的紧张关系，以及网上教育社区的迅速增长。

（4）同一性的形成。全球化带来了形成同一性而非民族认同的新的可能性。以民族国家为中心的传统不重视超国家的文化和宗教认同，并且使教育参与、资源和产出

---

① ［美］马克・贝磊．全球化时代的比较教育：发展、使命、作用［J］．比较教育研究，2002“全球化与教育改革”专刊：6—13.

等在国家内部的地区变化不明显。

(5) 全球化对国家的影响。现代教育体系仍旧是以地方和国家的形式组织的，仍旧服从于国家的规定。日益增长的流动性和世界大同主义对培养公民的教育政策有着重要的潜在影响。另外还需要对国际机构和其他的机构在多大程度上能够塑造国家教育政策进行研究。

贝磊指出，与其他的学术研究领域相比，比较教育与全球化的联系更为紧密。一个主要的因素是比较教育很自然地与跨国分析有关，从其本质上就是要鼓励研究者向外看，拥有国际视野。同时，他还指出，比较教育的发展是受全球化影响的。在比较教育占主导的研究范式、方法和研究重点中，都反映出跨国、变革的力量。全球化可以被认为是“当代社会生活的方方面面在世界范围内的相互联系的扩展、深化和加速”。在比较教育领域当然可以清晰地看到这种现象。早期的学者不得不依靠已发表的论文、通过邮政系统和其他机制进行缓慢的交流，但是当代的学者们已经可以利用因特网，通过电子邮件保持方便快捷的联络。航空旅行成本的下降也推动了同行和不同文化之间的面对面的交流，这在几十年以前是不可想象的。这种时空上的压缩非常有利于比较教育的发展。

正如贝磊所指出的，在比较教育领域里，全球化本身就成为一个重要的研究领域，而且影响了研究的本质。对于很多学者来说，民族国家还是一个所偏好的分析单元，但是越来越多的研究开始进行多层次的分析。比较教育领域内有一些极端全球主义者，和其他领域的全球主义者一样，他们认为世界应该没有国界，国家政府应该“转变为全球资本的传送带”。但是，持有这种观点的学者在这个领域里只是少数人。大多数学者承认跨国力量的存在，承认他们在某些方面变得比以前更强大了，但是，他们指出跨国力量长期以来就对教育制度产生着重要的影响，国家政府仍旧在教育方面发挥着最重要的作用。

顾明远在《知识经济时代比较教育的使命》一文中指出，新世纪进入了一个新的时代，即知识经济的时代。知识经济时代的特征不仅是知识成为经济发展的主要要素，而且带来了经济的全球化和社会的各种变革，而最大的变革是人们价值观的变化。知识经济使人们看到了人的价值、知识的价值。在工业经济时代，人们看到的是资本的力量、机器的力量。虽然 20 世纪 60 年代提出了人力资本理论，认识到人所受的教育程度直接影响到经济的增长，但还只是从提高劳动生产率的角度提出来的，并未认识到人的真正价值。在知识经济时代，人不是简单的创造资本的机器，人是社会的主人，又是自然的一员。在工业经济时代，人一方面创造了供一部分人享受的丰富的物质财富，另一方面破坏了人类赖以生存的环境。今天人们开始认识到可持续发展的道理。知识经济时代还要继续发展经济，但不能以损害人类的长远利益为代价。人的发展、人类的发展是第一位的。人的创造、经济的发展，归根到底是为了人类自身的发展。作为发展中国家，中国应该在知识经济时代，抓住机遇，深化改革，而作为比较教育

研究者，应该承担更多的使命：①

第一，我们需要继续深入研究发达国家优秀的教育经验。所谓继续研究，就是要跟踪研究各国新的教育改革、新的教育理论和新鲜的经验，并通过这些研究预测教育发展的趋势；所谓深入研究，就是要探究各国教育改革的缘由，了解各国教育的本质特征。

第二，要深入研究别国的教育，就要深入到该国的社会中去。要站在文化相对主义的立场，去真正理解他国的文化和教育制度。

第三，要重视比较教育研究本土化问题。现在世界各国的教育理论五彩纷呈。各种教育理论，除非是绝顶荒谬的，都有它合理的一面，但各种理论也都有各自的哲学基础和文化背景。引入任何一种理论都需要评价和鉴别，吸收其精华，融化到我国的主文化中，使其本土化。在本土化问题上要克服两种片面性：一种是盲目照搬，不加评价和鉴别，甚至有些语言都是外来的。另一种是认为由于比较教育的传统是西方中心主义的，因而认定外国的理论都不适合中国国情，中国教育理论只能在本土上生长。我们认为，教育的国际化是必然性的趋势。教育的国际化，就表现在教育的国际交流与合作，互相学习，互相融合，取长补短上。在全球化时代，纯粹的本土理论是没有的，本土生产的理论也需要从世界文化中吸收营养。

第四，要把比较教育研究与我国教育发展和改革的研究结合起来。我们还是一个发展中国家，教育决策部门、教育实际工作者迫切希望比较教育向他们提供可借鉴的外国经验，这就需要比较教育学者，特别是青年学者和研究人员关心本国教育的现实。第五，要加强比较教育的理论建设，比较教育的理论建设是我国比较教育研究的薄弱环节。理论建设不是凭空想出来的，一方面需要运用现代科学理论成果来分析研究当代教育问题，另一方面要透彻研究比较教育学者已经提出的理论，结合当代教育发展的实际提出新的理论框架，加以反复验证。

最后，要加强和国际比较教育学者的交流与合作。中国比较教育学者要积极与国际比较教育学者合作，共同开展相关课题的研究，交流思想，加强理解，在一个全球化的知识经济时代，通信技术的发展使这一合作变得更加可能和现实。

11.3　全球化与知识经济背景下比较教育研究的新课题

在一个强调创新与竞争的时代，教育逐渐成为在促进国家发展和提高国际竞争力方面的重要推动力，各个国家在新的历史背景下都展开了轰轰烈烈的教育改革，综观

① 顾明远．知识经济时代比较教育的使命［J］．比较教育研究，2003（1）：1—5.

这些改革，创新、绩效、效率、公平仍然是其核心概念。

11.3.1 教育绩效与教育公平——以美国 NCLB 法案的发展为例

从目前世界各国基础教育的改革来看，提高学生的学习成就，为所有孩子提供高质量的学校教育是当前各个国家基础教育改革的总体趋势。以下将重点介绍美国《不让一个孩子掉队法》(No Child Left Behind，NCLB) 实施几年来的总体状况以及美国特许学校运动取得新成就以及面临的新问题，进而窥探世界基础教育改革的最新趋势。

2002 年 1 月 8 日，时任总统的布什签署了《不让一个儿童掉队法》法案，并将其作为立法的一部分。这一法案要求学校为所有的学生提供高质量的教学，并通过每年的测试、为改善教学方法投资、为父母提供新的学校选择以及增加州和学区的灵活性来强调州和学校的绩效责任。

1. NCLB 法案出台的历史与动因

美国公立教育起源于一个崇高的理想。作为奠基人之一的霍勒斯·曼提倡建立一个"免费向所有人开放的教育系统"，他摒弃了"人有等级差别"这一思想，相信"所有人都拥有平等的获利机会，也平等地享有支配自己所得的权利"。[①] 1853 年，马萨诸塞州通过了美国历史上第一个义务教育法，此后，其他州纷纷效仿。尽管如此，仍有很多年轻人早早离开学校，进入田间或工厂，完整的中学教育和高等教育被认为是奢侈品而留给了精英阶层。教育的精英观点随着美国内战的爆发而逐渐式微，取得自由身份的黑人开始寻求不再对他们进行限制的学校教育。"学校，不论昼夜，都挤满了不同年龄和地位的人，有的甚至已经六七十岁了"，作家兼教育家布克·华盛顿 (Booker T. Washington) 写道。[②] 大量移民的涌入以及伴随诸如《儿童劳动法》的制定，公立和私立学校的人数也大幅增加。19 世纪 90 年代，年龄在 14～17 岁的孩子中，有 6%的人进入了中等学校；到 20 世纪 30 年代，数量几乎增加了一半。[③] 强调免费、平等的美国公立学校率先在世界上发展起来，并成为其他国家的典范。

公立学校的发展使确立统一的学校标准成为当时考虑的重要问题。1892 年，推行高中课程标准化的 10 国委员会 (The Committee of Ten) 成立，由哈佛大学校长查理斯·艾略特 (Chales W. Eliot) 任主席、美国教育委员会威廉·哈里斯 (William T. Harris) 为主要成员。这一委员会设置了一个类似于今天的学术课程，包括英语、数学 (包括几何和代数)、物理、化学、拉丁文、历史和地理，同时还特别指出如何教

---

① Great Expectations：Holding Ourselves and Our Schools Accou-ntablefor Result [EB/OL]. http://www.ed.gov/nclb/overview/importance/greatexpectations/index.html，2009—02—15.

② Washington，B. T. Up From Slavery：An Autobiography. Chapter V，The Reconstruction Period. http://www.bartleby.com/1004/5.html.

③ Great Expectation：Holding Ourselves and Our Schools Accou-natblefor Result [EB/OL]. http://www.ed.gov/nclb/overview/importance/greatexpectations/index.html，2009—02—15.

学生的问题，这一委员会强调“学生应该被同等对待，每一个科目应该用相同的方式、将相同的内容教给每一个学生……不论学生未来的目的地在哪里。”[①] 美国很多的中学接受了这一建议，学校开始讲授这些课程。这可以视为美国教育标准化的首次尝试，但这些标准是非常宽松的，也不是每个人都同意这一做法，有人认为它体现了平等主义，有些人则认为它不现实。

教育标准化运动也反映了那一时期美国哲学的变化和兴衰。1918年，代表教师、校长和管理者的全国教育协会（National Education Association，NEA）发布了中学教育的重要准则，这七项原则不再强调学术成绩（没有任何一个原则提到学术成就）而是支持职业的或生存技能的课程，而这正是当时流行的进步主义教育哲学的主流观点。1942年，进步主义教育协会出版了它对大学生（来自高中）的实验课程的研究，在这项被称为“八年研究”的著述中认为，“单位、等级、排名和文凭”只是“陈腐的象征”，大学的入学不应取决于“对中学某些特定科目的学习”。这一理念由教育家查尔斯·普罗瑟（Charles Prosser）在1945年发起的“生活适应教育”（life adjustment education）运动中达到了顶点，他声称，大多数学生——60%——期望没有高等教育的未来或在“期待的技能职业”领域就业。普罗瑟的理论被十几个州和美国教育厅所接受，这一理论是对霍勒斯思想的直接反对。进步主义教育对劳动技能的强调使传统的学校课程遭遇前所未有的困境，很多学生学习传统的科目存在困难，高中逐渐放松了对学术水平的要求。不论是阅读还是数学成绩，这一时期都下降到了历史最低点，人们也普遍降低了对学生的期望。高中的入学率从1909—1910年的56.9%下降到了1954—1955年的24.8%。这一时期在几何班级就读的学生人数从30.9%下降到11.4%。[②] 1955年，大学入学考试委员会主管数学的机构敦促K-12学校要采取更加严格的课程，但几乎没有任何行动。直到1957年苏联卫星升空，美国才签署了《国防教育法》，强调数学、科学和外国语课程的学习。但这一过程并不顺利，20世纪60年代，新的数学课程被引进课堂却引起了广泛的恶名。1989年，全国数学教师委员会（National Council of Teachers of Mathematics，NCTM）建议设立国家标准，在2000—2006年，NCTFM重新修订并加强了数学标准。2003年，在40个国家的数学测试中，美国高中学生的成绩位列第28。[③] 具有讽刺意义的是，72%的美国学生认为，他们在数学考试中取得了很好的成绩，而数学成绩处于顶级的香港学生却只有25%的人认为取得了好成绩。美国学生在国际数学、阅读测试中的不良表现引起了人们对美国未来的

---

① National Education Association of the United States，Committee on Secondary School Studies. Report of the Committee of Ten on Secondary School Studies［M］. New York：American Book Company，1894：17.

② The National Council of Teachers of Mathematics. A History of Mathematics Education in the United States and Canada. 1970：54.

③ Great Expectations：Holding Ourselves and Our Schools Accou-ntable for Result［EB/OL］. http://www.ed.gov/nclb/overview/importance/greatexpectations/index.html，2009—02—15.

忧虑，缺乏统一的国家课程标准和考试，以及学校对学生不良成绩的长期漠视使美国公立教育在新的时代遭遇了危机和挑战。很多人开始担心地问：我们希望可以从学校中得到最好的东西，我们真的得到了吗？美国商会（U. S. Chamber of Cornmerce）说："我们的学校教育保持着陈旧的 20 世纪 30 年代制造工厂的模式、文化和运行方式。"① 许多国家在国际测试中的成绩高于美国就不足为奇了。NCLB 法案正是在这些问题日益严重的背景下提出来的，它标志着美国不再忽略考试成绩的下降或学习成就间个体差异的问题。

2. NCLB 法案的成效与影响

如上所述，在迈向新世纪的时候，美国的公立教育存在诸多问题，其中最令人担忧的就是学术成就，这主要表现在两个方面：一是一些学校没有能够解决成绩下降的问题，甚至根本没有意识到这一问题的严重性；二是，虽然学校以多样性而自豪，但没有注意到在少数民族和白人学生之间存在相当大的"成绩差异"，导致很多学生没有掌握教学内容就"自动升级"到下一个年级，"生产"了大量没有职业入门水平的毕业生，数百万儿童悄悄遭受着"偏执的低期望"，大学和雇主不得不诉诸昂贵的、费时的补救性课程和培训。全球经济的发展和人口的迅速变化要求培养更多比以往水平更高的学生。公立教育能否满足这种需求？公立教育是否能够从一个基于热情的系统步入一个强调绩效和成就的系统？是否可以做到不论孩子们是谁或居住在哪，都能保证他们有一个光明的未来？通过变革可能会解决这些问题，但也存在诸多变革的障碍：缺乏可得的、可信的数据；臃肿的、低效率的官僚机构；对于那些对教育系统不满意的人，缺乏选择；在整个体系内，过少的期望和改革。而 NCLB 法案的出台以及近 17 年的实施，部分地解决了美国公立教育存在的这些问题。

（1）NCLB 法案下学生测试成绩的改善

NCLB 法案的核心是关注学生的学习成就，通过国家标准化的考试和评价来强调学校的绩效责任。其采取的具体措施包括：①具有州自行设计的绩效责任制计划；②对公立学校的学生进行每年一次的测试（3～8 年级并包括高中一次）来评价学生在年级水平上是否有进步，称作充分年度进步（Adequate Yearly Progress，AYP）；③发布数据，从而测量、比较和改进所有孩子的成绩；④参加国家报告卡（Nation's Report Card）。

NCLB 法案的实施不仅提高了学生的学术成绩，同时也缩小了各少数族裔学生间学术成就差距。长久以来，少数族裔学生与白人学生之间存在着成就的巨大差异，差异的产生既有历史的因素，也有现实的原因。由于美国长期以来存在的种族隔离政策，使黑人儿童得不到良好的教育资源，导致他们学术成绩落后；同时，由于移民潮的出

① U. S. Chamber of Commerce. Leaders and Laggards：A State-by-State Report Card on Educational Effectiveness. www. uschamber. com/icw/reporteard/default.

现，多元化成为美国社会的重要特征，为少数族裔的儿童提供高质量的教育一直没有得到足够的重视。因此，缩小这些差距在美国这样一个多元的社会中，不仅仅是一个教育问题，而且是一个人权的问题。1945 年，美国最高法院裁决了“布朗诉教育委员会”（Brown V. Board of Education）一案，它摒弃了“隔离且平等”的信条，最终允许数以百万的非洲裔孩子能够就近入学。但是，此后的几十年，处境不利的人群、少数族裔或城市边缘的大部分美国人仍然没有接受到高质量的公立教育。一些人说，不能指望学校教什么真正的知识，因为美国是一个如此多样化的国家，教育根本无法兼顾。这些观点影响了人们对待教育的具体行动，但他们发现这是错误的，因为它很快就影响了国家的经济发展和未来。公民权利委员会指控说“学校的管理者维持和忍受那些来自低社会阶层和少数族裔孩子的低学习成就已经是一个普遍现象。”①

保障和提高少数族裔学生的学术成就在当前的美国意义更加深远。西班牙裔是目前美国人口增长速度最快的人群，到 2050 年，少数族裔将构成美国人口的主流，提高这些孩子的学习成就对美国未来的发展具有重要意义。公民权利领导力会议的主席韦德·亨德森（Wade Henderson）说，“现在不是将关注点从关注成绩的问责制转移开的时候，接受高质量的教育是最基本的人权，因而联邦政府应该保证所有的孩子，不管种族、民族血统、经济地位或残疾与否都能享受这一权利。自 2002 年后，NCLB 成为保障这种权利的主要联邦法律。”② 中学平等运动的领导人迈克尔（Michael Wotorson）在纽约时报撰文说：“我们不应该去除问责制而使我们让所有孩子都取得高成绩的国家承诺失去意义。相反，一个强有力的、重新修订的 NCLB 必然要包括高水准的绩效责任和清晰、一贯的对毕业率和学生进步进行跟踪报告的要求。”③ 当然，缩小种族间的成就差异还需继续努力，例如，17 岁非洲裔孩子的阅读平均水平只相当于 13 岁的白人孩子。因此，仅仅测试孩子们的表现还不够，需要在孩子落后之前，提前给予他们需要的资源、关注和干预，缩小他们与白人孩子间的差距，这既是为未来培养高质量的劳动力，也是社会公平的重要内容。

（2）NCLB 影响下公立学校改革的具体措施

NCLB 影响下公立学校改革的具体措施主要有两项：

第一，英语学习互助伙伴（Limited English Proficiency Partnership，LEP）。1974 年，美国最高法院审议裁决了刘诉尼考尔斯案（Lau v. Nichols），要求公立学校应该为那些英语学习有障碍的学生提供帮助，以使他们能够提高英语学习水平，从而接受高

---

① Yu，C. M，and Taylor，W. L. Title 1 at Midstream：The Fight to Improve Schools for Poor Kids. Citizens' Commission on Civil Rights［EB/OL］. http：// www. cccr. org/images/improve. pdf.

② Leadership Conference on Civil Rights. LCCR Calls on Presidential Candidates to Lead on Education Reform and Support School Accountability. http：// www. civil rights. org/press/2008/education-refom. html，2009—05—21.

③ Wotorson，M. Civil Rights and the No Child Left Behind Act.［N］. The New York Times，2008—08—10.

质量的教育。LEP 则是美国教育部针对英语学习有困难的学生而发起的一项计划，其主要目标是提高美国 500 多万 LEP 学生的英语、阅读和数学成绩。NCLB 法案特别关注这一计划，要求州必须承担责任来帮助他们学习英语和其他核心课程。[①] 在 NCLB 法案的关注下，LEP 学生的学术成绩已经有了明显的改善，例如，LEP 四年级学生的阅读分数在 2000—2005 年间提高了 20 分，几乎比那些不是 LEP 班级孩子的表现高了 3 倍。[②] LEP 四年级和八年级学生在数学测试中也得到了比较两的成绩。

2006 年，美国教育部组建了 LEP 伙伴互助，为努力提高 LEP 学生英语学习的帅 I 提供技术上的帮助。在伙伴互助中，各州可以将自己的绩效责任制框架与它们伙伴的框架进行比较，以提高它们的工作效果。LEP 伙伴互助在实践中取得了很大的成功，例如在 2004—2005 学年，除了地区的两所学校外，加利福尼亚的花园格罗夫学区（the Garden Grove）的其他所有学校都达到或超过了 AYP 目标。这一学区中英语为非母语的学生占到 3/4，其中 2/3 又来自低收入家庭。学校主管劳拉·施沃恩（Laura Schwalm）说："我们利用 NCLB 法案以来的数据设定了我们想要突破的目标，我们将利用各种资源来达到这些目标，我们的老师相信孩子们可以做到。"[③]

第二，残疾学生援助计划。

NCLB 法案也是美国 650 万残疾孩子的福音，这一法案实施后，为残疾学生提供了更多的课堂时间和关注，并优先满足他们的教育需要。2004 年，布什签署生效了《残疾人教育改进法案》（Individuals with Disabilities Education Improvement Act，I-DEA），修订了具有 30 年历史的 IDEA 法案，使其与 NCLB 的目标结合起来，这也就意味着将残疾人也纳入了州的绩效责任制体系中。美国教育部还提供了更多的灵活性和激励性措施，使州能够设计更加合适的评价从而为那些残疾孩子服务，保证他们的学术成绩不落后。亚特兰大百年坊小学（Centennial Place Elementary School）前校长辛西亚。库尔曼（Cynthia Kuhlman）说："我们已经进入了这样一个时期，我们不认为我们的特殊教育的孩子没有做好，但 NCLB 帮助我们意识到了这点。我们确信，那些残疾孩子可以和其他孩子一样参与一些项目和获得好的成绩，我们也确信教师可以为孩子提供好的教学。"[④]

3. 卓越与公平：NCLB 法案的未来走向

NCLB 法案是对 1965 年《义务教育法》的最新修订，什么使 NCLB 法案如此不

---

① Great Expectations：Holding Ourselves and Our Schools Accountablefor Result［EB/OL］. http://www.ed.gov/nclb/overview/importance/greatexpectations/index.html，2009—02—15.

② Great Expectatlons：Holding Ourselves and Our Schools Accountablefor Result［EB/OL］http://www.ed.gov/nclb/overview/importance/greatexpectations/index.html，2009—02—15.

③ Great Expectations：Holding Ourselves and Ourschools Accountablefor Result［EB/OL］. http://www.ed.gov/nclb/overview/importance/greatexpectatoons/index.html，2009—02—15.

④ Mathews，J. "Much Better Than Adequate Progress，" The Washington Post. http://www.washington-post.com/wp-dyn/content/article/2006/04/04/ar200604040064 _ p. 2009—05—21.

同？它与以前的版本有何差异？从“平等对待所有孩子”到“为所有孩子提供高质量的教育”，NCLB 法案对提高美国公立学校教育质量发挥了前所未有的功效。

（1）NCLB 法案的新内容与特征

年度测验（Annual Testing）：学校对所有的 3～8 年级学生进行每年一次的阅读、语言和数学测试，在高中进行再一次的测试；并负责制作全面年度进步报告（AYP）；学校也对学生进行一次三年为一跨度的科学测试。

选择（Choices）：对于在表现不佳学校就读的孩子，他们的父母可以选择将他们的孩子送到学区内其他的公立学校或特许学校，由学区来负担交通费用。

数据分类（Disaggregated Data）：将学生的成绩按照学生群体进行分类，学校要求对提高所有学生的学术表现负责。

灵活性（Flexibility）：州和地区在投资最关键领域，诸如教师培训、阅读教育、班级技术、学校安全等方面获得了前所未有的灵活性。

资助（Funding）：州和学区也获得了比以往任何时候都多的资助来实施这些改革——例如 2008 财政年的 5 亿美元用于帮助一些学校“改善现状”。

年级水平目标（Grade-level Goal）：到 2014 年，学校必须让所有学生在数学或阅读方面的成绩达到或高于年级水平，学校必须公开他们的年度进步表直到这一目标实现。

NAEP（National Assessment of Educational Progress）：为了比较进步，州要参与全国教育进步评价，或全国的统计卡，对四年级和八年级学生在阅读和数学方面的测试进行州水平的比较。

报告卡（Report Cards）：州和地区应制定年度汇报卡以使父母和其他人可以看到哪些学校是成功的，哪些是落后的。

学校重建（School Restructuring）：对于那些多次没有制作汇报卡的学校要进行重建。它可能会被当做特许学校重新开放、置换员工、由州来接管或进行其他基本的管理改革。

教师（Teachers）：所有教授核心课程的教师一定具有高水平，拥有学士学位或更高的学位、国家认证和组织学科教学的能力。

辅导（Tutoring）：对于那些来自低收入家庭且在学校表现不良的学生，有免费的家教或学校外的一些帮助，例如补充教育服务（Supplemental Educational Services，SES）。

以往经验（What Works）：联邦基金应着重于以研究为基础的、科学的教学方法。

（2）NCLB 法案未来坚持的原则

NCLB 揭开了美国公立教育的面纱，通过统一测试、数据公开以及向父母发放汇报卡，使公众容易了解学生的学术表现，这不仅是为了他们的孩子，也是为了学校、地区和州共同努力改进公立教育。NCLB 法案促进了公立教育从一个基于热情的系统向一个基于绩效的动态系统的转变，未来将坚持“ABCDE”五个原则：

绩效（A—Accountability）：将绩效的观点置于课程。教师要利用年度的评价报告来制订他们的教学计划，为学生成绩的稳步提高负责。通过测试将那些处于危险边缘的孩子甄别出来并及时采取措施。美国人民希望他们的孩子能够接受高质量的教育，不管是继续坚持 NCLB 法案，还是换成其他名字，改革是必要的，奥巴马总统必须重新界定绩效原则并坚持它。2014 年的年级水平成绩并非一个空想而是应该努力达到的目标。

两党合作（B—Bipartisanship）：NCLB 之所以得到了广泛的赞同，得益于民主党和共和党暂且搁置各自的利益而积极合作。当前，这一合作的理念仍然需要继续发挥，来鼓励每个人都参与到公立教育体系中。很多人将教育改革看做是对既得利益的威胁，但受过良好教育的学生是所有美国公民的利益毋庸置疑。

孩子或选择（C—Children or C—Choice）：不应该将孩子的学术表现归因于教师或家庭环境。全社会要为学生提供更多的选择，为他们提供更多高质量的教育。在一个新的时代，为他们的未来提供一个光明的前景。

数据（D—Data）：获得精确的数据不容易，但这是建设更好的学校体系的蓝本。没有数据，学校和父母就不能真正了解学生的表现并进行失败或成就归因，作出的决定可能只是猜想，而没有真实的事实依据，这样的决定可能会是一个悲剧。

期待（E—Expectations）：过去的经验证明，对学生的期待越高，学生的表现就越好，给予越高的期待，考试的标准和分数也会更高。每个孩子都可教并必须教，这一信念得到了回报。因此提高孩子们的数学、语文成绩，缩小成绩的种族、民族差异，是未来共同奋斗的目标。

无论怎样，提高学生的学术成绩，增强国家、州和学校的绩效责任应该是美国公立教育改革继续坚持的原则或理念。

11.3.2 致力于教育均衡——以美国特许学校运动的发展为例

特许学校自 1991 年在明尼苏达州建立以来，就有一个迷人的承诺：一个更自由、更卓越并重视成绩的新型公立学校，它能够为家长提供更好的学校选择并激励整个公立学校系统的改进。如今，17 年的时间过去了，特许学校已经不再是一个理想，而是一个真实的存在，目前共有 4300 所特许学校，遍及全美 40 个州和哥伦比亚地区，在校生为 120 万（约占公立学校学生的 3%）。在许多城市，特许学校的“市场份额”甚至更高，例如在新奥尔良的比例已经超过了 50%，在华盛顿地区的比例则超过了 25%。尽管如此，特许学校仍旧没有满足家长对优质学校选择的需求，成千上万的家长正在排队等候注册特许学校。[①] 特许学校在美国社会中的影响愈来愈大，它在某种程

① Ziebarth，Todd. Top 10 Charter Communities by Market Share [EB/OL]. http://newschools forneworleans. org/downloads/market-share _ 2007. pdf，2008—10—31.

度上也践行着自己最初的许诺，努力为学生提供多样的、高质量的学校教育，提高儿童的学习成绩。但同时，在新的背景下也正面临着一些挑战。

1. 历史回顾——特许学校运动取得的新成就

历经 17 年的发展，特许学校的运行总体而言都比较好，一些特许学校的办学水平非常高，努力为学生提供优质的教育。作为一个鼓励创新、具有灵活性的新型学校系统，特许学校承担着作为教育改进和为学生提供优质教育促进者的角色。从 4 300 所特许学校的开办来看，涌现了很多成功的案例。例如，在纽黑文的特德学院（Amistad Academy），这里的中学生约 84%来自于低收入家庭，但他们在阅读和数学方面的平均测试分数都优于康涅狄格州的学生，有 80%～85%的学生通过了测试。[①] 在 2006—2007 学年，在布朗克斯的埃坎卡尔（Carl C. Icahn）特许学校中，所有的三、四年级的学生（90%的学生来自于低收入家庭）都通过了州数学测试，与三年级 61%和四年级 52%的州平均通过率相比较，他们的成绩高于州的平均水平。[②] 同样在 2006—2007 学年，在几个州——包括田纳西州、马萨诸塞州、阿拉斯加、爱达荷、罗德岛州、犹他州——70%来自低收入家庭的特许学校学生在阅读方面的成绩都高于全州来自低收入家庭的孩子。这些学校证明，高标准和强烈的绩效管理使那些在传统的公立学校中学业失败的孩子取得了好的成绩。尽管特许学校只占公立学校的约 4%，但在 2008 年的新周刊评选的百所中学排行中，有 13 所特许学校榜上有名。

据 2008 年兰德公司对芝加哥特许学校的研究，对那些进入特许学校的八年级学生而言，5 年后 49%的人很可能进入大学，而那些从特许学校转入地区其他普通高中的八年级学生来说，只有 38%可能会进入大学。[③] 总之，由于取得了这些成绩，同时也为了满足美国儿童对优质教育的需求，美国教育部坚定地支持扩展学校选择运动。

尽管取得了很快的发展和相当的成功，特许学校仍然处于一个十字路口。并不是所有的特许学校都像特德学院和埃坎卡尔学校那么成功，在一些学校取得成绩的同时，也有一些学校由于长期以来表现欠佳而陷于困境。美国教育部建议要关闭那些运行不好的学校，移植或复制成功的模式来代替它们。鉴于特许学校对整个公立教育的积极影响，所有的特许学校都应该坚持在互相学习中提高成绩，从而对整个国家的公立教育系统改进发挥积极的影响。

---

① U. S. Depaltment of Education，Office of lnnovation and improve-ment，K-8 Charter School：Closing the Achievement Gap［EB/OL］. http：// www. ed. gov/admins/com-m/choice/charterk-8/index. html，2008—10—31.

② U. S. Department of Education，Office of Innovation and improvement，K-8 Charter Schools：Closing the Achievement Gap［EB/OL］. http：// www. ed. gov/dminsa/comm/choice/charterk-8/index. html. 2008—10—31.

③ Achievement and Attaintoent in Chicago Charter Schools.［EB/OL］. http：// www. rand. org/pubs/technical _ reports/2008/RAND _ TR585. pdf，2008—10—31.

2. 责无旁贷地致力于质量提高

黑人教育选择联盟（Black Aulance for Educational Options）主席杰拉德·罗宾逊（Gerard Robinson）说："十年前，特许学校用的是'创新'一词，我们关注的是它作为一种新型的教育组织；两三年前，特许学校运动关注的是'绩效'问题；而现在，我们则要转向'质量'，提高特许学校整体的办学质量，开办高水平的特许学校，同时关闭那些表现欠佳者。"① 这一评论在指明了美国特许学校发展新方向的同时，也指出了特许学校运动仍需改进的一些问题。

（1）创办高水平新学校的问题

在美国，每年将有 300—500 所新特许学校建立，这些新学校的建立可以看做是提高特许学校质量的关键点。政策制定者和学校创建者需要从以下三个方面去努力：

首先，新学校的政策环境的问题。为了保证大量新的、高质量的特许学校能够开办，政策制定者应该取消对特许学校相关的一些限制措施，例如特许学校的数量以及招生学生的数量，从而扫除开办新特许学校的最大障碍：缺乏设备经费；联邦的政策制定者应该通过特许学校计划（Charter Schools Program，CSP）给那些特许学校办的比较成功的州更多的资助，形成一个支持性的政策环境。

其次，特许学校的数量限制问题。州的政策制定者应该取消一些关于特许学校数量的上线限制，允许创办一些新的特许学校来满足家长为孩子选择优质学校的需求。长久以来，对特许学校数量的限制充当了一种无效的政策工具，它没有实现提高特许学校质量的初衷，却降低了特许机构的活力，阻碍了一些非常有前途的特许学校的建立。学校创新与改进办公室（The office of Innovation and Improvement）助理秘书道·麦斯卡（Doug Mesecar）说：如果这些限制不取消，州至少应该允许一些高质量的特许学校经营者开办其他的学校。一个明智的国家，其政策应该能够让授权者批准新的特许学校以满足需求，同时要求授权部门在他们的批准程序中支持和保护向水半的学校。②

再次，特许学校的设施资助问题。特许学校自创办以来，它的硬件设施已经有了很大的改善。在联邦水平上，布什政府为特许学校提供了约 3.2 亿美元进行基础设施方面的建设。很多州和当地政府也对它们提供了资助，日益完善的特许学校贷款网络也答应给更多的学校提供高质量的设施。然而，这些措施相对于需求而言还是杯水车薪，基础设施的缺乏和相关资助的限制仍然是建立和维持高质量特许学校的最大障碍。特许学校没有像其他公立学校一样得到平等的设施资助。地区资助行动团体（the Local Initiatives Support Corporation）在 2007 年的报告中说，在将近 3/4 拥有特许法

---

① Achievement and Attainment in Chicago Charter Schools. ［EB/OL］. http://www.rand.org/pubs/technical_reports/2008/RAND_TR585.pdf，2008—10—31.

② National Charter School Policy Forum. Report—A Commitment to Quality ［EB/OL］. http://www.ed.gov/admins/comm/choice/csforum/report.html，2008—10—29.

案的州，特许学校的基础设施经费都不是按学生数分配的，他们必须挪用学生的运行经费来偿付建筑费用。同时，由于特许学校没有设施贷款利率方面的优惠，对贷方来说，信贷风险增加，这种风险使特许学校更难得到资金，也阻碍了很多高质量学校的启动或开办。

（2）提高授权组织自身的效率和能力的问题

基于授权组织对特许学校质量的重要性，增加授权者的数量和能力对开办高水平的特许学校就非常关键。授权组织应该决定哪个人或组织有资格得到特许状，并与他们签订为结果负责的绩效合同。作为学校运行的监督者，授权部门还要防微杜渐，及时发现潜在的一些问题并及时解决。同时，授权部门还要决定是否重新给予学校特许状。作为对特许学校的发展具有核心作用的组织，授权机构要以有效的方式审核和监督特许学校，提高他们的质量，这是促进特许学校发展和建设的关键一环。设立自愿并有能力的授权组织。国家必须保证全国的特许状申请者可以与一个或更多的授权机构接触，既要负责任地对待授权行为，也要利用一些工具来识别和授权那些最有前途的特许学校计划。在很多州，当地的教育机构（the Local Educational Agency，LEA）仍然是唯一的特许学校授权机构，在许多情况下，LEA 是非常牵强的授权人，几乎没有兴趣开办新的学校，因为这将与普通公立学校竞争生源。结果，很多高声望的特许学校申请者几乎没有机会开办学校，学生也错失了选择优质学校的机会。基于此，州应该在它们的范围内努力建立以质量为导向的授权机构，一个主要的方式就是给各种团体赋予授权的权利。与 LEA 是州唯一的授权机构不同，授权机构还应该包括大学、州教育委员会、全国范围的授权委员会以及其他社会组织，这样就可以平衡单一的授权组织不能及时授权开办优质学校而带来的弊端。当然，授权组织的多样化也不一定就能保证质量，它们之间还必须建立一个网络，彼此学习和分享一些成功的经验，在甄别有资格的特许状申请者的同时，也要取消一些表现不佳者的特许状。授权机构的工作仍需改进。除非授权人本身能力卓越，否则多样的授权人也无益于特许学校质量的提高。这些部门应该加强以下四个方面的工作：①授权有前途的学校模式；②建立业绩预期；③收集数据评价学校的表现；④关闭考试成绩不佳的学校。为了履行这些责任，各授权机构组成了全国特许学校授权组织协会（the National Association of Chaner School Authorizers，NACSA），为全国的授权组织提供广泛的服务和支持。当然，在考虑新的方式提高授权组织能力的时候要避免一个复杂的官僚机构，因为特许学校建立之初的理念就是为了摆脱官僚机构的羁绊。

3. 未来构想——提高质量的具体途径与措施

为了使特许学校履行它们最初的承诺，需要各方的共同努力。州和地区的政策制定者需要继续改善特许学校运行的政策环境；授权部门应该提高他们审批和监督的能力；对特许学校的资助者来说，要提高他们的服务和资助水平并扩展他们在为建立高质量的特许政策方面的建议能力，当然特许学校自身需要更加努力地去追求卓越，联邦也需要在全国范围内继续扩展和提高对有活力的、高质量的特许学校的支持。

(1) 创建新型的特许学校为了让学生从特许学校运动中真正获利，特许学校创办者必须通过创办优质、新型的特许学校，其途径主要有二：复制已有的、成功的特许学校模式；创建新型的、杰出的学校模式。

首先，对成功学校模式的仿效。在美国，现在有很多成功的特许学校，因此应该尽可能去仿效它们来满足孩子对高质量教育的需求。特许学校运动支持者——不论私立还是公立——也应该研究一些有效的复制方法，因为复制别人的模式是非常艰难的，因此要开发一套好的策略来实施这一行为。目前的法律允许州预留10%的CSP资金“传播”成功的特许学校模式，但几乎没有证据表明这些资金引起了特许学校的有效传播。因此，国家应该授权允许各州利用CSP资金，大规模地复制成功的特许学校模式。

其次，创办新型、杰出的新学校。特许学校的利益相关者在努力复制成功学校模式的同时，也要为创办新型学校模式进行资助，因为那些值得仿效的特许学校在其建立之初，就有自己独特的办学理念，而单独去仿效那些成功的模式可能不能满足多样学生的不同需求。因此，资助者和授权组织应该高标准要求那些特许状申请人，与他们通力合作开设一些起点高、有前途、有新理念和想法的学校。

(2) 维持已有的高质量的学校

开设新的高质量的学校对整个特许学校系统而言非常重要，但对于已经存在的4 300所特许学校，继续改进这些学校的办学质量也很重要。一些特许学校由于长久以来的表现欠佳必须要关闭或被代替，也有一些特许学校由于其优质的教育确实为家长和学生提供了更好的学校选择，因而要继续维持他们的发展，使他们得到进一步的改进。

在维持已有的高质量的学校方面，核心是改进基础设施建设，这有利于学校的可持续发展和取得成功，特许学校——作为独立的公立学校——缺乏一种制度性的对基础设施的支持。因而，特许学校需要一系列的服务——包括财政、保险和法制的支持——来有效率地开办学校。尽管一些特许学校资助组织（Charter Support Organizations，CSO）和其他的机构对特许学校进行了一定的资助，但正如公立特许学校国家联盟（the National Alliance for Public Charter Schools）主席斯密斯（Nelson smith）所言：“对那些独立的特许学校的支持是非常小的，全国特许学校组织的预算约在3.5亿到3.8亿元之间，与需求相对真是相形见绌，很多CSO自身甚至也要依赖慈善性的支撑，因此对特许学校的长远维持都是一个问题。”①

特许学校一般都向授权机构和当地政府寻求帮助，授权机构有时候是特许学校主要的资助者，但有时候特许学校的校长不愿意去寻求其他的帮助，怕暴露自己的弱势

① National Charter School Policy Forum Report—A Commitment to Quality [EB/OL]. http://www.ed.gov/adtmins/comm/choice/csforum/report.html，2008—10—29.

从而导致学校被关闭。而当州成为主要资助者的时候，他们经常让特许学校购买他们本来不需要的服务，导致珍贵的资金白白浪费，所有的这些都阻碍了学校改进。因此，在维持特许学校自治和灵活性的基础上，需要对它们的基础设施提供一种无偿的、灵活的、多样的以及有利的帮助来满足它们的需要。多样的资源来源，既满足了它们对改进基础设施的需要，也能够继续维持它们的自治地位，避免单一化所带来的模式趋同。理想的特许学校基础设施资助应该具备以下几点：无偿性——特许学校只得到它们需要的一些服务；回应性——资助者提供的支持和服务要基于特定的需要；多样化——特许学校的领导者应该尽可能从多个途径来获得资源；流动性——新的资助者的出现和那些没有提供必要帮助的资助者的退出。

（3）改善特许学校的运营环境

除了大力改进基础设施外，特许学校需要一个政策环境来改善自治、绩效以及保持与公立学校的平等地位。

第一，自治和绩效。政策制定者应该给予特许学校制订教学计划、分配资源、教师管理以及如何满足学生需要等方面的广泛自由，高度的自治对摆脱地区官僚机构的控制从而开办优质的学校、提高学生的成绩提供了可能。在许多成功的特许学校，自治事实上对学校的成功实践起到了至关重要的作用，也就是说，只有摆脱外部的限制才能够让特许学校走向成功。

当然，自治本身也不能够保证质量，自治其实只是成功的一个先决条件。然而，现在这样一个仅仅是必要的“先决条件”也受到了威胁，州和其他一些机构往往通过一所学校的问题就试图对所有的特许学校制定新的规则和政策限制，而这些限制从两个方面会降低质量：一是对特许学校如何分配他们的资金、雇佣谁或者如何利用时间来提高学生的成绩等的限制；二是遵从这些限制所造成的行政管理的负担，将学校的时间、金钱和注意力从教育学生转移到如何遵从规则。因此，特许学校最重要的就是广泛听取申请人的声音，许诺给他们自治。但自治并不意味着完全地放任自流，或摆脱公立教育监督，因而特许学校在享受自治的同时，也必须承担相应的义务。

第二，平等的资助。特许学校作为公立学校应该毫无例外地得到联邦、州和当地税收按学生人数分配的经费。学校选择政策的一个核心原则就是将资金分配给学生所选择的那所学校，但特许学校是个例外，这一问题主要来自州的政策将特许学校排除在州的资金链外。

平等的设施资助是保证特许学校质量的重要因素，而在当前的这种资助体系下，特许学校必须利用他们本来就有限的资金去建设校舍，留给教育和支持学生的钱就更少了。此外，特许学校的领导者和董事会成员也必须花费大量的时间和精力处理学校设施的问题，这些时间和精力本来可以用在如何更好地提高教学和学习质量方面。为了充分发挥特许学校的潜力，使他们真正能够成功，各级政策制定者应该加倍努力确保特许学校能够得到与其他公立学校一样的资金分配，消除特许学校与其他公立学校之间的差距。

(4) 积极发展人力资源

一般认为，教师的质量是提高学生成绩的关键因素。培训和雇佣足够的高质量教师应该是发展特许学校优先考虑的问题。同时，特许学校对有能力的领导者也非常依赖，他们非凡的领导能力可以让学校成功面对一些挑战。

首先，在管理者方面。特许学校必须寻找新的途径来开发人力资源。很多的组织，例如新学校的新领导（New Leaders for New Schools）和建设优贡学校（Building Excellent Schools）等组织正准备展开对一些领导者和未来的学校创建人的培训工作，但按照目前的发展速度来看，特许学校将会面临严重缺乏学校管理者的困境。

其次，在教师方面。为了拓宽优秀教师的来源途径，HTH（HighTech High）已经取得了教师资格认证的授权，现在正在为那些具有硕士学位同时正在特许学校全职工作的老师提供一个教育项目。除了这个项目，一些必要的合作对培训拓展教师来源途径很必要，“卓越学校”（Uncommon Schools）、“成就至上”（Achievement First）和“知识是力量”（Knowledge Is Power Program）项目正在与纽约的亨特学院展开合作，成立了一个“教你”（Teaching You）的项目，在这些优秀的项目进行的同时，特许学校也应该采取一些行动来吸引更多优秀的教师。

再次，组建高效率的董事会。除了雇佣和培训教师和领导人之外，特许机构应该提高董事会的管理效率。对于特许学校来说，来自于当地和它所服务的社区精英组成的强有力的、多样的董事会也是宝贵的财富，因为他们在学校的政策制定、确认、雇佣和提高学校领导人的管理绩效方面都起着非常重要的作用，一所好的学校在强有力的董事会的监督和管理下可以变得更加优秀。因此，特许机构也应该招募优秀的董事会成员并让他们承担应有的责任。

(5) 发挥特许学校自身的影响

为了使特许学校有一个更好的发展，特许机构间需要加强彼此的合作来分享成功的经验，提高学校的质量。同时，也要倾听来自不同方面的声音，共同关注特许学校的发展。

第一，扩大对成功特许学校的宣传力度。美国教育部应该收集成功的例子并集结成册，与资助者、家庭、社区和政府官员一起共同探讨和分享，来帮助当地的特许学校改进以取得成功。

第二，加大对父母的宣传力度。既包括当前特许学校的学生家长，也包括愿意让孩子去特许学校的家长。由于供小于需，应该及时让父母了解特许学校的相关信息，哪些办得比较成功，而哪些不尽如人意，为他们更好地进行学校选择提供帮助。

第三，引起当地官员对特许学校的关注。很多的学校领导者专注于自己学校的发展，而对整个特许机构的发展不那么关心，因此特许机构对政策制定者的影响微乎其微。为了使特许学校继续发展，就必须让地区的政府官员认识到，对待特许学校的态度对他们的当选很重要。

第四，加强特许学校支持者的质量意识。主要是当学校没有取得好成绩的时候及时指出或干预。每个有特许学校的社区都需要监督人（来自社区各种组织的成员）来监督学校的办学质量，及时反馈学校的教学情况。

(6) 关闭表现欠佳的学校

尽管开设新的学校并给它们广泛的空间来运行是满足家长对高质量学校选择的有效途径，但不可避免的是，一些新学校也会与人们的期望不符。一般来说，前 3～5 年是最艰难的时期，如果一所特许学校在前 5 年不能够取得好的成绩，就必须要采取行动关闭它。

第一，授权机构的绩效管理。美国教育部要求州应该强调授权机构对他们所授权学校的表现负责。具体来说，州应该跟踪并公布每一个授权组织如何工作的一些详细信息。当授权组织没有关闭或替代那些长期受争议的学校的时候，这种不作为应该及时传递给公众和政策制定者。州应该以授权组织和它所授权学校的表现来决定是否给予这个组织授权的权利。但同时，也必须反对为了加强授权机构绩效而建立大的官僚组织，既要加强授权机构绩效，还要维持机构的灵活性，这是特许学校政策的一个难点。

第二，加强政治干预。州和当地的特许学校支持者应该开辟一些政治途径关闭表现不好的学校。当处理那些表现欠佳的学校的时候，很少有授权机构愿意强制它们关闭，这些机构认为自己的职责就是确定、授权并监督特许学校，关闭这些学校应该是州或联邦的责任。因此，这就需要一个专门的机构来进行这项工作，当授权机构允许一个失败的学校自生自灭的时候，州就必须采取行动，公开那些仍然开办的失败学校和授权机构的名称。虽然还不清楚这个措施是否有效，但确实需积极尝试一些新的方法来解决这些问题。

第三，提供更好的学校选择。在很多情况下，授权机构不愿意关闭那些表现不好的学校，因为它们认为另外的选择或许更差，而很多的父母也允许失败学校的存在，因为在学校选择这场运动中，家长们并不能随心所欲地去选择他们满意的学校，相反他们的选择非常有限。授权机构和特许学校的资助者应该面对这些问题，不是去容忍失败，而是积极地寻求用更好的学校代替它，为家长提供多样的、高质量的学校选择机会，在学校关闭的同时使父母可能顺利地为孩子选择更好的学校。

第四，尽管授权机构应该是学校关闭的主要责任者，特许学校资助组织和其他特许学校支持者也应该监督特许学校是否在履行它们当初的承诺。州必须找出各种措施来解决令人沮丧但必要的不良学校关闭的问题，在增加公立特许学校学生的教育机会、改善特许学校教育质量方面全面履行自己的职责。

11.3.3　一流大学建设与创新型人才培养——以德国大学“卓越计划”为例

随着知识经济的发展以及全球人才竞争的加剧，大学作为知识创新和人才培养的主要场所，其重要性从来没有像今天这样重要。很多国家都在不遗余力地对大学进行资助，提高本国大学在世界教育市场上的竞争力，从而培养并吸引世界一流人才。下面将以德国的“卓越计划”为例，来探讨世界高等教育改革的发展趋势。

1. “卓越计划”出台的背景

1911年，马克斯·韦伯（Max Weber）在为德国高校教师大会所作的演讲《美国的大学与德国的大学》中预言，美国的大学因为更适应现代工业社会的大机器生产，因此是未来大学发展的趋势。在德国科学最辉煌的第一次世界大战前（当年德国的诺贝尔奖获得者人数已经连续10年远远领先于其他国家），他竟然杞人忧天地自问：他们（德国大学生）将来能与世界上最伟大的力量竞争吗？特别是能与美国人竞争吗？韦伯的话在那个时代并未引起人们的关注。第二次世界大战后，德国大学每况愈下，再也没有重铸昔日辉煌的生机出现。大学生们饱受大学财力不足的影响而怨声载道，获得毕业学位的德国大学毕业生平均年龄为29岁，大学辍学率更高达27%。在国际上，德国大学今天差不多快被世人遗忘了。无论是何种世界大学排行榜，在前50名里面是绝对没有德国大学的。第二次世界大战后，德国在诺贝尔奖的排行榜上已经远远落后于美国，而且最近几位获得诺贝尔奖的德国人，都是长期在美国从事科学研究的科学家。[①]

2004年1月，时任德国联邦教育部部长的布尔曼（Bulmann）女士首次提出在德国打造数所哈佛式的精英大学，希望借此来改变德国大学在世界高等教育乃至科学研究中的二流地位，培养大批世界一流的各类精英人才，再造德国大学的辉煌。[②] 这包含两个层面的问题：一是德国要打造一流大学，与美国顶尖大学为代表的世界一流大学竞争；二是德国大学内部要强化竞争，追求卓越，强调拓展高校的多样性和差异化，促进院校纵向分层。在此后的一年里，“精英大学”一词成了德国朝野持续热议的话题。支持的力量主要来自联邦政府和经济界，认为打造精英大学可以提高德国在全球化竞争中的实力，提升德国的国际地位。但是，这一计划出台也受到了很多阻力。首先，德国是联邦制国家，宪法规定教育权在各州，各州反对联邦干预高等教育事务的行为，而且各州主张建立精英系，而不是精英大学。因此，负责协调联邦与各州教育政策的联邦—州教育规划和研究促进委员会（BLK）长期无法达成一致；其次，由于政治、经济、文化上的差异，德国各州之间的教育水平参差不齐。最后，德国高校的代表——德国高校校长联席会议（HRK）也认为不应该笼统地资助整个大学，而是有选择地资助大学的现有优势项目，资助后备科学人才的培养。

德国联邦政府与各州在历经长时间的博弈、谈判与妥协之后，于2005年6月23日最终达成一致，根据《基本法》第91b款通过了“联邦与各州促进德国高校科学与研

---

① 张帆．德国大学“卓越计划”述评［J］．比较教育研究，2007（12）：66—70．

② VonMuench，I．“Elite-Universitaet”：Leuchttuermer Oder Windraeder？［M］．Hamburg：Reuter＋Kloeckner，2005（7）：7．

究的卓越计划”，简称“卓越计划”（Exaellenzinitiative）。联邦及各州将在5年内（2006—2011）对入选“卓越计划”的研究生院、研究项目及大学给予19亿欧元的资助，其中75%由联邦提供，25%由各州筹措。在2011年“卓越计划”第一个五年到期前，2009年各方将讨论是否继续延长或调整该计划。

2. “卓越计划”的主要内容

“卓越计划”共包括研究生院、卓越集群和未来构想三个部分。

（1）研究生院。就是资助一些优秀的博士生培养项目，培养年轻的科研后备人员，为博士研究生进行国际化、跨学科的研究提供良好的科研环境，从而提高德国博士生培养的总体水平。计划将资助大约40个博士培养项目，每个项目将获得每年100万欧元的资助。

（2）卓越集群。主要是支持大学建立具备国际竞争力的卓越研究及培训机构。同时，利用德国大学校外研究机构实力强的特点，加强促进大学与校外研究机构、应用技术大学及经济界的合作。计划打造约30个卓越集群，每个卓越集群将得到每年650万欧元的资助。

（3）未来构想。这一部分其实就是最初提出的所谓“精英大学”，帮助德国顶级大学拓展各自强势学科的国际竞争力，并最终奠定德国高校在国际竞争中的优势。计划最多资助10所大学的尖端特色科研，当选的条件是大学已至少入选一个研究生院、一个卓越集群以及一个未来构想。入选学校将得到每年2100万欧元的资助。

“卓越计划”由联邦教育部授权德意志研究联合会（Deutsche Forschungs Gemeinschaft，简称DFG）和科学委员会（Der Wissenschaftsrat，简称WR）组织实施，负责评选的是一个国际化、高水平的学术评审委员会，所有报告必须以英文提交。具体地讲，研究生院和卓越集群两个部分由DFG的一个专业委员会负责，未来构想部分则由WR的战略委员会负责。整个申请和评选分为两轮，第一轮落榜的项目与学校可以再与其他新加入进来的学校一起进入第二轮的角逐。每一轮申请过程主要分为两个阶段：第一阶段，大学向评审委员会提交理念性设想草案，评审委员会从项目的创新性、学科现有优势特色、目标的实现可能性及可持续研究等诸多方面对申请进行评估、筛选，并要求从中脱颖而出的大学递交正式提案；第二阶段，评审委员会对这些大学的正式提案再次评估、筛选、评定。

参考文献

[1] 马健生. 比较教育 [M]. 北京：高等教育出版社，2010.

[2] 吴文侃，杨汉清. 比较教育学 [M]. 北京：人民教育出版社，1999.

[3] 霍力岩. 学前比较教育学（第二版）[J]. 北京：北京师范大学出版社，2014.

[4] 李中亮，焦春林，石建华等. 新时期成人教育发展研究 [M]. 开封：河南大学出版社，2009.

[5] 王承绪、顾明远. 比较教育（第五版）[M]. 北京：人民教育出版社，2015.

[6] 蔡迎旗. 学前教育概论 [J]. 北京：华中师范大学出版社，2006.